社会主义平等问题研究

李冬俐　著

中山大学出版社

·广州·

图书在版编目（CIP）数据

社会主义平等问题研究/李冬俐著.—广州：中山大学出版社，2012.8
ISBN 978-7-306-04227-9

Ⅰ.①社…　Ⅱ.①李…　Ⅲ.①社会主义国家—平等—研究
Ⅳ.①D033.4 ②D081

中国版本图书馆 CIP 数据核字（2012）第157224号

出 版 人：祁　军
策划编辑：徐诗荣
责任编辑：徐诗荣
封面设计：曾　斌
责任校对：翁慧怡
责任技编：何雅涛
出版发行：中山大学出版社
电　　话：编辑部 020-84111996，84113349，84111997，84110779
发行部 020-84111998，84111981，84111160
地　　址：广州市新港西路135号
邮　　编：510275　　传　真：020-84036565
网　　址：http：//www.zsup.com.cn　　E-mail：zdcbs@mail.sysu.edu.cn
印 刷 者：广州市怡升印刷有限公司
规　　格：880mm×1230mm　1/32　8.5印张　200千字
版次印次：2012年8月第1版　2012年8月第1次印刷
定　　价：25.00元

自　　序

德沃金说："平等是政治理想中一个面临困境的理念。就在几十年前，凡是自称自由主义者甚至中间派的政治家都会同意，真正平等的社会至少是一个理想，即便它带有乌托邦色彩。可是现在，甚至自称中间偏'左'的政治家也在拒绝平等的理念。"但是，"我们能够对平等不闻不问吗？宣称对全体公民拥有统治权并要求他们忠诚的政府，如果它对于他们的命运没有表现出平等的关切，它也不可能是个合法的政府。平等的关切是政治社会至上的美德——没有这种美德的政府，只能是专制的政府；所以，当一国的财富分配像甚至非常繁荣的国家目前的财富状况那样极为不平等时，它的平等关切就是值得怀疑的"①。德沃金的论断既表达了关于平等理念被人们忽视的焦虑，也强调了平等目标对于现代社会的重要意义。资本主义社会和社会主义社会虽然都属于现代社会，但由于社会制度的差异，社会主义社会更加注重对社会平等的追求。由于社会主义社会还处在初级阶段，现实的社会主义在平等和效率之间存在着艰难的选择，但是，不管这种选择多么艰难，平等始终应该是社会主义者的最高价值追求。

---

① （美）德沃金：《至上的美德：平等的理论与实践》，冯克利译，江苏人民出版社 2008 年版，第 1 页。

研究社会主义平等问题，其目的就是首先从理论上论证社会主义社会实现平等的意义及阐述其实现的途径。

所谓文明的社会，就是人们普遍尊崇体现人本主义精神的基本价值的社会。现代社会有两个最重要的价值，即自由和平等。人们有一种误判，认为资本主义崇尚自由，而社会主义重视平等。实际上，自由和平等并不是两个对立的观念，二者有着内在的联系，相辅相成。没有自由就没有平等；反之，没有平等也就没有自由。自由是平等的内容，平等是自由的形式。社会主义对平等的追求就是对自由的追求。资本主义社会在法律层面一定程度上实现了人们的政治平等，但并没有实现人们的经济平等；社会主义就是试图实现经济平等，从而真正实现人类的平等。马克思主义认为，经济平等是政治平等的基础，没有经济平等就不会有真正的政治平等。“由于生产力和生产方式被认为是一切政治制度和价值系统（包括个人权利观念）产生之基础，这就自然而然地推出经济决定论。”① 依照马克思主义经济决定论，社会主义社会的平等目标首先建立在经济制度的变革之上，消灭私有制而实行公有制的社会制度的变化证明，社会主义比资本主义追求平等的措施更加彻底。

本书从三个方面研究了社会主义的平等问题：第一，关于马克思、恩格斯的社会主义平等思想的研究；第二，关于社会主义国家平等实践的研究；第三，关于人的自由全面发展与人的平等的研究。这三个方面各以篇命名，相互之间既独立又有关联。本书研究社会主义平等问题的目的：第一，揭示社会主义的人本主

---

① 金观涛：《观念史研究：中国现代重要政治术语的形成》，法律出版社 2009 年版，第 297 页。

义精神；第二，总结社会主义国家平等实践的经验教训；第三，探讨社会主义社会实现平等的途径。

本书的三篇内容各有自己的中心思想。第一篇的中心思想是：马克思和恩格斯平等思想的基本观点是根据生产力决定生产关系定律，人类平等是以社会生产力的发展为基础的，平等的实现具有客观性。也就是说，实现平等是一个客观的历史过程，所以，社会主义社会建立平等的社会关系必须以生产力发展到较高水平为基础。第二篇的中心思想是：社会主义国家在社会主义的建设过程中，由于生产关系大大超越了生产力的实际水平，只能在一定程度上建立平等的社会关系。第三篇的中心思想是：人类的平等必须建立在物质财富极大丰富和人的自由全面发展的基础上，所以，大力发展社会生产力和努力促进人的自由全面发展是实现平等的重要途径。

本书总结了20世纪社会主义国家平等实践的历史教训。笔者认为，20世纪社会主义国家的历史，从本质上讲就是如何建立平等的社会关系的历史。但是，由于部分社会主义国家没有处理好平等目标与现实生产力之间的矛盾，通过超越现实生产力状况的方式建立了新的生产关系，这样的制度设计不但没有真正实现平等理想，而且最终导致社会主义运动陷入低潮，从而导致了部分社会主义国家的倾倒。正因为如此，现在的社会主义国家如何总结这个历史教训就显得尤为重要。

本书的难点是如何理解人的自由全面发展与人的平等的关系。马克思和恩格斯认为，理想社会的分配原则是“各尽所能，按需分配”，这个分配原则最能体现社会主义的平等理念。同时，马克思和恩格斯还认为，“各尽所能，按需分配”的前提条件之一必须是每个人的自由全面发展。如果每个人不能得到自由与全面的发展，人类所期待的社会平等必将是一种空想。本书试图论证人的自由全面发展的内涵就是人类劳动能力的普遍发展，并且断言新科技革命和公有制市场经济正在创造人类劳动能力普遍发展的物质条件和社会条件。

本书的研究方法主要是文献研究法和跨学科研究法两种。第一，关于社会主义平等问题的研究，不论是关于马克思和恩格斯的平等思想、社会主义国家的平等实践研究，还是关于人的自由全面发展研究，都通过调查文献来获得资料，从而全面地、正确地了解和掌握本书所要研究的关于社会主义平等的若干问题。具体来讲，首先，通过文献研究了解社会主义平等问题的历史和现状；其次，通过文献研究形成关于社会主义平等问题的一般印象，以便进行进一步的研究；再次，通过文献研究得到关于社会主义平等问题的现实资料的比较资料；最后，通过文献研究了解关于社会主义平等问题的全貌。第二，关于社会主义平等问题的研究，除了运用马克思主义学科的理论、方法和成果外，还要运用政治学、历史学、哲学、经济学、社会学等多学科的理论、方法和成果，从整体上对马克思和恩格斯的平等思想、社会主义国家的平等实践以及人的自由全面发展进行综合研究。

当然，本书提出的诸多观点需要通过实践来检验，也需要专家们的指正。我真诚地期待本书出版后，能够得到读者们的宝贵意见。

李冬俐

2012年2月20日于广州市天河区天成大厦

目　　录

导论　平等是人类社会最重要的价值

人类社会从野蛮走到文明，其推动力不仅仅是生产力的发展和生产方式的变革，还有彰显人性的基本价值观，观念的演变史往往折射出人类社会的发展历程。平等是现代文明社会最重要的价值，也是自由的表现形式。人类经过了艰苦的努力，一代又一代人为平等理想奋斗不止。笔者坚信，社会主义社会正承担着实现人类平等目标的历史责任，相信理想社会并不是乌托邦，只要人类追求梦想的脚步没有停止，平等目标就一定能够达到。

社会主义实践者在追寻人类平等理想的历史过程中，以马克思主义为指导思想，以社会主义建设为实践方式，以共同富裕为最终目标。由于社会主义实践者掌握了先进的思想武器，依靠的是最广大的人民群众，那么，通过建立先进的生产关系以推动人类生产力的快速发展，在物质财富极大丰富的基础上，社会主义实践者最终将把“平等”这个人类最美好的理想变为现实。社会主义的平等是事实上的平等，是在每个人都得到自由全面发展基础上的平等，社会主义平等观念的最直接表述就是“共同富裕”。马克思和恩格斯认为，“各尽所能，按需分配”是理想社会的分配方式，这个分配方式既表达了人与人之间的平等关系，也表述了理想社会物质财富极大丰富的景况，那么，“共同富裕”的理想目标就充分体现了马克思主义的平等思想。

第一节 社会主义的理想是实现人类平等

马克思指出："德国人的解放就是人的解放。这个解放的头脑是哲学，它的心脏是无产阶级。"① 马克思和恩格斯合著的《共产党宣言》的核心思想是：无产阶级"如果不同时使整个社会永远摆脱剥削、压迫和阶级斗争，就不能使自己从剥削它压迫它的那个阶级（资产阶级）下解放出来"②。也就是说，无产阶级只有解放全人类才能解放自己，才能建立"自由人联合体"③，才能"在那里，每个人的自由发展是一切人的自由发展的条件"④。所以，高放在《科学社会主义的理论与实践》中认为，马克思主义就是马克思和恩格斯创立的关于全人类解放的科学，即人的"解放学"；整个马克思主义的主题和命题就是无产阶级和全人类的解放，简言之，就是人的解放。当然，在马克思和恩格斯的人学中，人的解放不是抽象的人的解放，而是具体的、包括每个人在内的人的解放，而且，人的解放需要行动，社会主义运动就是人的解放运动。因此，马克思强调指出："哲学家们只是用不同的方式解释世界，问题在于改变世界。"⑤ "理论一经掌握群众，也会变成物质力量。理论只要说服人，就能掌握群众；

---

① 《马克思恩格斯选集》第1卷，人民出版社1995年版，第16页。
② 《马克思恩格斯选集》第1卷，人民出版社1995年版，第252页。
③ 《马克思恩格斯选集》第2卷，人民出版社1995年版，第141页。
④ 《马克思恩格斯选集》第1卷，人民出版社1995年版，第294页。
⑤ 《马克思恩格斯选集》第1卷，人民出版社1995年版，第57页。

而理论只要彻底，就能说服人。所谓彻底，就是抓住事物的根本。”①

既然马克思主义是人的解放学说，那么，马克思主义就必然具有人本主义的精神。人本主义的本质是对人的关怀，在启蒙思潮中，它被表述为自由、平等、人权等观念。因此，以马克思、恩格斯、列宁、斯大林、毛泽东、邓小平等为代表的社会主义者必定是人类平等思想的信仰者和实践者。社会主义思想的基本精神是追求建立平等的社会关系，社会主义的目标是实现人类的平等，社会主义的历史责任是对于资本主义社会不平等现象的坚决批判。资本主义社会的弊端只是在形式上建立了平等的社会关系，也就是说，人们只是在政治、法律面前实现了部分平等，但由于私有制的存在、剥削的存在，事实上人与人之间的关系是不平等的，社会成员还是由富人和穷人组成。按照马克思和恩格斯的观点，资产阶级剥削无产阶级的剩余价值，无产阶级处于被压迫的地位，那么，被压迫阶级要想获得解放，唯一的出路就是推翻压迫阶级的统治，最后消灭阶级本身。

因此，社会主义革命的目的就是消灭一个阶级对另一个阶级的剥削和压迫，从而实现人与人之间事实上的平等。社会主义的平等理想吸引了许许多多的人投身于社会主义事业，马克思和恩格斯的“全世界无产者，联合起来！”的口号曾经是那么具有感召力。但是，在20世纪一个相当长的历史阶段，在苏联社会主义模式被尊奉为唯一标准的时期，传统的社会主义国家最终也只能在一定程度上建立了平等的社会关系。其中的原因有以下两个方面。第一，社会主义的人本主义精神在传统社会主义国家被有

① 《马克思恩格斯选集》第1卷，人民出版社1995年版，第9页。

意或无意地遮蔽了，它们强调阶级斗争和无产阶级专政，忘记了阶级斗争本身不是目的，而只是解放人类的手段。所以，传统社会主义国家就出现了这样的奇特现象：一方面是消灭私有制，平均地分配生活资料，试图人人平等；另一方面是反对人本主义，强调阶级斗争，把自由、人权等普世价值一概斥之为资产阶级的反动思想。这样的矛盾必然使得平等目标变得模糊不清，而政治上不间断的斗争使人们忘记了社会主义本来的历史使命，在阶级和权力斗争中，人成为了制度的工具而不是目的本身。第二，急于向共产主义社会过渡的各种措施和阶级斗争冲击了生产力的发展，传统的社会主义国家企图在落后的生产力基础上建立先进的社会关系，其结果也只能在一定程度上实现了平等，却在一定范围内存在着普遍贫穷的现象。实践证明，没有做大蛋糕就平分蛋糕，即使实现了平等，也只能是平均的贫穷。这个历史教训非常深刻。

马克思和恩格斯认为，人类对平等目标的追求必须遵循生产力决定生产关系的定律，建成平等的理想社会必须经历一个客观的历史过程，平等不是道德说教的结果，而是生产力发展的自然结果。20世纪中传统的社会主义国家平等实践的教训就是违背了马克思主义的基本原理，没有把新的社会关系建立在物质财富极大丰富和人的自由全面发展的基础上。这其中的原因可以用社会主义实践者急于求成的心理来解释。马克思和恩格斯强调指出，“各尽所能，按需分配”是人类最彻底平等的分配原则，这个分配原则的本意就是试图突破资本主义社会形式平等的局限，实现人类社会事实平等的目标。因此，社会主义实践者在面临理想目标与现实生产力状况之间选择的时候，他们选择了前者。这样的选择所带来的必然结果就是在分配领域试图放弃按劳分配的原则，早日实现共产主义社会高级阶段的按需分配的原则。由于生产力的落后，按需分配的原则实际上就演变成了平均主义的分配原则，而没有丰富的物质财富作为基础的平均主义分配方式带来的必然结果就是人们平均的贫穷。所以，马克思和恩格斯关于理想社会的社会形态的界定，既包括了生产关系也包括了生产力，二者缺一不可。

马克思指出，全面发展的个人是历史的产物，“要使这种个性成为可能，能力的发展就要达到一定的程度和全面性”①。也就是说，人的自由全面发展就是人类劳动能力的普遍发展。人的自由全面发展的意义在于，劳动能力的平等程度决定了人与人之间社会关系的平等程度，因为社会关系就是交换关系，而交换关系必然遵循着等价交换的原则。因此，人们的劳动能力的发展状况就成为人类最终能否真正实现平等的重要条件。资本主义社会不可能给每个人提供平等的全面发展自己的机会，所以，资本主义社会只能在形式上建立平等的社会关系；社会主义社会有制度上的优势，公有制的意义就在于能够保证每个人接受平等的受教育机会。只要人们的劳动能力因此得到了普遍发展，按劳分配就将等同于按需分配，那么，人类社会就能够真正实现平等。因此，今天的社会主义国家要充分发挥自己的制度优势，在社会主义平等实践的过程中，通过全面发展每个人的劳动能力以实现人们社会地位的平等，进而建立平等的社会关系，最终实现解放全人类的理想。

---

① 《马克思恩格斯全集》第46卷（上），人民出版社1979年版，第108页。

第二节 几个重要观念的研究

关于观念（idea），金观涛说："观念是指人用某一个（或几个）关键词所表达的思想。"① "观念是组成思想体系（意识形态）的基本要素。"② 那么，研究社会主义平等问题，首先要研究其中涉及的重要观念，通过对基本观念的考察，把握马克思和恩格斯的平等思想，总结传统社会主义国家平等实践的经验和教训。

一、人本主义

"人文主义"（humanism）一词起源于拉丁文"人文学"（studia humanitatis），指与神学相区别的人文科学，包括文法、修辞学、历史学、道德哲学、诗学等。在19世纪，人们开始用"人文主义"来概括文艺复兴时期人文学者对古代文化的发掘和整理工作以及他们以人为本的新世界观。中国学术界在翻译humanism这个词时采用了"人道主义"、"人文主义"、"人本主义"等不同术语。由于这些术语都是表达人的精神解放的思想传统，所以，我们可以忽视这些不同称谓的差异而把这个思想传统统称之为"人

---

① 金观涛：《观念史研究：中国现代重要政治术语的形成》，法律出版社2009年版，第3页。

② 金观涛：《观念史研究：中国现代重要政治术语的形成》，法律出版社2009年版，第4页。

本主义”。

关于人本主义，弗罗姆指出：“它的意思是指每一个人均体现了全部的人性；因此，人所具有的，每个人都具有。”① 他认为，人是万物的尺度，人的全面发展是一切社会努力的目的与准则。他在《马克思关于人的概念》中指出，人本主义是一种把人及人的发展、完善、尊严和自由放在中心位置的思想、情感体系；它强调人本身就是目的，而非达到任何其他东西的手段，每个人在其本身之内都怀有全部的人性。席勒指出：“人本主义自身实际上是最简单的哲学观点；它仅仅是这样一个理解：哲学问题所关心的是力求以人的心灵的手段来把握人的经验世界的人。……人本主义要求，人的整个本性应该被用来作为哲学必须全心全意以其为论证起点的整个前提，人的全面满足应该是哲学必须以其为目标的结论，……因此，人本主义坚持要包括个人心灵的全部丰富多彩的东西，而不是把它们全部压缩为一个单一类型的‘心灵’，假充它是一体并且是不可变动的；人本主义还包括每个人的心灵的心理财富以及它的兴趣、感情、意志、抱负等各种复杂内容。”② 拉蒙特指出：“不论称作什么，人道主义不外是这样一种主张，即认为人生只有一次，人们应该充分利用它去进行创造性的工作和追求幸福；人的幸福本身就是对它自身的确证，而不必通过超自然的途径去寻求许可和支持；通常以上帝或天神的形式想象出来的超自然的东西，无论如何是不存在的；人类能够利用自己的智慧和相互之间的自由协作，在这个地球上建立起和平美好的永久城堡。”③ “人道主义遵从中庸之道，承认利己和利他

① （美）弗罗姆：《在幻想锁链的彼岸》，湖南人民出版社1986年版，第16页。
② （英）席勒：《人本主义研究》，上海人民出版社1986年版，第12～13页。
③ （美）拉蒙特：《人道主义哲学》，华夏出版社1990年版，第13～14页。

主义都有它们各自适当的地位，并且能够以一种和谐的形式结合起来。一个人尽力为他的人类同胞服务，也必定应允他的同胞为他服务，他自己的福利和其他任何人的福利一样，同样是人类福利的一个部分。”①

总而言之，人本主义强调对人的尊严、自由、权利的尊重，强调人的主体地位和能动作用。从文艺复兴和启蒙运动开始，人们逐渐用“以人为本”取代“以神为本”。人本主义的本质就是对人的关怀，对人的潜在才能得到实现的关怀。在启蒙思潮中，它被表述为自由、平等、人权、正义等观念。

人本主义思想传统源远流长。人本主义的意义在于，由于人对自身的关注，对幸福的追寻，必然导致人类社会从野蛮的原始阶段走向文明的成熟阶段。伴随着文明化的过程，人本主义思想也从萌芽走向成熟。“认识你自己”是古代先贤的道德格言，它被作为铭文刻在希腊雅典著名的德尔菲神庙上。这句格言可以看做西方人本主义传统的思想起点。我们通过这个思想起点可以理解西方思想传统对人及其内心世界的探索。苏格拉底将“认识你自己”发展成他的伦理学的哲学原则，要求人们将人的善、正义、美德等作为认识的中心内容，他认为只有关于人自身的问题才是最有意义的。

中国的人本主义思想传统也有类似的思想起点。尽管儒家对人自身的关注建立在划定人的社会等级基础之上，它所表达的是一种有差别的人本主义思想，但它毕竟已经逐渐摆脱了古代社会的野蛮和奴役，在帝王贵族的利益之外，已经包含了对一般民众的关切。

① （美）拉蒙特：《人道主义哲学》，华夏出版社1990年版，第233页。

当然，尽管人本主义思想历史悠久，但人本主义作为一个公开的口号，真正的起点应该在欧洲的文艺复兴时期。从文艺复兴时期开始，人本主义又可分为古典人本主义和现代人本主义。古典人本主义经历了三个不同的阶段。在第一个阶段，人文学者通过文学艺术对人性进行了重新认识；在第二个阶段，17 世纪以后的资产阶级在政治上用人权对神权进行了斗争；在第三个阶段，19 世纪的西方思想家在哲学领域对人的本质进行了卓有成效的理论证明。资产阶级夺取政权后，理想与现实产生了矛盾，黑格尔试图在理性的基础上调和理想与现实的对立。但是，由于黑格尔的“人”在其理论体系中仅仅是纯粹理性的存在，并非现实的人，而如果“人”只是精神性的存在，除了理性思辨的快感外，对于现实生活不能有真实的意义，所以，他的努力并不成功。费尔巴哈第一次确证人的存在的“类本质”，这是对黑格尔的超越，但费尔巴哈的意义主要在于对马克思和恩格斯创造性工作的启迪，他的成就也要靠马克思和恩格斯来最终完成。早期的马克思试图以“类存在”（共产主义）来扬弃人的“自我异化”（私有制）。马克思指出：“共产主义是私有财产即人的自我异化的积极的扬弃，因而是通过人并且为了人而对人的本质的真正占有；因此，它是向自身、向社会的（即人的）人的复归，这种复归是完全的、自觉的而且保存了以往发展的全部财富的。”[①] 他在《1844 年经济学哲学手稿》中提出人的感性存在与人的本质统一的哲学共产主义理想社会，描绘出通过消灭异化的方式来实现人类解放的前景。后期的马克思则从现实的个人出发，以历史科学为基础，拒绝了关于人的固定本质的设定，认为

① 《马克思恩格斯全集》第 42 卷，人民出版社 1979 年版，第 120 页。

理想社会建立在物质财富极大丰富和每个人都得到自由全面发展的基础上。因此，后期的马克思的人本主义思想与前期的人本主义思想在理论形式上发生了很大的变化，以至于有学者认为后期的马克思放弃了人本主义思想，这实际上是对马克思的误读。后期的马克思其实只是把对人的关怀引向现实的人的世俗状况。关于人及其理想社会，马克思指出：“人的本质不是单个人所固有的抽象物，在其现实性上，它是一切社会关系的总和。”① “代替那存在着阶级和阶级对立的资产阶级旧社会的，将是这样一个联合体，在那里，每个人的自由发展是一切人的自由发展的条件。”② “以每人的全面而自由的发展为基本原则的社会形式。”③ “社会的每一个成员都能完全自由地发展和发挥他的全部才能和力量。”④ 现代人本主义是建立在唯意志理论之上的。克尔凯郭尔、叔本华、尼采等都抛弃了理性为人的本性的观念，将人的本质视为非理性的情、意、欲。他们认为，人的本质只能通过人的直觉来体验，在本能的基础上，人显示出各种欲望混合在一起的有活力的生命。由于发现了个人的肉体、欲望、意志的力量，所以，他们痛恨一切蔑视个人、扩张理性、驯服肉体的思想体系，认为理性只是手段，而生命才是目的。当然，虽然他们悲观地透视了19世纪人的生存状况，描绘出痛苦、颓废的抗拒理性主义的人生常态，但他们并没有单纯地停留在本能的发泄上，实际上，他们试图重建人类理性，重估一切价值。叔本华指出：“‘世界是我的表象’：这是一个真理，是对于任何一个生活着和

① 《马克思恩格斯选集》第1卷，人民出版社1995年版，第56页。
② 《马克思恩格斯选集》第1卷，人民出版社1995年版，第294页。
③ 《马克思恩格斯全集》第23卷，人民出版社1979年版，第649页。
④ 《马克思恩格斯全集》第42卷，人民出版社1979年版，第373页。

认识着的生物都有效的真理；不过只有人能够将它纳入反省的、抽象的意识罢了。”① “这世界的一面自始至终是表象，正如另一面自始至终是意志。”② 现代人本主义在20世纪经由柏格森、狄尔泰、莱辛、胡塞尔、海德格尔等人的不断发展，形成了新的人本主义思潮。这股思潮拒斥传统人本主义的类意识和社会本位，强调个人本位，重视个人当下的生存，否定非历史的理性概念，崇尚具体的感性。海德格尔指出：“此在作为日常的杂然共在，就处于他人可以号令的范围之中。不是他自己存在；他人从它身上把存在拿去了。他人高兴怎样，就怎样拥有此在之各种日常的存在可能性。在这里，这些他人不是确定的他人。与此相反，任何一个他人都能代表这些他人。……这个谁不是这个人，不是那个人，不是人本身，不是一些人，不是一切人的总数。这个‘谁’是个中性的东西：常人。”③ “每人都是他人，而没有一个人是他人本身。这个常人，就是日常此在是谁这一问题的答案。这个常人却是‘无此人’，而一切此在在杂然共在中又总已经听任这个‘无此人’摆布了。”④ 总体上说，现代人本主义思想家虽然也同马克思和恩格斯一样，重视对现实的人的考察，但他们的思维路径与马克思和恩格斯的思维路径是大不相同的。

二、社会主义

“社会主义”（socialism）一词起源于拉丁文，它是由拉丁文

---

① （德）叔本华：《作为意志和表象的世界》，商务印书馆1983年版，第25页。
② （德）叔本华：《作为意志和表象的世界》，商务印书馆1983年版，第28页。
③ （德）海德格尔：《存在与时间》，三联书店1987年版，第155页。
④ （德）海德格尔：《存在与时间》，三联书店1987年版，第157页。

socialis（同辈的、同伙的）和 socius（喜好社交的）引申出的，其意思就是社会的、共同的、集体的。因此，从词源上说，“社会主义”这个词与平等有着内在的联系，普遍被人们用来表示人与人之间平等的政治和经济地位。

社会泛指由于共同的物质条件而互相联系起来的人群，有社会必然产生社会关系，社会关系是人们在共同活动的过程中彼此间结成的关系，所以，社会也可以说是社会关系的总和。“社会主义”就是表达社会关系的观念。“社会主义”所表达的是与“个人主义”相对立的、反映集体主义的、包括所有社会成员在内的平等的社会关系。社会主义所要求的平等的社会关系，一方面是指一切个人之间的平等关系，因为“全部人类历史的第一个前提无疑是有生命的个人的存在”①，无数的个体才组成了一个社会，离开了个体，社会就无从谈起；另一方面是指所有社会活动在内的社会关系，即全体社会成员在一切生命活动领域中的平等。②

马克思和恩格斯把关于社会主义的理论划分为空想社会主义和科学社会主义。科学社会主义首先承接了人类已有的思想成果，吸收了空想社会主义有价值的思想。恩格斯指出：“德国的理论上的社会主义永远不会忘记，它是站在圣西门、傅立叶和欧文这三个人肩上的。虽然这三个人的学说含有十分虚幻和空想的性质，但他们终究是属于一切时代最伟大的智士之列的，他们天才地预示了我们现在已经科学地证明了其正确性的无数真理。”③“现代社会主义，就其内容来说，首先是对现代社会中普遍存在

① 《马克思恩格斯选集》第1卷，人民出版社1995年版，第67页。

② 参见余金成：《空想社会主义比较论》，内蒙古大学出版社1991年版，第1～2页。

③ 《马克思恩格斯选集》第2卷，人民出版社1995年版，第635～636页。

的有财产者和无财产者之间、资本家和雇佣工人之间的阶级对立以及生产中普遍存在的无政府状态这两个方面进行考察的结果。但是，就其理论形式来说，它起初表现为18世纪法国伟大的启蒙学者们所提出的各项原则的进一步的、似乎更彻底的发展。同任何新的学说一样，它必须首先从已有的思想材料出发，虽然它的根子深深扎在物质的经济的事实中。”[①] 在人类先进思想的基础上，由于马克思和恩格斯发现了唯物史观和剩余价值理论，社会主义由空想变成了科学，所以，科学社会主义作为解决现实问题的方案和未来社会的目标模式是对空想社会主义的扬弃。科学社会主义与空想社会主义的不同之处在于，它不仅追求人类彻底解放的目标，而且依据人类先进的思维成果完成了对这一目标的逻辑论证。

三、平　　等

平等是社会公正的最高理想，也是人类社会的最高追求。德沃金认为“平等是至上美德”。恩格斯指出：“一切人，作为人来说，都有某些共同点，在这些共同点所及的范围内，他们是平等的，这样的观念自然是非常古老的。但是现代的平等要求与此完全不同；这种平等要求更应当是从人的这种共同特性中，从人就他们是人而言的这种平等中引申出这样的要求：一切人，或至少是一个国家的一切公民，或一个社会的一切成员，都应当有平等的政治地位和社会地位。”[②] 艾德勒指出：“世间人人平等，是

① 《马克思恩格斯选集》第3卷，人民出版社1995年版，第719页。
② 《马克思恩格斯选集》第3卷，人民出版社1995年版，第444页。

指他们作为人在尊严上的平等。……人生而平等的说法是真实的只限于能够实际证实人与人平等这个方面。也就是说，他们都是人，都具有人种的特性，尤其是他们都具有属于人种一切成员的特殊性质。”①

平等意味着虽然人有不同天分、相貌和才能，却要求人与人之间在社会上处于同等的地位，在政治、经济、文化等方面享有同等的权利。也就是说，平等体现了作为个体的人的基本贡献和种属尊严，确认了每个社会成员的基本权利，保证了每个人发展的基本机会。事实上，人类社会之所以能够存在，离不开作为个体的人的存在和尊严，正是由无数的个体的人才组成了一个社会。马克思指出：“全部人类历史的第一个前提无疑是有生命的个人的存在。”② 马克思和恩格斯还明确指出，在共产主义社会，“每个人的自由发展是一切人的自由发展的条件”③。也就是说，理想社会的平等目标与每一个人的自由全面发展即人类劳动能力的普遍发展存在着内在联系。关于人的自由全面发展，马克思指出：“全面发展的个人……不是自然的产物，而是历史的产物。要使这种个性成为可能，能力的发展就要达到一定的程度和全面性。”④ 马克思主义认为，人类社会的平等取决于经济基础，人类的政治解放是建立在经济解放的基础上的，其中，生产资料公有制是人类经济解放的外部条件或者说客体条件，而人们的自由全面发展则是人类经济解放的内部条件或者说主体条件。

虽然古希腊时期的柏拉图和亚里士多德都曾论及平等的问

---

① （美）艾德勒：《六大观念》，三联书店 1998 年版，第 200 ～202 页。
② 《马克思恩格斯选集》第 1 卷，人民出版社 1995 年版，第 67 页。
③ 《马克思恩格斯选集》第 1 卷，人民出版社 1995 年版，第 294 页。
④ 《马克思恩格斯全集》第 46 卷（上），人民出版社 1979 年版，第 108 页。

题，但他们的平等观念并非普遍的观念，他们主张的平等只是特定意义的公民的平等。基督教最早明确提出人与人之间普遍平等的观念，主张人在上帝面前一律平等，所以，“爱人如己”是基督教处理人与人之间社会关系时遵循的“黄金定律”。不过基督教的平等观念只是停留在精神世界，实践中并没有制度性的体现。近代真正意义上的平等观念是由霍布斯首先提出的。霍布斯认为，人在自然状态下几乎完全平等。英国平等派提出了人的政治平等的主张。洛克认为，人都是平等和独立的，任何人不得侵害他人的生命、健康、自由和财产，这是天赋权利。卢梭把不平等视为人类社会一切邪恶的根源，认为人与人的不平等导致人的奴役，即自由的丧失，并提出社会契约的观点。潘恩认为，平等就是所有的人都处在同一地位，所有的人生来就是平等的。人的平等权利由于美国和法国革命的确认而成为现代社会一项基本的政治原则。人类追求政治平等导致民主，试图实现事实上的平等而追求经济平等导致社会主义。从空想社会主义者莫尔、康帕内拉、圣西门、傅立叶、欧文等，到马克思主义者，他们都继承和发展了人类平等思想，追求平等是社会主义国家的核心价值观。

第三节 人类平等思想简史

人类社会的发展经历了从野蛮阶段逐渐走向文明阶段的历史过程。所谓文明，不仅仅是物质财富的丰富，更重要的是公正成为社会的首要价值。在人类思想史上，平等主义思想作为建构理想社会的基本价值取向和原则源远流长。从古至今，人本主义思想家关注人的景况，对人的生存表示关切，他们把平等视作人类社会的重要价值。通过回顾人类平等思想史，我们可以准确把握平等这个观念的核心意义，并深刻理解平等观念在当下的重要性。

一、古代思想家的平等思想

古代希腊、罗马是西方传统价值观的发源地。古希腊的人文精神及其价值观萌发于希腊神话，生长于城邦民主制度，最后通过哲人们的经典性论述上升到了理论高度，并具有了永恒的理性价值。而且，古希腊人文精神的以人为本理念、古罗马法制精神的公平理念以及基督教博爱精神的平等理念成为西方甚至全世界主流价值观的核心内容。伯里克利说："我要说，我们的政治制度不是从我们邻人的制度中模仿得来的。我们的制度是别人的模范，而不是我们模仿任何其他人的。我们的制度之所以被成为民主政治，因为政权是在全体公民手中，而不是在少数人手中。解决私人争执的时候，每个人在法律上都是平等的；让一个人担任公职优先于他人的时候，所考虑的不在某一个特殊阶级的成员，而是他们具有的真正才能。任何人，只要他能够对国家有所贡献，绝对不会因为贫穷而在政治上湮没无闻。正因为我们的政治生活是自由而公开的，我们彼此之间的日常生活也会是这样的。”① 黑格尔指出：“一提到希腊这个名字，在有教养的欧洲人心中，尤其在我们德国人心中，自然会引起一种家园之感。欧洲人远从希腊之外，从东方，特别是从叙利亚获得他们的宗教、来世与超世间的生活。然而，现世，科学与艺术，凡是满足我们精神生活，使精神生活有价值、有光辉的东西，我们知道都是从希腊直接或间接传来的。”②

古希腊最初的平等观念来自于对不公平的社会关系的调节。在梭伦时期，少数人奴役多数人，人民起来反抗贵族，党派斗争激烈，后来人们共同选择梭伦为调停人和执政官，把政府委托给他管理。梭伦进行了著名的改革，由于他认为公平就是不偏不倚，所以，梭伦改革的内容之一就是适度侵犯所有制，避免社会过度的两极分化。当然，古希腊早期思想家所谓的平等是指一种特定意义上的公民之间的平等关系，强调公民和城邦的关系。古希腊晚期的思想流派中，斯多葛派和犬儒学派曾表达过人与人之间普遍平等的政治意识，它反映了一些处于政治边缘人的愿望，也影响了罗马的政治家，罗马法就加强了男女之间的平等。但总体上讲，这时普遍意义的平等观念还基本上不为大多数人所知。

柏拉图的代表作《理想国》可以称为“正义论”，因为在这部书里，苏格拉底与他的对手们辩论的缘起就是关于正义问题的讨论。柏拉图认为，传统的关于正义的定义都不适当地与狭隘的

---

① （古希腊）苏格拉底等：《历史上最伟大的演说辞》，天津社会科学院出版社2001年版，第11页。

② （德）黑格尔：《哲学史讲演录》第1卷，商务印书馆1965年版，第157页。

利益关系联系在一起，他希望制定一种能够超越个人利益关系的客观的、普遍的正义标准，他认为在个人正义等同于城邦正义的城邦里一定可以找到正义。柏拉图指出："我们建立这个国家的目标并不是为了某一个阶级的单独突出的幸福，而是为了全体公民的最大幸福。因为，我们认为在一个这样的城邦里最有可能找到正义，而在一个建立得最糟的城邦里最有可能找到不正义。"①因此，他认为，立法不是为了城邦任何一个阶级的特殊幸福，而是为了全国作为一个整体的幸福；公平就是各司其职、各守其序、各得其所，所有的国民都应是同一家庭内的成员，他们都应当共同生活，男人和女人都同样有职业和权利。柏拉图对西方思想的影响巨大，怀特海认为，全部西方哲学史不过是为柏拉图的思想作注脚。黑格尔指出："柏拉图是具有世界历史意义的人物之一，他的哲学是具有世界历史地位的创作之一。它从产生起直到以后各个年代，对于文化和精神的发展，曾有过极其重要的影响。"②

亚里士多德继承了柏拉图注重正义的传统，把正义看做是一种完全的美德。他说："公正不是美德的一个部分，而是整个的德性。"③"在各种德性之中，唯有公正是关心他人的善，因为它是与他人相关联的，或是以领导者的身份，或是以随从者的身份造福他人。""它（公正）之所以是完全的德性，由于有了这种德性，就能以德性对待他人，而不只是对待自己。""而最善良的人，不但以德性对待自己，更要以德性对待他人。待人以德是

① （古希腊）柏拉图：《理想国》，商务印书馆1986年版，第94页。

② （德）黑格尔：《哲学史演讲录》第2卷，商务印书馆1959年版，第152页。

③ （古希腊）亚里士多德：《尼各马可伦理学》，商务印书馆2003年版，第90页。

困难的，所以，公正不是德性的一个部分，而是整个德性；相反，不公正也不是邪恶的一个部分，而是整个邪恶。”① 因此，亚里士多德称公平为“百德之总”，把公平理解成为一种最高价值。但亚里士多德抛弃了柏拉图完全从理性出发进行抽象推论的做法，而立足于人们的常识，他试图找到一种能够被普通人自然接受的正义观念。亚里士多德首次对公平原则进行了系统的阐述。他反对柏拉图将正义建立在等级制度基础上的观点，从平等的角度讨论正义问题，认为真正的正义寓于社会平等之中。从公平的表现形式上，亚里士多德把公平分为普遍的公平和特殊的公平。普遍的公平就是指政治上的公平；特殊的公平就是指用来描述值得赞扬的道德行为和违法的邪恶行为时的公平。特殊的公平又有两种表现形态：一是分配中的公平，二是补偿中的公平。也就是说，亚里士多德认为存在着两种不同的正义，即分配的正义和矫正的正义。分配的正义是指根据每个人不同的地位、财产、能力或者贡献等因素而对他们予以不同的待遇；矫正的正义是指无差别地对一切人予以均等的对待。关于分配的公平，亚里士多德认为，公正就是合比例，而不公正就是破坏比例。在关于政治平等的具体分析中，亚里士多德把这两类正义归结为两种类型的平等，即比例的平等和算术的平等。他认为，正义就是在应该平等的方面给人们以平等的待遇，“在同类的人们所组成的社会中，大家就应该享有平等的权利”②。亚里士多德关于公平的概括可以称之为“形式上的公平原则”，因为它不考虑人与人之间的差别。亚里士多德以后，公平原则演变出多种含义，而收入分配的

---

① （古希腊）亚里士多德：《尼各马可伦理学》，商务印书馆2003年版，第90页。

② （古希腊）亚里士多德：《政治学》，商务印书馆1965年版，第386页。

公平概念则随着时间的推移而被赋予了更多的意义。

中国古代社会经历了漫长的君主专制时期。君主专制社会建立在小农经济基础之上，它有一套适应专制统治的理论体系。由于在这套理论体系中，古代思想家们构建了一个道德领域的圣人人格理想与政治领域的君主权威相结合的“内圣外王”的圣王形象，所以，这套理论体系要求人们克尽私欲，服从天子和圣人道德的权威，承认圣人和凡人、天子和百姓之间存在着天生的贵贱秉性。显然，君主专制社会这套价值观是以人性天生的不平等性观点作为思想基础的，它的目的是企图说明现实中等级价值体系的合理性。尽管从总体上说，中国古代社会的价值观缺乏现代意义的平等观念，但是，中国传统思想中也存在着一定意义的人本主义价值取向。作为儒家学说核心理念的“仁”的主要含义就是仁者“爱人”①和“仁也者，人也”②。仁爱是为人的根本，人是仁爱的对象。“仁”代表人与人之间的亲爱关系。“爱人”是从对家人的爱开始的。“孝弟也者，其为仁之本与!”③ 把爱从家庭内部人与人之间的互爱推广到社会，就形成社会普遍的爱，即“泛爱众，而亲仁”④，“四海之内皆兄弟也”⑤，“老吾老以及人之老，幼吾幼以及人之幼”⑥，“己所不欲，勿施于人”⑦。可以说，仁爱论是中国古代人本主义思想的集中体现。

孔子明确主张“均贫富”。他说：“丘也闻有国家者，不患寡

---

① 《论语·颜渊》。
② 《孟子·尽心下》。
③ 《论语·学而》。
④ 《论语·学而》。
⑤ 《论语·颜渊》。
⑥ 《孟子·梁惠王上》。
⑦ 《论语·雍也》。

而患不均，不患贫而患不安。盖均无贫，和无寡，安无倾。”① 关于社会大同理想，孔子说：“大道之行也，天下为公，选贤与能，讲信修睦。故人不独亲其亲，不独子其子；使老有所终，壮有所用，幼有所长；矜、寡、孤、独、废疾者皆有所养；男有分，女有归。货，恶其弃于地也，不必藏于己；力，恶其不出于身也，不必为己。是故谋闭而不兴，盗窃乱贼而不作，故外户而不闭，是谓大同。”② 孔子的大同社会就是一个人人安居乐业的理想社会，这个社会尽管还存在着等级差别，但社会底层的民众也能够生活下去。孟子说：“不忍人之心，斯有不忍人之政矣。”③ “出入相友，守望相助，疾病相扶持，则百姓亲睦。”④ 孟子的“不忍”思想就表达了一种人本主义情怀。墨家倡导“兼相爱”、“交相利”的观点，主张建立一种没有等级差别的兼爱互助的理想社会。墨子说：“视人之国，若视其国；视人之家，若视其家；视人之身，若视其身。”⑤ “天下皆相爱，强不执弱，众不劫寡，富不侮贫，贵不傲贱，诈不欺愚。”⑥ “有力者疾以助人，有财者勉以分人，有道者劝以教人。若此，则饥者得食，寒者得衣，乱者得治。若饥则得食，寒则得衣，乱则得治，此安生生。”⑦ 法家则主张通过富民以强国。管子说，“民富君无与贫，民贫君无富”，“一曰老老，二曰慈幼，三曰恤孤，四曰养疾，五曰合独，

---

① 《论语·季氏》。
② 《礼记·礼运》。
③ 《孟子·公孙丑上》。
④ 《孟子·藤文公上》。
⑤ 《墨子·兼爱第十五》。
⑥ 《墨子·兼爱第十五》。
⑦ 《墨子·尚贤下》。

六曰问疾，七曰通穷，八曰赈田，九曰接绝”。[1] 商鞅说：“治国之举，贵令贫者富，富者贫。贫者富，富者贫，国疆。”[2]

当然，不论是儒家、墨家，还是法家，由于它们都肯定了社会的等级秩序，即长幼有序、尊卑各异、贵贱不等，强调的是“君君、臣臣、父父、子子”，甚至“君要臣死，臣不得不死；父要子亡，子不得不亡”，所以，它们所表达的人本主义观点，只是一种萌芽状态的平等意识，还不是现代意义的平等理念。因此，中国古代价值观缺乏对人的自由、权利的尊重，把人的主体性和自觉性局限在伦常关系之中，更多强调的是人在等级关系中的认同和服从。但是，明代中叶以降，随着资本主义商品经济的萌芽和发展，传统的理论体系逐渐遭到具有新思想人们的质疑。由明末李贽等人掀起的反“宋明道学”的思想运动，开启了中国具有现代意义的人本主义运动的序幕。当然，明代的人本主义思想还只是星星之火，一直到20世纪初的新文化启蒙运动才使人本主义思想之火形成燎原之势。所以，近现代以来中国人反思传统价值观、抨击“孔孟之道”的思潮可以追溯到明代中叶。

李贽继承了儒家关于人的内在德性的平等思想，将其转化为世俗方向，在内在德性平等的前提下论证在现实生活中人人平等的合理性，把儒家抽象的人本主义精神发展成为具有现代意义的人本主义思想。李贽提出“圣凡平等”的观点。他说：“故圣人之意若曰：尔勿以尊德性之为异人也。彼其所为，亦不过众人之所能为而已。人但率性而为，勿以过高视圣人之为可也。尧舜与途人一，圣人与凡人一。”[3]《中庸》说：“或生而知之，或学而

① 《管子·人国》。

② 《商君书·说民》。

③ 《李贽文集》第7卷，社会科学文献出版社2000年版，第361页。

知之，或因而知之，及某知之一也。或安而行之，或利而行之，或勉强而行之，及其成功一也。”封建等级制社会富贵贫贱，等级森严。对此，李贽认为“天下无一人不生知”。他认为，人人生知，人人是佛，人即佛，佛即人。从这个意义上说，“圣人不曾高，众人不曾低”，“尧舜与途人一，圣人与凡人齐”。他认为，天子庶人只是分工上的不同而已，“天子有治平之责”，但在修身、齐家方面，“天子庶人，壹是无别”。李贽从“天下无一人不生知”出发，指出“人无不载道”，“道不离人，人不离道”，“人即道，道即人”，“人外无道，道外无人”。关于男女平等，李贽认为“识有长短，非关男女”，“不敢以男女分别，长短异视”。李贽的男女平等观启发了袁枚、曹雪芹的女性观。

曹雪芹、袁枚等逐渐深化了男女平等的思想，使抽象的平等观念获得了充实的思想内容，如女子受教育权等。曹雪芹在《红楼梦》中，不遗余力地赞美女子，尤其是青春女性的纯洁和美。关于“男人是泥做的，女人是水做的”的论断，尽管这是文学性的表述，但形象地表达了曹雪芹男女平等的观点。在封建社会里，妇女地位极低下，男尊女卑、重男轻女的思想深入人心。袁枚呼唤人性解放，倡导男女平等。《再题马嵬驿》云：“不须铃曲怨秋声，何必仙山海上行？只要姚崇还作相，君王妃子共长生。”他认为，真正的罪过在男子，这种思想在《西施》、《张丽华》中都有反映。袁枚尊重妇女，强调人的本性，所以，他坚决反对女子裹足。《随园诗话·补遗》中云：“以诗受业随园者，方外缁流，青衣红粉，无所不备。”他所收女弟子先后达数十人之多。袁枚对妇女评价很高：“论定诗人两首诗，簪花人作人宗师。至今头自衡文者，若个聪明似女儿？”

明代中后期的思想界出现了“良贾何负于闳儒”的士商平

等观。王阳明说："古者四民异业而同道，其尽心焉，一也。士以修治，农以具养，工以利器，商以通货，各就其资之所近，力之所及者而业焉，以求尽其心。其归要在于有益于生人之道，则一而已。士农以尽心于修治具养者，而利器通货，犹其士与农也；工商以其尽于利器通货者，而修治具养，犹其工与商也。故曰：四民异业而同道。"① 王阳明的"四民异业而同道"将士农工商提高到一个平等的高度，其基本的出发点在于适应经济社会发展趋势，缓解当时的社会矛盾。郑板桥明确反对从等级、特权的角度来划分人群，要求把人都看做是黄帝、尧帝的子孙，公开批判现实中的等级、特权思想。他说："谁非黄帝尧舜之子孙，而至于今日，其不幸为臧获，为婢妾，为舆台、皂隶，窘穷迫逼，无可奈何。非其数十代以前即自臧获、婢妾、舆台、皂隶来也。"② 他还认为，人生在世，只要"发奋有为，精勤不倦"，每个人都可以改变自己的贫困而跻身于富贵之列。钱大昕提出天子与庶人"犹友朋也"的平等观点，他认为"天子之视庶人，犹友朋也，忠恕之至也"。

二、近代思想家的平等思想

西方近代的价值观是古希腊、古罗马和基督教价值观在近代转型的产物，也是公民社会的直接产物，而公民社会制度的确立是资本主义商品经济发展的必然结果。基督教思想最早表达了人与人之间普遍平等的观念。基督教教义认为，人在上帝面前一律

---

① 《王阳明全集》第32卷，上海古籍出版社1992年版，第941页。
② 《郑板桥全集·家书·与舍弟书十六通》，齐鲁书社1985年版，第177页。

平等，所有的人（包括罪人）都会因信仰而得到救赎。当然，尽管基督教竭力宣扬上帝面前人人平等的思想，但中世纪平等的观念并没有在世俗的世界里得到制度性的体现；相反，等级和服从在宗教界组织理论里得到确认，所以，这时的平等思想实质上还只是人们的精神慰藉。

霍布斯是近代西方较早提出人与人平等观念的思想家。他说："自然使人在身心两方面的能力都十分相等，以致有时某人的体力虽则显然比另一人强，或是脑力比另一人敏捷；但这一切加总在一起，也不会使人与人之间的差别大到使这人能要求获得人家不能像他一样要求的任何利益，因为就体力而论，最弱的人运用密谋或者与其他处在同一种危险下的人联合起来，就能具有足够的力量来杀死最强的人。"① 也就是说，自然使人在身体和心智方面并没有什么差别。既然人在自然状态下各方面都处于平等的状态，那么，社会就不可能自然而然地产生权威，这就会导致人的生活目的、愿望等的平等。那么，人的生存条件就是身心或能力的平等。人们平等地享有捍卫生命的自然权利。每个人都享有同他人同等大小的自卫权。每个人的自卫权利与他人的自卫权利是根本对立，并发生冲突的。为了最有效地保护自己，人们必须摆脱"人对人像狼一样"的自然状态，进入和平相处的文明社会。要做到这样，就必须平等地放弃和占有同样的权利。

利尔本和奥维尔顿是英国内战时期平等派的代表。平等派的理论基础是人民主权说和自然权利说。平等派认为，既然人都是亚当的后代，那么每个人都具有同样的权力和尊严，人不但在上帝面前平等，在世俗政治里也应一律平等。平等派主张：未来的

---

① （英）霍布斯：《利维坦》，商务印书馆 1985 年版，第 92 页。

国家应该是共和国；废除王权和上议院；由人民选举产生的下议院享有最高权力；扩大选举权；消灭专卖权和垄断，实行自由贸易；减轻赋税，取消什一税、消费税和关税；将被圈占的土地归还农民等。同期的掘地派代表人物温斯坦莱认为，所有的土地都应给予所有的人，地主没有理由压在别人的头上。他还认为，独立派于1649年3月建立的自由共和国并不自由，“真正的自由就是自由使用土地”，主张土地公有。

洛克和霍布斯一样，以某种自然状态的理论作为自己政治学说的基础，所以，他也认为自然状态是一种人人平等的状态。洛克指出：“自然状态有一种为人人所应遵守的自然法对它起着支配作用；而理性，也就是自然法，教导着有意遵从理性的全人类：人们既然都是平等和独立的，任何人就不得侵害他人的生命、健康、自由或财产。”① 他还认为，即使人们进入了社会和政府状态，也没有理由放弃原来所享有的平等。洛克与平等派的共同点就是把人与人之间的平等归因于他们作为人的共同的资格，而不像霍布斯那样只是将其归因于人们在体力和智力等方面的平均状态。洛克强调人天生是自由、平等和独立的，不经本人同意，不能把任何人置于平等状态之外而受制于别人的政治权力。洛克的天赋人权观对美国的独立战争和法国的大革命都产生了重要的影响。

卢梭围绕着“社会不平等的起源和基础”和“克服社会不平等的途径”这两个主题，阐述了其独具特色的平等思想。他认为，不平等是人类社会一切邪恶的根源，是人类的大敌。他指出，人与人之间的不平等导致人对人的奴役，人丧失了宝贵的自

---

① （英）洛克：《政府论》，商务印书馆1964年版，第6页。

由，他说："没有交换，任何社会都不能存在；没有共同的尺度，任何交换都不能进行；没有平等，就不能使用共同的尺度。所以，整个社会的第一个法则就是：在人和人或物和物之间要有某种协定的平等。"① 卢梭认为，他的使命就是提供某种政治和社会的设计，使人类重新回到平等与自由的状态，这种设计就是他所说的社会契约。关于社会契约，卢梭指出："我们每个人都以其自身及其全部的力量共同置于公意的最高指挥之下，并且我们在共同体中接纳每一个成员作为全体之不可分割的一部分。"② 他还认为，在根据社会契约而结成的新共同体中，基本公约并没有摧毁自然的平等，而是以道德和法律的平等来代替自然所造成的人与人之间身体上的不平等；人们尽可以在力量和才智上不平等，由于约定权利，他们却是平等的；共同体里的每一个成员在订约时放弃了他原有的一切，他们相同的一无所有，同时他们又平等地得到契约规定的应有的权利和利益。

潘恩认为，平等就是所有的人处于共同的地位，人生来就有平等的天赋权利，人权平等的思想代代相传。天赋人权、社会契约理论是潘恩政治思想的基础。他追溯人权的起源，宣称"在宇宙万物的体系中，人类本来是平等的"，人生而平等，每一代人同前一代人在权利上也是平等的，所以，人权是不可分割的或转让的，也是不可消灭的，而只能世代相传，并且任何一代都无权打破和切断这个传统。

人的平等权利由于美国和法国革命的确认而逐步成为近代以来现代社会一项基本的政治原则。思想革命是政治变革的先导，

① （法）卢梭：《爱弥儿》，商务印书馆 1978 年版，第 252 页。
② （法）卢梭：《社会契约论》，商务印书馆 1990 年版，第 24 ～ 25 页。

因此，意识形态领域的启蒙运动成为法国大革命的旗帜。法国大革命彻底摧毁了封建专制主义最顽固的堡垒，法国思想家们的名字被铭刻在自由、平等、博爱的理性纪念碑上。恩格斯指出："在法国为行将到来的革命启发过人们头脑的那些伟大人物，本身都是非常革命的。他们不承认任何外界的权威，不管这种权威是什么样的。宗教、自然观、社会、国家制度，一切都受到了最无情的批判；一切都必须在理性的法庭面前为自己的存在作辩护或者放弃存在的权利。"[①] 法国《人权与公民权宣言》明确规定："在权利方面，人们生来是而且始终是自由平等的"；"任何政治结合的目的都在于保存人的自然的和不可动摇的权利。这些权利就是自由、财产、安全和反抗压迫"。[②] 美国宪法序言宣称："一切人都是生而平等的，造物主赋予他们某些不可出让的权利，其中包括生存、自由和追求幸福的权利。"

三、空想社会主义思想家的平等思想

社会主义在西方有相当深远的思想根源。社会主义平等观的思想来源主要是古希腊柏拉图的共产主义、基督教的平等观念和近代的"自由、平等、博爱"观念。由于自由与平等的口号在资本主义社会经济生活的实践中并没有得到反映，社会主义运动的主要目标是争取社会权利和社会平等。马克思和恩格斯把科学社会主义产生之前的社会主义称之为空想社会主义。

莫尔强烈地抨击了英国当时的社会现状，认为英国是一个不

---

① 《马克思恩格斯选集》第3卷，人民出版社1972年版，第56页。

② 董云虎、刘武萍：《世界人权约法总览》，四川人民出版社1990年版，第296页。

平等的社会，而不平等的根源就是私有制，私有制社会的人们以金钱的价值衡量一切事物，每个人都追逐财富，其结果就是贫富悬殊，正义丧失，所以，“如不彻底废除私有制，产品不可能公平分配，人类不可能获得幸福。私有制存在一天，人类中绝大部分也是最优秀的一部分将始终背上沉重而甩不掉的贫困灾难的担子”①。因此，莫尔设计的理想社会乌托邦最基本的特征就是公有制。在乌托邦里，一切归全民所有，劳动最受推崇，实行按需分配的原则，没有贫富差别，建立民主制度，全体公民过着平等富足的生活。

康帕内拉认为，私有制社会是极端不平等的社会，是贫富严重对立的罪恶世界，所以，私有制是对人的本性的背叛，是社会的总祸根，财产公有是最合理的。在他的理想社会——太阳城里，由于以公有制为基础，大家共有一切，包括生活和生产资料，社会实行集体劳动和按需分配原则，人们都是富人；公民平等地享有参与政治生活的民主权利，只要年满 20 岁都有权参加国民大会，享有选举权以及监督和提出撤换国家公职人员的权利。

圣西门社会批判思想的起点是法国大革命的理想与王政复辟后社会现实之间的巨大差距，因此，他被恩格斯称为“法国大革命的产儿”。圣西门指出，在资本主义社会，人们在财产上的不平等导致社会分裂为三个阶级。第一个是由学者、艺术家和一切有自由思想的人所构成的阶级；第二个是由有财产的人所构成的阶级；第三个是由平等口号下联合起来的人们所构成的阶级。他认为，有财产的人数比没有财产的人数少得多，却能支配没有财

① （英）托马斯·莫尔：《乌托邦》，商务印书馆 1982 年版，第 43 页。

产的人，这是非常不合理的。圣西门设想的理想社会是实业社会。他强调指出，实业社会是建立在完全平等的原则上，这个社会否定一切以门第出身为基础的权利，不承认各种特权，推崇知识和实业，知识和实业是政治权力的基础。他说："我认为，政府应由两个阶级分掌：一个阶级以管理社会的精神福利为目的；另一个阶级则调整社会的物质福利。物理科学和数学方面的学者，应同艺术家联合起来，负责国民教育和以改进社会成员的集体智慧与个人智慧为目的的一切工作。农场主、工厂主和商人，主要应当负责管理社会的物质福利。世俗权力和精神权力应当彼此独立，但在财产方面例外，在这方面，精神权力应当从属于世俗的权力，……应当把精神权力交给有真才实学的学者和他们所联合的艺术家。农场主和工厂主应当联合商人主要负责领导世俗权力。"① 实业社会是一个消灭了一切特权的社会，每个人的才能在这里得到充分发挥，有才华的人不论其出身如何，将被法律提升到重要地位；社会还保证其成员享有平等的工作机会，以改善贫苦阶层的社会处境，同时人人有劳动的义务。尽管圣西门不承认各种特权，但他也并不要求消灭私有财产。

傅立叶认为，资本主义制度造成个人利益和集体利益的对立，造成大多数人的贫困和极少数人的富裕。他说："在文明制度下，贫困是由富裕产生的。"② 由于财富分配不平等，富人有享受不尽的荣华富贵，却常常因吃得过度而引起消化不良病症；穷人则贫困潦倒，往往饥饿而死。傅立叶设计的理想社会组织的基本单位是法朗吉。每个法朗吉由1600人至2000人构成，占地

① 《圣西门选集》下卷，商务印书馆1982年版，第13～14页。

② 《傅利叶选集》第1卷，商务印书馆1982年版，第124页。

1 平方公里。根据对人的情欲的分类，傅立叶又把每个法朗吉进一步划分为一些更基础的组织谢利叶。傅立叶指出：“谢利叶，系由在各方面——年龄、财产状况、性格、知识等方面都不相等的人所组成。谢利叶的成员必须这样加以选定，就是说要形成从富人到穷人、从学者到无知者、从青年到老年人等不平等的对比和许多阶梯，不平等的阶梯面和对立面愈大，谢利叶亦便愈吸引人们来参加劳动，创造福利和提供社会和谐。当为数众多的谢利叶作为正常结构发生作用的时候，其中每个谢利叶都要划分为各种不同的小组。”① 法朗吉实际上是一个基本的生产、消费和生活的单元，人们在这里既从事农业劳动又参加工业劳动，既从事脑力劳动也从事体力劳动，劳动成为一种享受而不再是负担。在劳动的基础上，按资本、劳动和才能的一定比例进行财富的分配，这种分配制度可以使富人和穷人都获得满意的收入，从而实现人们在财产分配上的平等权利。傅利叶在社会主义思想史上还第一次提出了男女平等的思想，恩格斯对此曾给予了很高的评价。

欧文批判了资本主义的经济关系，认为私有财产是贫困的根源，私有制是社会上一切罪恶和不公平的根源。他指出，在私有制下，“人们为了个人的发财致富进行疯狂的斗争，使劳动者阶级饱尝压迫和无法忍受的痛苦”②。私有制使社会两极分化：一方面，财富迅速集中在少数资本家手中；另一方面，占人口大多数的工人和劳动群众沦为奴隶。欧文提出的理想社会组织是劳动公社，这是一种建立在生产资料公有制基础之上的生产和消费组织。每个劳动公社由 300 人至 2600 人组成，主要从事农业生产，

---

① 《傅利叶选集》第 2 卷，商务印书馆 1982 年版，第 128 页。

② 《欧文选集》第 2 卷，商务印书馆 1984 年版，第 11 页。

每个人按其能力承担相应的劳动，公社实行各尽所能、按需分配的原则，人人都可以在这里获得一切生活必需品。欧文指出：“这种社会的成员将通过简易、正常、健康和合理的工作，生产出满足消费欲望还有余的为数极多的剩余产品，因此可以让每个人都随便到公社的总库去领取他们所需要的任何物品。”① 在公社，由于人们不会积累超过自己需要的财富，人们平等地享有公有财富，社会就不会再产生由于财富不均而引起的不平等。欧文还指出，劳动公社实行婚姻、宗教信仰自由，实行民主和平等的制度。按照欧文的设想，劳动公社这种新社会的基本组织单位将进一步组成联盟，最后扩大到全欧洲。

四、当代思想家的平等思想

罗尔斯、德沃金、诺齐克、阿玛塔亚·森等思想家关于平等问题做了认真研究，为人们思考社会公正提供了理论资源。与此同时，商品经济的自由竞争和等价交换的原则客观上要求整个社会肯定平等观念。马克思指出，商品经济“确立了主体之间的全面平等”。“平等和自由不仅在以交换价值为基础的交换中受到尊重，而且交换价值的交换是一切平等和自由产生的、现实的基础。”②

罗尔斯的“作为公平的正义理论”有三个基本观点：其一，正义是社会制度的首要价值；其二，制度公正是社会公平的核心问题；其三，正义本质上就是平等。罗尔斯指出：“正义是社会制度的首要价值，正像一个理论无论如何精致与简洁，只要它不

① 《欧文选集》第1卷，商务印书馆1984年版，第347页。
② 《马克思恩格斯全集》第46卷（上），人民出版社1979年版，第197页。

真实就必须加以拒绝或修正；同样，某些法律和制度，不管它如何有效率和有条理，只要它们不正义，就必须加以改造或废除。”“每个人都拥有一种基于正义的不可侵犯性，这种不可侵犯性即使以社会整体利益之名也不能逾越。因此，正义否认为了一些人分享更大利益而剥夺另一些人的自由是正当的，不承认许多人享受的较大利益能绰绰有余地补偿强加于少数人的牺牲。所以，在一个正义的社会里，平等的公民自由是确定不移的，由正义所保障的权利决不受制于政治的交易或社会利益的权衡。”① 也就是说，由于社会制度涉及社会对人的自由和权利的基本安排，它必须把公正作为首要价值，社会制度如果是非正义的，意味着人们将生活在不被人类良知和理性承认的原则之下，在这样的社会制度下生存，人是不可能有尊严和价值的。罗尔斯用社会基本结构来分配公民的基本权利和义务，决定由社会合作产生的利益和负担的划分制度。他说：“对我们来说，正义的主要问题是社会的基本机构，或更准确地说，是社会制度分配基本权利和义务，决定由社会合作产生的利益之划分的方式。”② 也就是说，社会正义必须首先着眼于使社会基本结构满足正义的要求。罗尔斯还认为，正义的本质在于平等，没有平等就没有正义。他提出一般正义观和两个正义原则。关于一般正义观，他说：“所有的社会基本善——自由和机会、收入和财富及自尊的基础——都应被平等地分配，除非对一些或所有社会基本善的一种不平等分配有利于最不利者。”③ 关于两个正义原则，罗尔斯指出，第一个原则是平等自由原则，它涉及的是基本社会善即基本自由的一个集合。

---

① （美）罗尔斯：《正义论》，中国社会科学出版社 1988 年版，第 1 ～2 页。
② （美）罗尔斯：《正义论》，中国社会科学出版社 1988 年版，第 5 页。
③ （美）罗尔斯：《正义论》，中国社会科学出版社 1988 年版，第 292 页。

这个原则又包括了两个要求：一是我们每个人都具有对同样的基本自由的平等权利，二是基本自由应该尽可能广泛。第二个原则是经济社会平等原则，这个原则指“所有社会价值都要平等地分配，除非对其中的一种价值或所有的价值的一种不平等分配合乎每一个人的利益”①。这个原则又包括了两个具体原则：一是差别原则，表达的是在不平等的条件下，如何做到平等；二是平等机会原则，涉及的是基本善的另一个集合，如财富、收入、权利和权威的分配。

罗尔斯的正义理论充分考虑了“最少受惠者的最大利益”，发展了传统的平等观念。“作为公平的正义”观念是平衡了洛克的自由原则与卢梭的平等原则的正义观，强调“自由优先，兼顾平等”。罗尔斯认为，正义原则与自由、平等的传统观念是一致的，他指出：“自由相应于第一个原则；平等相应于与公平机会的平等联系在一起的第一个原则的平等观念；博爱相应于差别原则。”② 罗尔斯还进一步考虑了上述原则之间的次序问题，提出两个优先规则：第一个优先规则是自由的优先性；第二个优先规则是正义对效率和福利的优先。只有在充分满足了前一个原则的情况下才能考虑后一个原则。罗尔斯主张一切以平等为尺度和界限，平等包括政治、思想、言论、人身自由、经济利益、自尊等方面的平等。他认为，正义的社会制度就是能够最大限度地实现平等的制度。罗尔斯所说的“合乎正义要求的平等”包括两个方面。一个方面是基本权利完全平等。他指出：“他们全被看做拥有最低限度的道德能力（正义感和善观念），以从事终身的社

① （美）罗尔斯：《正义论》，中国社会科学出版社 1988 年版，第 58 页。
② （美）罗尔斯：《正义论》，中国社会科学出版社 1988 年版，第 101 页。

会合作，并作为平等的公民参与社会生活。”① “公民的观念是同社会作为自由和平等的公民之间的互惠互利的公平合作体系的观念相一致的。”② 另一个方面是非基本权利机会平等。他认为，社会应当使拥有相近天赋的人们在修养和成就方面有同样的前景。他的机会平等原则包含两个意思：一是社会应该使有能力的人获得成功，二是机会的公平平等。他说：“在社会的所有部分，对每个具有相似动机和禀赋的人来说，都应当有大致平等的教育和成就前景。那些有同样能力和志向的人的期望，不应当受到他们的社会出身的影响。”③ 他强调通过教育立法、义务教育使贫困家庭出身的儿童享受平等的受教育机会，使他们也能在未来有发展自己的机会。罗尔斯还认为，社会仅有机会平等是不够的，机会平等在严格意义上仅仅是形式的，它不会给人们提供真正意义的人的自由的实现条件。因此，罗尔斯正义理论的核心规范是实质平等，而不是抽象的、形式的机会平等。

诺齐克的理论具有古典自由主义的色彩。对古典政治哲学而言，自由与平等是一致的，只要人们争取到了自由，便获得了平等的权利。罗尔斯与诺齐克争论的焦点是正义体现为平等还是体现为权利。诺齐克认为，即使会造成某种不平等的现象，人们也必须坚决捍卫每个人的自由权利。诺齐克认为，“分配的正义”一词不准确，最好还是用一个中性的术语“持有”来代替“分配”，“一种持有的正义原则描述了正义所告诉我们的有关持有

---

① （美）罗尔斯：《作为公平的正义——正义新论》，上海三联书店 2002 年版，第 33 页。

② （美）罗尔斯：《作为公平的正义——正义新论》，上海三联书店 2002 年版，第 36 页。

③ （美）罗尔斯：《作为公平的正义——正义新论》，上海三联书店 2002 年版，第 71 页。

的要求”[①]。诺齐克的“持有正义”理论的基本内容是：“如果一个人按获取和转让的正义原则，或者按矫正不正义的原则（这种不正义是由前两个原则确认的）对其持有是有权利的，那么，他的持有就是正义的。如果每个人的持有都是正义的，那么持有的总体（分配）就是正义的。为了把这些纲要转变成一个具体理论，我们就必须规定这三个持有的正义原则，即持有的获取原则、持有的转让原则和矫正对前两个原则侵犯的原则的细节。”[②]

德沃金指出：“老一代平等主义者坚持认为，一个政治共同体负有向全体公民表示平等关切的集体责任，但他们解释平等关切的方式却忽略了公民的个人责任。新老保守主义者都坚信这种个人责任，但他们对个人责任的解释却使集体责任受到了漠视。”[③] 因此，他说：“平等不但与自由相容，而且是珍惜自由者都会予以珍惜的一个价值。”[④] 德沃金在讨论平等问题时首先设立了两个前提：一个是所有人的人生成就都同等重要；另一个是每一个人都应该为自己所定义和成就的人生负责。德沃金认为，真正的社会平等应该是资源平等，而不是结果的平等或福利的平等。德沃金的资源平等理论有两条正义原则：第一条原则是对人们在他生命的任何一个时点上拥有的不同数量的财富来说，他们所做的真正选择是否昂贵或对共同体是否有益，要根据其他人生

---

① （美）诺齐克：《无政府、国家与乌托邦》，中国社会科学出版社 1991 年版，第 156 页。

② （美）诺齐克：《无政府、国家和乌托邦》，中国社会科学出版社 1991 年版，第 159 页。

③ （美）罗纳德·德沃金：《至上的美德：平等的理论与实践》，江苏人民出版社 2003 年版，第 8 页。

④ （美）罗纳德·德沃金：《至上的美德：平等的理论与实践》，江苏人民出版社 2003 年版，第 5 页。

活所要求的东西来衡量；第二条原则是人们正当地拥有的不同数量的财富，不能仅仅因为天赋的才能和运气，而是要根据个人的选择和努力。

阿玛塔亚·森认为，一个人生活质量好坏不取决于他个人主观的满意程度，而取决于一个人客观地参与社会生活的能力；生活质量的高低不在于资源的多少，而在于他是否拥有社会公认的积极生活能力。那么，我们不仅应该纠正资源的不平等、机会的不平等，而且要纠正文化、体质、性别等因素造成的不平等。阿玛塔亚·森指出："在分析不平等时，如果将收入作为基本的关注焦点从而聚焦于收入不平等，就会出现一个重要而又常见的问题，即人们所面临的机会的真实不平等程度未必源于收入的不平等，因为我们所能做到或所能取得的成就不仅仅取决于我们的收入，还取决于我们的体质差异和（影响我们生活和决定我们地位的）社会特征的差异。"① 因此，真正的平等是行动能力的平等。

五、马克思和恩格斯的平等思想

任何社会理想都是对现实社会的否定。平等似乎在资本主义经济政治制度中得到了体现，但人对人的剥削和压迫却又在这个制度中获得了合法性的确认；资本主义在创造了巨大物质财富的同时，人与人之间呈现出异化和对立的状况。因此，社会主义是人们针对资本主义社会的种种问题提出的一种解决方案和目标模式，是作为人类理想追求的一种历史表现形式。马克思和恩格斯

① （印度）阿玛塔亚·森：《论经济不平等：不平等之再考察》，社会科学文献出版社 2006 年版，第 247 页。

平等思想的基本精神就是在批判资本主义社会不平等现象的基础上探求一种实现真正平等的途径，并揭示人类实现平等目标的客观性。

马克思和恩格斯在《共产主义原理》、《哥达纲领批判》、《社会主义从空想到科学的发展》等著作中描述了理想社会的状况：生产资料属于社会所有；按计划方式进行生产；消灭了商品、货币；国家因对人的管理变为对物的管理而自然消亡；每一个人的自由发展是一切人自由发展的条件；迫使个人奴隶般地服从分工的情形已经消失，工农之间、城乡之间、脑力劳动与体力劳动之间的差别不复存在；劳动不仅仅是谋生的手段，而且本身成了生活的第一需要；随着个人的全面发展，生产力也增长起来，物质财富充分涌流；实行“各尽所能，按需分配”的分配原则。按需分配可以说是人类的终极平等。因此，马克思强调指出：“在共产主义社会高级阶段……社会才能在自己的旗帜上写上：各尽所能，按需分配！”① 邓小平指出：“社会主义不是少数人富起来、大多数人穷，不是那个样子。社会主义最大的优越性就是共同富裕。”②

与以往的思想家不同的地方在于，马克思和恩格斯强调指出，平等总是以一定的历史条件为前提，以特定的社会制度为基础，根本不存在超历史的抽象平等。他们认为，资产阶级虽然标榜平等原则的普遍性和永恒性，但在资本主义社会，平等和自由都是与商品生产和交换关系联系在一起的，是商品交换的自由和平等。马克思和恩格斯提出了自己的平等原则：按需分配原则。阿玛塔亚·森说：“通过将人们注意的焦点转到由于对生产资料

① 《马克思恩格斯选集》第3卷，人民出版社1995年版，第305～306页。
② 《邓小平文选》第3卷，人民出版社1993年版，第364页。

占有的阶级差异而产生的不平等，马克思的以劳动价值论为基础的应得原则曾经有力地推动了人类社会的发展，但是——正如我们看到的那样——马克思自己把这种对劳动‘成果’的所有权看做一种‘资产阶级权利’，并认为当时机成熟时它将被需要原则所取代。”① 卡利尼克斯说：“而是要看成拒绝这一原则充分体现了平等主义，并且可以看成是要求建树一种精湛的原则，充分考虑到个人应当被补偿的所有的差异因素。”② 可以说，按需分配原则是马克思和恩格斯心目中的真正的正义。每个人的需求虽然是不一样的，但是满足需要的权利是平等的，因而体现了真正意义上的平等。当然，马克思和恩格斯并不认为在任何情况下都能实现这个原则，按需分配必须依赖物质和人的精神条件，这些条件只有在共产主义社会才能得到满足。

马克思主义是开放性的理论，它是建立在经典作家对人类文明普遍关注并充分吸取了人类一切文明基础上的，所以，马克思和恩格斯的平等思想是对人本主义思想传统的继承和发展。经历过近代人文启蒙精神洗礼的马克思和恩格斯，受到了自由、平等等人本主义精神的深刻影响，他们最终实现了这样的人生目标：“如果我们选择了最能为人类福利而劳动的职业，那么，重担就不能把我们压倒，因为这是为大家而献身；那时我们所感到的就不是可怜的、有限的、自私的乐趣，我们的幸福将属于千百万人，我们的事业将默默地，但是永恒发挥作用地存在下去。”③ 关于理想社会与人本主义的关系，马克思指出：“作为完成了的

---

① （印度）阿玛塔亚·森：《论经济不平等：不平等之再考察》，社会科学文献出版社2006年版，第88页。

② （美）卡利尼克斯：《平等》，江苏人民出版社2003年版，第98页。

③ 《马克思恩格斯全集》第40卷，人民出版社1982年版，第7页。

自然主义，等于人本主义，而作为完成了的人本主义，等于自然主义；它是人和自然之间、人和人之间的矛盾的真正解决，是存在和本质、对象化和自我确立、自由和必然、个体和类之间的抗争的真正解决。它是历史之谜的解答，而且它知道它就是这种解答。"① 关于马克思，弗罗姆评价道："马克思决不是狂信之徒或机会主义者，他象征着西方人性的精华，他是一个不屈不挠地追求真理的人，他深入到现实的本质而从不满足于虚假的表面现象；他是大无畏的、刚正不阿的；他深切地关心着人和人的命运；他毫无自私自利之心，无虚荣感或权力欲；他始终是生气勃勃奋发向上的，并且把生命的活力带进每一个他所涉猎的领域。他代表了西方传统的精华；他坚信理性和人的进步。实际上他正体现了作为他的思想核心的人的概念。"② 拉蒙特指出："马克思主义的唯物主义者在某些哲学问题上同我和其他人道主义者是有尖锐分歧的，特别是他们对民主持含糊不清的态度，并承认决定论。但是就他们的主要宗旨而言，他们无疑具有人道主义性质：他们反对超自然的存在以及一切宗教权威，以谋求人类在今生的幸福为最高目标，依靠科学和技术。"③

当然，虽然马克思和恩格斯的平等思想继承了人本主义的思想传统，但是，它与以往的平等主义思想又有明显的区别，是对历史上的平等主义思想的总体改造，是依据人类先进的思维成果完成的对人类彻底解放目标的逻辑论证。马克思和恩格斯的平等思想以唯物史观为依据，认为人类建立平等的社会关系必须从现

① 《马克思恩格斯全集》第42卷，人民出版社1979年版，第73页。

② （美）弗罗姆：《马克思关于人的概念》，复旦大学出版社1983年版，第89页。

③ （美）拉蒙特：《人道主义哲学》，华夏出版社1990年版，第25页。

实生产力的基础出发，不能从抽象的概念出发。由于人类社会的发展是自然历史过程，社会关系的发展具有客观规律性，“社会关系是人类发展与自然界关系的形式，从社会关系出发就是从人类物质生活条件出发”①，所以，人类平等的真正实现具有客观性。也就是说，平等是建立在一定的客观条件之上，是建立在生产力高度发展、人类劳动能力普遍发展的基础上的，并不是建立在道德诉求之上。既然科学社会主义反对创造抽象的社会平等，那么，它本质上是一种建立在工业文明之上的关于人的解放的学说，强调在高度发达的经济基础之上消灭一切不公正的社会现象。西方思想家，不论是近代启蒙思想家、空想社会主义思想家，还是当代如罗尔斯等思想家，他们与马克思和恩格斯的区别在于，前者对“人”的理解缺少现实性、具体性，往往把人当做“处在某种虚幻的离群索居和固定不变状态中的人”②，所以，他们的平等思想缺乏历史依据和现实经济依据的支撑。马克思指出：“在历史上出现的一切社会关系和国家关系，一切宗教制度和法律制度，一切理论观点，只有理解了每一个与之相应的时代的物质生活条件，并且从这些物质生活条件中被引申出来的时候，才能理解。”③ 因此，生产力决定生产关系定律是马克思和恩格斯平等思想的基本线索。

马克思主义者对社会平等的期待包含着两个步骤：首先，通过生产资料公有制，解决人们经济地位的平等问题；其次，通过生产力与生产关系的高度一致，使物质财富充分涌流，为人们自

---

① 余金成：《社会主义的东方实践：解读马克思主义基础理论的现代形态》，上海三联书店 2005 年版，第 229 页。

② 《马克思恩格斯选集》第 1 卷，人民出版社 1995 年版，第 73 页。

③ 《马克思恩格斯选集》第 2 卷，人民出版社 1995 年版，第 38 页。

由与全面地发展个性化的能力提供物质基础，进一步实现人们社会地位的平等。在以上两个环节中，生产资料公有制是人类经济解放的外部条件或者说是客体条件；而人们的自由全面发展，即人类劳动能力的普遍发展则是人类经济解放的内部条件或者说是主体条件。人类如果不能实现经济解放，是无法真正实现政治解放的。

马克思指出："全面发展的个人……不是自然的产物，而是历史的产物。要使这种个性成为可能，能力的发展就要达到一定的程度和全面性。"① 因此，每个人的自由全面发展就是人们劳动能力的普遍发展，这是人类劳动关系的理想状态，也是实现共产主义理想的必要前提。科学社会主义使理想社会的平等目标历史性地与每一个人的自由全面发展紧密联系在一起。由于人际关系的平等是以人与人之间能力的平等为基础的，在知识经济条件下，通过市场经济使人们劳动能力得到普遍发展的情况，就决定着人类理想社会的状况。当人类社会具备了一定的物质基础的时候，实现个人能力的自由全面发展就需要通过教育来完成，恩格斯指出："教育将使他们摆脱现在这种分工给每个人造成的片面性。"② 因此，保证教育的平等就成为社会主义社会的重要任务，也是体现社会主义制度优越性的重要标志。

人类平等思想史表明，"平等关系的实现是一个漫长历史过程。它的起点是不平等，它需要经历一个渐进的量变发展，即人与人之间的平等范围越来越广泛，平等的程度越来越高，进入平等关系中的人越来越多，才能达到最终目标"③。

---

① 《马克思恩格斯全集》第46卷（上），人民出版社1979年版，第108页。

② 《马克思恩格斯选集》第1卷，人民出版社1995年版，第243页。

③ 余金成：《社会主义的东方实践：解读马克思主义基础理论的现代形态》，上海三联书店2005年版，第228页。

上篇　马克思和恩格斯的平等思想

关于理想社会的社会形态，马克思和恩格斯认为：生产资料属于社会所有；按计划方式进行生产；消灭了商品、货币；国家因对人的管理变为对物的管理而自然消亡；每一个人的自由发展是一切人自由发展的条件；迫使个人奴隶般地服从分工的情形已经消失，工农之间、城乡之间、脑力劳动与体力劳动之间的差别不复存在；劳动不仅仅是谋生的手段，而且本身成了生活的第一需要；伴随着个人的全面发展，生产力发展程度提高，物质财富充分涌流；实行“各尽所能，按需分配”的分配原则。马克思和恩格斯关于理想社会的社会形态的描述，既包含了理想社会的生产力状况，也包含了理想社会的生产关系状况。因此，通过考察马克思和恩格斯关于理想社会的社会形态的描述，我们可以把握他们的平等思想。其中，马克思和恩格斯的“各尽所能，按需分配”是人类最彻底的平等，是人类社会实现真正平等的标志。本篇的后 3 节分别从唯物史观、物质基础和分配原则等方面论述了马克思和恩格斯的平等思想。

第一节是关于马克思和恩格斯平等思想的研究现状及研究意义。通过梳理近年来学术界研究马克思和恩格斯平等思想的学术成果，发现其中存在的不足和需要进一步深入研究的地方，在已有研究成果的基础上，提出新的理论观点，进一步阐述马克思和恩格斯的平等思想。研究马克思和恩格斯平等思想的意义在于，社会主义社会的理想目标就是建立平等的社会关系，而如何实现平等则是马克思和恩格斯平等思想的核心内容，掌握其精髓可以有助于社会主义国家在建设平等的社会主义社会的过程中，走出一条符合马克思主义基本原理的道路。

第二节揭示了唯物史观与马克思和恩格斯平等思想的内在关系。由于马克思恩格斯的平等思想“同任何新的学说一样，它必须首先从已有的思想材料出发”①，所以，它必然首先继承了人本主义思想的优秀成果。列宁指出：“马克思主义同‘宗派主义’毫无相似之处，它绝不是离开世界文明发展大道而产生的一种故步自封、僵化不变的学说。恰恰相反，马克思的全部天才正是在于他回答了人类先进思想已经提出的种种问题。”② 同时，马克思和恩格斯的平等思想又是对人类平等思想的发展，它运用新的历史观第一次断言人类实现平等具有客观规律性，所以，人类的平等理想从此有了唯物史观依据。正是因为此，邓小平强调指出：“我坚信，世界上赞成马克思主义的人会多起来的，因为马克思主义是科学。它运用历史唯物主义揭示了人类社会发展的规律。”③

第三节论述了马克思和恩格斯的平等思想关于人类实现平等的物质基础。马克思和恩格斯认为，由于生产力决定生产关系，以蒸汽机技术为标志的大机器生产方式是人类建立理想社会的物质基础。也就是说，作为新的生产资料的蒸汽机成为理想社会建立平等社会关系的物质基础。蒸汽机不但推动了人类生产力的发

① 《马克思恩格斯选集》第3卷，人民出版社1995年版，第719页。
② 《列宁选集》第2卷，人民出版社1995年版，第309页。
③ 《邓小平文选》第3卷，人民出版社1993年版，第382页。

展，而且淡化了人们劳动能力的差别，这就为理想社会实行“各尽所能，按需分配”的原则奠定了物质基础，这也是人类社会实现真正平等的关键。但马克思和恩格斯的平等思想中关于 19 世纪物质基础的判断可能过于乐观，只有到了 21 世纪的今天，新科技革命所创造的以信息技术为标志的大机器生产方式才有可能成为人类建立平等的理想社会的物质基础。

第四节论述了马克思和恩格斯平等的思想关于理想社会中人们个人消费品的分配原则。马克思和恩格斯认为，“各尽所能，按需分配”是共产主义社会高级阶段的分配原则，也是实现人类终极平等的原则。随着物质财富的极大丰富和人的自由全面发展，人类社会可以实行既不同于资本主义社会也不同于共产主义社会第一阶段“按劳分配”的分配原则，这个新的分配方式遵循的原则已经不是人的劳动，而是人的需要，也就是说，理想社会充分满足每个人的需要。由于每个人的需要都得到了完全的满足，这样的分配原则就能够保证人类社会从形式平等发展到事实平等。因为劳动能力决定劳动关系（劳动关系是社会关系的核心），社会关系的本质是遵循等价交换原则的交换关系，所以，只有人们的劳动能力得到了普遍发展，即每个人都得到了自由全面发展，未来社会才能实行“各尽所能，按需分配”的分配原则，“按劳分配”才能与“按需分配”实现统一。

第一节 马克思和恩格斯平等的思想研究综述

社会主义的目标是建立一个真正平等的社会，所以，平等是马克思主义的核心价值。学术界关于马克思和恩格斯平等思想的研究已经产生了一些学术成果，研究的重点主要集中在关于马克思和恩格斯平等思想的发展历程、内涵、现实意义等方面。但是，学术界关于马克思和恩格斯平等思想的研究存在不足之处：还没有充分研究马克思和恩格斯关于在具体的历史背景下如何消除不平等的思想，没有充分研究马克思和恩格斯的平等思想与社会主义和谐社会的关系，没有充分研究如何以马克思和恩格斯的平等思想为指导解决中国出现的某些不平等现象等方面。那么，学术界关于马克思和恩格斯平等思想的研究有待于不断的拓展和深化。本书关于马克思和恩格斯平等思想的理论创新之处有：第一，马克思和恩格斯的平等思想从科学社会主义产生之日起就产生了，也就是说，社会主义平等理想始终伴随着社会主义运动的全过程，所以，马克思和恩格斯的平等思想构成了科学社会主义理论的重要内容，科学社会主义理论的基本精神就是追求建立平等的社会关系。第二，平等是人类思想史上具有普遍意义的政治理念，是人类长期以来所追求的重要价值目标，那么，我们要把马克思和恩格斯的平等思想放置在人类平等思想的历史长河之中进行考察，深刻认识社会主义的人本主义本质属性。马克思和恩格斯的平等思想与人类进步思想具有共性的同时，又不同于以往的进步思想，因为它是马克思和恩格斯依据唯物史观，从生产力基础出发构想的未来理想社会如何实现平等的理论。

一、马克思和恩格斯平等思想的研究意义

20世纪80年代初，学术界发生了关于人道主义和异化问题的大讨论，这次大讨论掀起了中国人本主义研究的第一次高潮。20世纪90年代以来，尤其进入到21世纪，世界范围内的人本主义思潮出现复苏现象。因此，国内学术界关于人的研究又渐渐兴起和升温，而且研究领域不断拓宽，从哲学、文学等领域延伸到了经济学、教育学、管理学等领域。学术界对于人的问题的持续关注，反映了时代特征，人学问题的深化是时代发展在人的问题上的反映。

传统的社会主义国家，长期的高度集权体制使人们在涉及人与社会、人与集体的关系时，主要强调社会和集体的发展，强调社会发展是个人发展的前提和基础。曾经广泛流行的大河与小河关系的言论，非常形象地说明了充当小河角色的个人面对国家、集体时，只能像螺丝钉那样服从强大的组织安排。传统社会主义国家的制度悖论在于，人创造了某种组织，反过来人成为某种组织的附属物，人失去了自由和尊严，出现了异化现象。这样的制度设计肯定存在问题，需要改革。时代的发展引起了人类社会的巨大变化，这种变化不仅发生在资本主义国家，也发生在社会主义国家。第一，随着全球化历史进程的加速，解放思想的倡导和民主、自由、人权等普世价值的普及，在世界范围内首先从政治上营造了一个解放人、尊重人、发展人的时代氛围。在这个时代，谁也不能无视人本身的价值，即使再强大的政党和政府力量，也不能再阻止人们对自由、民主、人权等普世价值的追求，人本主义思想已经深入人心。第二，正在如火如荼进行着的以微

电子技术为先导的新型科学技术革命，“在很大程度上促进了社会生产过程中人与物关系的变化。它表明，随着科学技术不断更新着从原材料、动力到工具设备，从工艺过程到管理理念等生产过程的各个层面，社会财富迅速增加，劳动者也在稳步地从以体力劳动为主向以脑力劳动为主转变”①。人的要素取代物质要素逐渐成为促进劳动生产率提高的主要因素。人们认识到，人的精神状况和社会地位直接影响到他们的智力发挥和劳动积极性，过去对人的许多看法已不能准确解释当代的经济事实。因此，新科技革命产生的结果就是全社会需要更加关注人，充分认识人的价值，所有的社会制度最主要的目的就是使人得到自由与全面发展，进而推动整个社会生产力的发展。第三，市场经济在全球范围内的广泛展开，引起人们对人的问题的高度重视。市场经济关于独立的个人，以及人的权利和义务统一的要求，培育了人类的主体意识，引发了人类的自由和平等精神，以及人的需求和潜能的全面开发。也就是说，市场经济使每个人获得了独立的意义。这个独立的意义也表现在市场的基本逻辑，即“如果一个人想得到幸福，他（她）必须首先使别人幸福”②。因此，市场经济的意义不仅仅在于能够推动人类物质财富的增长，也促使人类更加强烈要求实现自由和平等目标。

以上所述人类社会几个方面的变化，使人的主题必然从世界历史进程的深层中凸现出来，成为时代的主题。那么，我们就要解读这样的时代主题，解释这个世界是学者的首要任务，因为人们只有在理性认识的基础上才能从事实践活动，才能更好地改变

---

① 余金成：《社会主义的东方实践：解读马克思主义基础理论的现代形态》，上海三联书店2005年版，第165页。

② 张维迎：《市场的逻辑》，上海人民出版社2010年版，第1页。

这个世界。具体到关于社会主义理论与实践的研究领域，在这个以人为本的时代，我们必然要以人本主义的视角认识社会主义，放弃阶级斗争的传统思维，重新认识社会主义的本质。那么，通过解读马克思和恩格斯的平等思想，最终得出既符合马克思和恩格斯的本意，又符合时代要求的结论，以指导现实的社会主义社会。因此，关于马克思和恩格斯平等思想的研究，不但具有理论意义，也具有实践意义。

第一，通过研究马克思和恩格斯的平等思想，充分彰显社会主义所具有的人本主义精神。马克思和恩格斯的平等思想继承了人类思想史上的平等思想，是人类进步思想的重要组成部分。可以肯定地说，社会主义的理想就是人类的理想，社会主义是通过无产阶级的解放，最终实现全人类的解放，因此，它代表了历史发展的方向。人类在确立资本主义制度之后，发现资本主义社会依旧存在人们经济地位的不平等现象，于是就进一步探索更加理想的社会制度，社会主义就是这种探索的结果。社会主义承接了人类已经取得的文明成果，社会主义社会是人类新的理想社会，这个理想社会不但要求实现人们政治地位的平等，而且试图实现人们经济地位的平等。根据马克思和恩格斯的平等思想，在社会主义的实践过程中，平等不再仅仅作为人类社会发展的终极目标而被推向遥远的未来，而是在社会进步本身的过程中，平等理想完全可以通过合理的制度建设不断得到实现。令人遗憾的是，在20世纪长的部分历史阶段，社会主义的人本主义精神曾经被阶级斗争的话语遮蔽，所以，现在学者们的任务就是恢复社会主义本来具有的人本主义面目。

第二，通过研究马克思和恩格斯的平等思想，揭示社会主义的本质主要体现的是一种价值，而不仅仅是具体的制度设计，给社会主义的发展提供更加广阔的空间，消除对于社会主义实践的不必要的限制和束缚。社会主义的本质观是对社会主义最高层次的抽象，这种抽象的指向就是一种价值判断。如果仅仅从社会制度层面去界定社会主义的本质，难以准确把握社会主义的本质，因为相对于稳定的价值诉求，具体的制度设计则是多变、可变的。同一种性质的社会，其具体的制度设计则可能因为历史条件、国情的不同而产生多样性。例如，都是资本主义社会，美国社会和英国社会的制度设计就不完全相同；都是社会主义国家，前苏联和其他社会主义国家的制度设计也不完全相同。所以，马克思和恩格斯的平等思想主要解决的是社会主义相对稳定的基本价值问题。研究马克思和恩格斯平等思想的理论与实践意义在于，稳定的价值判断才容易使得社会主义者取得共识，有共识，才会有明确的共同目标，社会主义事业才能够兴旺发达。因此，社会主义的制度设计要体现社会主义的基本价值，社会主义制度一定要是在社会主义基本价值观指导下构建的制度。当代中国社会主义改革的目的就是使得现实的社会制度和体制更加符合社会主义的本质要求，社会主义实践者通过反思苏联社会主义模式，走出一条充分彰显社会主义基本价值的社会主义建设道路。

第三，通过研究马克思和恩格斯的平等思想，说明马克思主义的平等理论在实践中得到了检验，也得到了丰富和发展。马克思和恩格斯的平等思想从科学社会主义产生那天起就已经产生，它是科学社会主义理论的重要内容；同时，社会主义的实践又赋予了马克思主义平等理论以新的理论形式。与时俱进是马克思主义的理论品格。恩格斯指出："我们的理论是发展着的理论，而不是必须背得烂熟并机械地加以重复的教条。"① 邓小平指出：

① 《马克思恩格斯选集》第4卷，人民出版社1995年版，第681页。

"世界形势日新月异，特别是现代科学技术发展很快。现在的一年抵得上过去古老社会几十年、上百年甚至更长时间。不以新的思想、观点去继承、发展马克思主义，不是真正的马克思主义者。""我们坚信马克思主义，但马克思主义必须与中国实际相结合。只有结合中国实际的马克思主义，才是我们所需要的真正的马克思主义。"①

二、马克思和恩格斯平等思想的研究现状

学术界关于马克思和恩格斯平等思想的研究重点主要集中在历程、内涵、意义等方面。第一，发展历程研究。有学者将马克思和恩格斯的平等思想划分为萌芽、发展和成熟三个阶段。② 第二，主要概念研究。有学者指出，在某一种特定的历史关系中只存在着某一种平等的观念。③ 有学者认为，平等是特定历史条件下特定经济关系的反映。④ 还有学者指出，平等不是绝对平均主义。⑤ 第三，主要内容研究。有学者认为，马克思是从政治经济学的角度来阐述平等观念的本质的。⑥ 还有学者认为，马克思主

① 《邓小平文选》第3卷，人民出版社1993年版，第213页。

② 参见李艳庆《论马克思平等观的发展历程》，《江西师范大学学报》（哲学社会科学版）2009年第6期，第33页。

③ 参见徐圻《物的必然与人的自由——略论马克思的平等观》，《贵州社会科学》2002年第6期，第37页。

④ 参见王岩《历史唯物主义视域下马克思平等思想的理性分析》，《齐齐哈尔大学学报》（哲学社会科学版）2008年第3期，第22页。

⑤ 参见徐圻《物的必然与人的自由——略论马克思的平等观》，《贵州社会科学》2002年第6期，第22页。

⑥ 参见高瑞泉《平等：和谐社会的必要价值》，《毛泽东邓小平理论研究》2005年年第3期，第33页。

义所谓“自由人的联合体”就是摆脱了物对人的统治和人对人的奴役。[①] 有学者指出，马克思主义平等是要让社会的每一个成员都能自由地发展。[②] 第四，现实基础研究。有学者认为，共产主义运动所提出的阶级平等和经济地位平等的要求将随着无产阶级革命的成功和私有制的消灭而得以全面地实现。[③] 有学者指出，无产阶级掌握政权、变资本主义私有制为社会主义公有制是实现人类平等的重要条件。[④] 第五，相关思想研究。有学者指出，马克思和恩格斯的自由平等观与自由主义的自由平等观的根本区别就在于马克思和恩格斯所追求的人的自由与平等归根到底是一种实质意义上的自由与平等。[⑤]

三、马克思和恩格斯平等思想研究的理论创新

关于马克思和恩格斯平等思想的研究，本书力求在理论上有所创新，创新之处主要包括以下几个方面。

第一，马克思和恩格斯的平等思想从科学社会主义产生之日起就产生了，也就是说，社会主义平等理想始终伴随着社会主义运动的全过程。因此，马克思和恩格斯的平等思想构成了科学社

---

① 参见李纪才《马克思、恩格斯的平等观》，《社会主义研究》2008 年第 3 期，第 5 页。

② 参见谢雯萍《马克思主义视野中麦克弗森的平等观》，《兰州大学学报》（哲学社会科学版）2009 年第 5 期，第 55 页。

③ 参见张星炜《平等观念及其理论概览》，《科学社会主义》2005 年第 6 期，第 21 页。

④ 参见李招忠《论马克思恩格斯的平等思想——弱势群体权益保护的思想资源》，《哲学研究》2007 年第 6 期，第 26 页。

⑤ 参见于涛《事实与价值：分离还是统一——马克思与自由主义自由平等观之根本区别》，《河南师范大学学报》（哲学社会科学版）2010 年第 1 期，第 40 页。

会主义理论的重要内容，科学社会主义理论的基本精神就是追求建立平等的社会关系。既然科学社会主义理论的基本精神是追求社会平等，那么，社会主义运动的目标就是实现人与人之间关系的平等。社会主义政党致力于社会主义建设的根本目的，就是为了使全体社会成员都能过上幸福富裕的生活，社会主义政党的历史使命就是防止社会贫富悬殊，坚决杜绝社会两极分化现象的存在。马克思和恩格斯在《共产党宣言》中断言，共产党人的任务就是消灭私有制，而消灭私有制的目的就是消灭剥削，实现人类平等。正如邓小平所指出的那样："社会主义最大的优越性就是共同富裕，这是体现社会主义本质的一个东西。"①

第二，平等是人类思想史上具有普遍意义的政治理念，是人类长期以来所追求的重要的价值目标，那么，我们要把马克思和恩格斯的平等思想放置在人类平等思想的历史长河之中进行考察，深刻认识社会主义的人本主义本质属性。也就是说，把人类所创造的思想成果纳入学术视野，在此基础上确认社会主义的历史地位。马克思和恩格斯的平等思想是人类进步思想的重要组成部分，它与人类进步思想有着共性。同时，马克思和恩格斯的平等思想又不同于以往的进步思想，因为它与马克思和恩格斯对生产力的认识是紧密相连的，它是马克思和恩格斯从生产力基础出发构想的理想社会如何实现平等的理论。马克思和恩格斯依据唯物史观，认为生产力问题是认识社会主义的出发点，人类建立平等的社会关系是以一定的生产力发展为基础的，任何人不能超越历史，仅仅凭借道德判断绘制平等的理想蓝图，或者关于平等理想的论证局限在理性、人性等范畴内而并不涉及生产力的状况和

① 《邓小平文选》第3卷，人民出版社1993年版，第364页。

生产方式的变革。也就是说，马克思和恩格斯反对关于平等理想的抽象演绎，认为社会平等的实现遵循着实践的原则，社会关系的发展具有客观规律性，生产力最终决定生产关系。

马克思主义者对社会平等的期待包含着两个步骤：第一个步骤是通过生产资料公有制，解决人们经济地位的平等问题；第二个步骤是通过生产力与生产关系的高度一致，使物质财富得到充分涌流，为人们自由与全面地发展个性化的能力提供物质基础，进一步实现人们社会地位的平等。在以上两个环节中，生产资料公有制是人类经济解放的外部条件或者说是客体条件；而人们的自由与全面的发展，即人类劳动能力的普遍发展则是人类经济解放的内部条件或者说是主体条件。人类只有实现了经济解放，才能够真正实现政治解放。

关于生产力与平等的关系，马克思和恩格斯认为，人类理想社会建立平等的社会关系是以生产力的充分发展为前提的；列宁、斯大林、毛泽东等社会主义实践者在社会主义建设过程中，用既定的生产关系去促进生产力的发展，在发展生产力的同时追求建立平等的社会关系；邓小平主张通过解放和发展生产力来建立平等的社会关系。由于建立平等的社会关系必须具备一定的生产力水平，所以，人类实现平等理想将经历一个漫长的历史过程，平等不是一蹴而就的事。随着生产力的发展，人与人之间的平等范围越来越广泛，平等程度越来越高，人类才能最终达到平等的目标。欧洲资产阶级革命胜利后，关于资产阶级社会的社会关系状况，恩格斯指出："但是现在平等权利被承认了。资产阶级在反对封建制度的斗争中和在发展资本主义生产的过程中不得不废除一切等级的即个人的特权，而且起初在私法方面、后来逐渐在公法方面实施了个人在法律上的平等权利，从那时以来并且由于那个缘故，平等权利在口头上是被承认了。但是，追求幸福的欲望只有极微小的一部分可以靠观念上的权利来满足，绝大部分却要靠物质的手段来实现。”① 也就是说，“观念上的权利”只是一种口头上的平等权利，平等还需要物质基础。马克思和恩格斯断言，只有社会主义社会才能因为物质财富的极大丰富而最终实现人类平等，人类社会才能从形式上的平等（权利平等）发展到事实上的平等（共同富裕）。

第三，邓小平关于社会主义本质的论断是对马克思主义基本规定的再次确认，回归到了马克思主义的基本原则，实现平等是邓小平社会主义本质论的核心思想，所以，马克思和恩格斯的平等思想被邓小平概括为共同富裕。中国特色社会主义虽然不同于经典社会主义，但它的社会目标依然是经典社会主义的社会目标，它仍然是向共产主义过渡的社会。因此，中国特色社会主义仍旧要反映社会主义的本质要求。

中国特色社会主义最主要的特征就是建立了社会主义市场经济体制。既然社会主义的根本目的是通过发展生产力以实现共同富裕，那么，在社会主义初级阶段，发展生产力的手段就是建立社会主义市场经济体制。邓小平把市场经济只是看做手段，而平等才是目的。邓小平坚信，作为手段的市场经济不会影响社会主义平等目标的实现，而且，社会主义市场经济既有一般市场经济的优点，又有社会主义基本制度的优势，它一定能够推动社会主义生产力的快速发展，为共同富裕奠定坚实的物质基础。

---

① 《马克思恩格斯选集》第 4 卷，人民出版社 1995 年版，第 239 页。

第二节 唯物史观对于人类平等理想的意义
——马克思和恩格斯平等思想的历史观基础研究

马克思和恩格斯指出："我们仅仅知道一门唯一的科学，即历史科学。……我们需要深入研究的是人类史，因为几乎整个意识形态不是曲解人类史，就是完全撇开人类史。"① 因此，马克思和恩格斯一生致力于对人类历史发展规律的研究，唯物史观就是这种研究最主要的理论成果。马克思和恩格斯创立的唯物史观考察的对象是整个人类，反映的是人类历史发展的基本规律。根据唯物史观，马克思和恩格斯断言，随着生产力的发展，人类从资本主义社会进入到共产主义社会是合乎规律的历史进程，所以，马克思和恩格斯的平等思想是马克思和恩格斯基于对人类历史发展规律研究的理论成果。由于唯物史观的发现，马克思和恩格斯抛开了以往的思想家惯常的道德说教，不再只用抽象的人性、爱、良知等理念设计人类的理想社会。"由于这些发现，社会主义变成了科学。"② 所以，马克思和恩格斯的贡献在于，他们对人类历史的认识在方法论上进行了革命，肯定了人类历史存在着客观规律，使社会主义在本质上同社会发展的客观规律相一致。"马克思主义是人类发展到特定历史阶段的产物，属于西方文化。西方文化是近代以来站在人类发展前列的文化。……马克思主义

---

① 《马克思恩格斯选集》第1卷，人民出版社1995年版，第66页。
② 《马克思恩格斯选集》第3卷，人民出版社1995年版，第740页。

作为西方文化的一翼，以其对自然规律的认识成果为基础，致力于探索社会自然界的规律，由于确定‘生产资料’作为客观标志，生产力与生产关系矛盾运动成为说明人类历史的主线。”①

一、思想史上的各种历史观

恩格斯指出，18 世纪的法国哲学革命作了“政治崩溃的前导”②。拉美特利、狄德罗、霍尔巴赫、爱尔维修等试图把唯物主义的观点运用到社会历史领域。他们认为，物质利益是促进人们活动和社会发展的动力，反对求助于任何神秘的超自然力量。他们还认为，人仅仅是自然的产物，是一个自然的存在物，所以，人应当具有物质的普遍属性，即追求肉体的快乐和逃避肉体的痛苦。但是，由于他们把人的一切需要、欲望等方面趋乐避苦的表现称为“自爱”，认为它是永久不可改变的，因此，他们的根本出发点仍然是抽象的人性论。他们提出环境决定人的精神和道德面貌的理论。他们认为，每个人的智力和感情生来都是一样的，但在现实生活中又千差万别，这是由于社会环境造成的，是后天教育的结果。那么，“人是环境的产物”构成他们社会历史观的根本观点。当然，他们所理解的环境主要不是指自然环境而是指社会环境，社会环境又不是指生产方式或经济基础，而是指政治、法律、教育、舆论等构成的上层建筑。由于他们认为社会的法律制度和教育对人具有决定意义，而且他们把法律看做是“立法者”主观意志的产物，他们得出“意志支配世界”的结

① 余金成：《社会主义的东方实践：解读马克思主义基础理论的现代形态》，上海三联书店 2005 年版，第 3 页。

② 《马克思恩格斯选集》第 4 卷，人民出版社 1995 年版，第 214 页。

论。也就是说，不是人们的社会存在决定人们的社会意识，而是人们的社会意识决定人们的社会存在，这就是典型的唯心史观了。关于18世纪法国唯物主义的历史观，马克思指出：“关于环境和教育起改变作用的唯物主义学说忘记了：环境是由人来改变的，而教育者本人一定是受教育的。因此，这种学说一定把社会分成两部分，其中一部分凌驾于社会之上。”①

恩格斯说：“这种近代德国哲学在黑格尔的体系中完成了。”② 在黑格尔的思想体系中，历史哲学占有重要的地位。黑格尔是第一位试图运用辩证法来全面考察世界历史，以证明历史发展中有一种内在联系的思想家。“黑格尔第一次——这是他的伟大功绩——把整个自然的、历史的和精神的世界描写为一个过程，即把它描写为处在不断地运动、变化、转变和发展中，并企图揭示这种运动和发展的内在联系。……人类的历史已经不再是乱七八糟的……而是人类本身的发展过程，而思维的任务现在就是要透过一切迷乱现象探索这一过程的逐步发展的阶段，并且透过一切表面的偶然性揭示这一过程的内在规律性。”③ 但是，黑格尔认为，抽象的或绝对的“精神”是世界的主宰，是其历史观的前提，他说：“世界历史是自由意识的进步，我们应当从这个进步的必然性去认识它。”④ 黑格尔认为，“精神”的本质是自由，世界历史就是精神实现自由的历史，历史上的事件和人物不过是精神用来实现它自身的手段或材料。恩格斯指出：“历史哲学，特别是黑格尔所代表的历史哲学，认为历史人物的表面动机

① 《马克思恩格斯选集》第1卷，人民出版社1995年版，第55页。
② 《马克思恩格斯选集》第3卷，人民出版社1995年版，第362页。
③ 《马克思恩格斯选集》第3卷，人民出版社1995年版，第362～363页。
④ （德）黑格尔：《历史哲学》，商务印书馆1982年版，第57页。

和真实动机都绝不是历史事变的最终原因，认为这些动机后面还有应当加以探究的别的动力；但是它不在历史本身中寻找这种动力，反而从外面，从哲学的意识形态把这种动力输入历史。”[①]“黑格尔把历史观从形而上学中解放了出来，使它成为辩证的，可是他的历史观本质上是唯心主义的。”[②]

黑格尔社会历史观的中心思想是：虽然人们自觉地追求自身的目的，但最后人们总是不自觉地实现了“绝对精神”的目的，这样的结果是不以人们的意志为转移的，这也体现了世界历史的“理性的设计”。关于黑格尔的历史观，马克思和恩格斯既看到了它的巨大局限性，也肯定了其基本观点是进步的，他们指出：“这个划时代的历史观是新的唯物主义观点的直接的理论前提，单单由于这种历史观，也就为逻辑方法提供了一个出发点。”[③]

费尔巴哈主张物质世界是唯一现实的，物质不是精神的产物，但精神是物质的产物。恩格斯指出：“他势所必然地终于认识到，黑格尔的‘绝对观念’之先于世界的存在，在世界之前就有的‘逻辑范畴的预先存在’，不外是对世界之外的造物主的信仰的虚幻残余；我们自己所属的物质的、可以感知的世界，是唯一现实的；而我们的意识和思维，不论它看起来是多么超感觉的，总是物质的、肉体的器官即人脑的产物。物质不是精神的产物，而精神本身只是物质的最高产物。这自然是纯粹的唯物主义。”[④] 但是，费尔巴哈在解释社会生活历史的时候，他也变成了一个唯心主义者。马克思和恩格斯说：“当费尔巴哈是一个唯

---

① 《马克思恩格斯选集》第4卷，人民出版社1995年版，第248～249页。
② 《马克思恩格斯选集》第3卷，人民出版社1995年版，第739页。
③ 《马克思恩格斯选集》第2卷，人民出版社1995年版，第42页。
④ 《马克思恩格斯选集》第4卷，人民出版社1995年版，第227页。

物主义者的时候，历史在他的视野之外；当他去探讨历史的时候，他不是一个唯物主义者。”[①] 费尔巴哈的历史唯心主义首先集中地表现在他对人或人的本质的看法上。

费尔巴哈的唯物论哲学可以分为两部分：一部分是关于自然的学说；另一部分是关于人的学说。“人”是费尔巴哈全部人本学唯物论哲学的基点。他说：“感性的、个别存在的实在性，对于我们来说，是一个用我们鲜血来打图章担保的真理。”[②] “新哲学将人连同作为人的基础的自然当做哲学唯一的、普遍的、最高的对象——因而也就是将人本学连同自然学当做普遍的科学。”[③] 费尔巴哈认为，哲学研究的出发点必须是人而不是黑格尔的绝对精神，因为只有这样才能同思辨彻底决裂，从而正确地解决思维和存在、物质和精神的相互关系问题；人不是某种神秘的精神力量的产物，而是自然界的产物，是自然界的一部分。但是，他所理解的人的本性，就是人的自然属性，他所说的人仅仅是生物学、生理学上的自然的人，而不是社会的人。费尔巴哈认为，哲学上最高的东西是人的本质。既然人是自然界的一部分，人的生存依赖于自然界，那么，人的本质就是人本身所“同化”的东西。也就是说，人为了维持自己的生存所需要的空气、食物、水分等是“人的本质”。费尔巴哈还认为，两性关系、人的情欲、理性、爱、意志力也是人的本质，是人区别于任何其他事物的东西。因此，费尔巴哈对“人的本质”的理解，立足点和出发点

---

① 《马克思恩格斯选集》第1卷，人民出版社1995年版，第78页。

② （德）费尔巴哈：《费尔巴哈哲学著作选集》（上），商务印书馆1984年版，第79页。

③ （德）费尔巴哈：《费尔巴哈哲学著作选集》（上），商务印书馆1984年版，第184页。

也都是生物学和生理学上的人。费尔巴哈“人的本质”观的中心思想是：人是物质的、自然的产物；人的本质应从自然的、肉体的、感性的人中间去找，而不应从精神中去找；人的至高本质就是人自己，即“人就是上帝”。

费尔巴哈从人的本质说引申出道德学说。他认为，真正的道德就在于达到自己追求幸福的愿望和别人追求幸福的愿望协调起来的“共同的幸福”，道德的“绝对命令”就是自我节制和对人以爱。他还从人的本质说引申出国家学说。他认为，国家是以“人成为人”的利益为基础的，个人利益与公共利益一致，既是道德的基础，也是国家的基础。费尔巴哈宗教学说的特点在于，他一方面批判宗教，认为宗教的本质就是人的本质；另一方面又论证了宗教的合理性，建立了“爱”的宗教，认为人与人的关系应当建立在“爱”的基础上，“爱”是维系人们之间关系的基本手段，人对人的爱就是新宗教的最高的根本的内容。因此，他把爱情、友谊、同情等人与人之间的关系都加以神化。费尔巴哈的历史观从把抽象的人的本质作为解释社会生活及其历史发展这一点出发，以宗教决定社会生活及其历史发展而告终。

贯穿于空想社会主义者历史观中的一个最根本的东西就是人性论。作为“法国大革命的产儿”① 的圣西门和启蒙思想家一样，也是用抽象的理性、正义等观念解释历史。他认为，社会发展的动力是人类理性的发展，社会历史是人类理性的发展过程，是服从于人类理性的进步的规律的，相对于规律而言人不过是工具而已。圣西门认为，哲学的意义在于论证合理的社会结构和完善的社会体系。因此，他认为，奴隶制度在历史上之所以被封建

---

① 《马克思恩格斯选集》第3卷，人民出版社1995年版，第725页。

制度所代替，是因为中世纪哲学家比古代哲学家构建了更为完善的社会思想体系；同样，封建的神学体系的崩溃乃是数理科学的发展、艺术的繁荣、人类精神的发展的结果。圣西门把人类社会的全部历史分成三个“伟大的时代”：第一个是“准备工作时代”，这是人类理性从最原始的阶段发展到苏格拉底学说的时代；第二个是“假设体系的时代”，这是从苏格拉底到“实证体系”的时代；第三个是“实证体系时代”，这是普遍原因的观念在宗教的外壳下面解放出来，并产生了“关于人的科学”（空想社会主义）的时代。

按照马克思和恩格斯的评价，圣西门关于社会历史也有一些有价值的观点。恩格斯认为，圣西门同黑格尔一样，都是“当代最博学多才的人”。恩格斯曾指出，圣西门具有关于政治制度的经济基础的思想萌芽。圣西门认为，生产是一切社会的合理目的，他还认为法国所发生的政治革命的原因是社会状况完全改变了。由于圣西门主张每个世纪都具有自己的特征，每种制度都具有自己的连续性，他对于伴随着资本主义发展的工业发展给予了很高的评价，并指出资本主义也是暂时的。圣西门不同意把资本主义制度看做是合乎理性的观点，提出应以更合乎理性的制度来取代它。他有时还用所有制的不同形式来说明一种社会制度向另一种社会制度的转变，认为政府的形式并不是本质，而确立所有制才是本质。

傅立叶认为，他的历史功绩是发现了情欲的引力必然导向理想的协作制度的社会生活的基本规律，按照这个规律，历史发展的动力是人类情欲的倾轧和冲突，社会和谐或协调的发展取决于引力，而破坏性或非和谐的发展则取决于强制。傅立叶认为，竞争是文明所固有的情欲纷争的畸形表现，这种纷争在结束所有以往全部社会历史特有的纷争大战中达到了顶点。傅立叶把文明制度下的情欲斗争同未来社会的情欲和谐对立起来，所以，他认为社会矛盾是以情欲的矛盾和冲突的幻想形式出现的，而且总体情况的改变从本质上改变了同样一些现象的性质，例如，在文明制度下被公认为罪恶的欲望，在和谐制度下就得到了完全相反的性质。傅立叶还制成了四种运动图表，这个图表把社会的发展比作个体的发展，并把这个运动分成四个阶段：两个上升振动阶段，包括童年和青年阶段；两个下降振动阶段，包括壮年和老年阶段。同社会运动的四个阶段更替平行的是天文学的、地理学的、海洋学的、动物学的变化。

傅立叶驳斥了资本主义制度将永恒存在的观点，指出人类社会也和其他事物一样处于不断变化发展之中，每一种社会制度都要被另一种社会制度所代替，资本主义制度必将被协作制度所代替。因此，尽管傅立叶的历史观是唯心主义的，但它也包含有一些科学的内容，恩格斯指出："傅立叶最了不起的地方表现在于他对社会历史的看法上。"①

欧文由于没有看到历史发展的客观规律性，所以，他认为社会生活的进程是为人性所决定的，是为理性、正义以及其他精神因素所决定的。他把以往的全部历史都看成人类的非理性时期，看成虚伪、欺骗、战争、掠夺的历史。他不认为社会主义是历史必然性的结果，而是进步思想、绝对理性、正义和善良的体现。由于欧文对社会主义运动的贡献，恩格斯评价道："当时英国的有利于工人的一切社会运动、一切实际进步，都是同欧文的名字联在一起的。"②

---

① 《马克思恩格斯选集》第3卷，人民出版社1995年版，第610页。
② 《马克思恩格斯选集》第3卷，人民出版社1995年版，第731页。

二、马克思和恩格斯创立了唯物史观

马克思和恩格斯吸收了黑格尔的辩证法思想和费尔巴哈的唯物论思想，把辩证法和唯物论引入了社会历史领域，着重研究了人类社会内部的矛盾及其发展变化的规律，发现了社会历史变迁的秘密，创立了唯物史观。唯物史观的创立使马克思和恩格斯在认识人类历史的方法论上首先进行了革命。马克思和恩格斯运用唯物史观，对人类社会的历史发展，特别是资本主义社会的发展进行了全面系统的考察，描述了人类历史发展的过程，揭示了人类社会发展的客观规律和历史趋势。

黑格尔哲学是马克思和恩格斯思想活动的开端，是他们的世界观、历史观的起点。黑格尔逝世后，他们又都参加了青年黑格尔派的活动。青年黑格尔派对黑格尔哲学的批判和改造主要是围绕着宗教和国家问题展开的，目的是通过批判宗教和国家引出无神论、唯物论的哲学观点。在这个阶段，马克思的哲学思想虽然还处在唯心主义阶段，但他强烈的民主主义立场必然推动他的世界观进一步发展。在博士论文《德谟克利特的自然哲学和伊壁鸠鲁的自然哲学的差别》中，马克思已经具有了唯物论的思想萌芽，开始从唯物论的角度研究事物的辩证运动。关于宗教，他借用普罗米修斯的话说："老实说，我痛恨所有的神。"① 恩格斯在这个阶段也一直在努力改造黑格尔的哲学。

从1841年至1844年间，马克思和恩格斯在世界观、历史观上接受了费尔巴哈的哲学，并用它来反思黑格尔的哲学，告别青

---

① 《马克思恩格斯全集》第40卷，人民出版社1982年版，第189页。

年黑格尔派，他们初步完成了由唯心主义向唯物主义、由民主主义向共产主义的转变。1843 年夏天，马克思写出论文《黑格尔法哲学批判》，系统地批判了黑格尔的唯心主义国家观。马克思指出，市民社会决定国家，而不是国家决定市民社会；国家如果没有家庭的天然基础和市民社会的人为基础就不会存在。马克思说："我的研究得出这样一个结果：法的关系正像国家的形式一样，既不能从它们本身来理解，也不能从所谓人类精神的一般发展来理解；相反，它们根源于物质的生活关系，这种物质的生活关系的总和，黑格尔按照 18 世纪的英国人和法国人的先例，概括为'市民社会'，而对市民社会的解剖应该到政治经济学中去寻求。"① 由于马克思已明确指出经济决定政治关系，这标志着他已转向唯物史观。

1844 年春天，马克思发表论文《论犹太人问题》，从唯物主义立场出发，分析了市民社会、国家和宗教的关系，把宗教看做是社会生活的反映，主张把宗教斗争和政治斗争结合起来，推翻封建统治，解决宗教问题。同期，马克思还写出论文《〈黑格尔法哲学批判〉导言》，明确指出，必须把对宗教的批判变为对社会现实的批判，必须进行政治斗争，才能彻底解决宗教压迫问题。他指出："宗教里的苦难既是现实的苦难的表现，又是对这种现实的苦难的抗议。宗教是被压迫生灵的叹息，是无情世界的心境，正像它是无精神活力的制度一样。宗教是人民的鸦片。……因此，对宗教的批判就是对苦难尘世——宗教是它的神圣光环——的批判的胚芽。"② 马克思还认为，必须依靠无产阶

① 《马克思恩格斯选集》第 2 卷，人民出版社 1995 年版，第 32 页。
② 《马克思恩格斯选集》第 1 卷，人民出版社 1995 年版，第 2 页。

级进行革命，推翻旧政权，消灭私有制，只有这样才能实现全人类的解放，才能铲除产生宗教的社会根源，从而使宗教消亡。这两篇论文具体地贯穿着社会存在决定社会意识的唯物主义思想。1844年，马克思写出论文《1844年经济学哲学手稿》，在经济学研究基础上，运用费尔巴哈的异化理论分析了资本主义经济制度的剥削实质，论证了资本主义灭亡的规律。在探讨异化问题时，马克思赋予异化以经济的内容。他将资本主义生产过程和结果看做工人阶级的劳动和本质的异化，认为资本主义社会存在着四种异化的表现形式，即劳动产品的异化、劳动过程的异化、人类本质的异化和人与人的异化。前三个方面异化的结果就是人与人之间的异化，而人与人之间的对立，具体说就是工人和资本家之间的对立。这样，马克思就从人与物的关系中看到了人与人的关系，从劳动的异化中看到了阶级的对立。他认为异化的根源在于私有制，只有消灭私有制才能彻底消除异化。马克思还指出，人的本质特征就是通过生产劳动能动地改造世界。也就是说，劳动创造了人，这个观点已经包含着生产劳动是全部历史基础的历史唯物主义的思想。

恩格斯在英国期间写了《国内危机》、《政治经济学批判大纲》、《大陆上社会改革运动的发展》、《英国状况：十八世纪》等重要通讯和论文。恩格斯利用在英国获得的有关经济、政治生活方面的知识，从经济根源上揭露了私有制国家的本质，指出国家的统治实质上是财产的统治。他还分析了资本主义制度的主要现象，揭露了资本主义私有制的本质及其种种罪恶，提出了必须用消灭私有制、竞争、利益对立的办法来结束人类堕落的现象，并阐明了无产阶级的历史作用。这些文章已经具体地贯彻了经济基础决定上层建筑的历史唯物主义观点，列宁指出：“恩格斯到英国后才成为社会主义者。”①

1844 年 9 月至 11 月，马克思和恩格斯合写了论文《神圣家族》，批判了青年黑格尔派蔑视人民群众的唯心主义观点，全面系统地论述了存在决定思维的唯物主义，并用唯物主义的观点解释历史。他们认为，历史是由从事物质资料生产的人民群众创造的，而不是英雄人物创造的，任何革命的深度和广度都取决于人民群众参与的程度，历史活动是群众的事业，随着历史活动的深入，必将是群众队伍的扩大。他们指出，资本主义社会的无产阶级是物质财富和精神财富的创造者，而资产阶级是落后、破坏的方面，所以，随着私有制在自己的运动中把自己推向灭亡，无产阶级在斗争中将解放自己。他们在剖析政治国家与市民社会的关系时，认为任何一个国家形式归根到底由经济制度决定。他们还提出，人是由工业状况和经济状况决定的，物质生产是历史的发源地等。

1845 年春天，马克思写出论文提纲《关于费尔巴哈的提纲》，批判了费尔巴哈的社会历史观，第一次提出社会实践是辩证唯物主义和历史唯物主义的基本范畴，并称自己的哲学是新唯物主义。由于这份提纲确立了马克思主义社会历史观的理论基础，恩格斯指出：“它作为包含着新世界观的天才萌芽的第一个文件，是非常宝贵的。”② 1845 年 11 月至 1846 年 8 月，马克思和恩格斯合写了《德意志意识形态》，批判了费尔巴哈的唯心史观，彻底清算了青年黑格尔派的观点，比较详细地制定了历史唯物主义的一系列基本原理。他们认为，人类历史的前提不是抽象

---

① 《列宁选集》第 1 卷，人民出版社 1995 年版，第 92 页。

② 《马克思恩格斯选集》第 4 卷，人民出版社 1995 年版，第 213 页。

的人，而是现实的人，“为了生活，首先就需要吃喝住穿以及其他一些东西。因此第一个历史活动就是生产满足这些需要的资料，即生产物质生活本身”①。他们首次论证了生产力和生产关系的辨证关系：“人们所达到的生产力的总和决定着社会状况”②，随着生产力的发展，“已成为桎梏的旧交往形式被适应于比较发达的生产力，因而也适应于进步的个人自主活动方式的新交往形式所代替；新的交往形式又会成为桎梏，然后又为别的交往形式所代替”③。也就是说，人类社会由一种社会形态被另一种新社会形态所代替是人类社会发展的规律。他们阐述了经济基础决定上层建筑、社会存在决定社会意识的原理。他们认为，由于分工和私有制的出现，产生了不同的阶级和代表统治阶级利益的国家。他们还认为，作为观念形式的上层建筑是社会存在的反映，受生产资料方式所决定。

1847 年，马克思写出了《哲学的贫困》，第一次明确地使用了“生产关系”这个概念，取代了以往的“社会关系”、“交往关系”、“交往形式”等概念，明确强调生产力的发展是人类全部历史的基础，在社会历史发展中起着决定作用。他说：“社会关系和生产力密切相联。随着新生产力的获得，人们改变自己的生产方式，随着生产方式即谋生的方式的改变，人们也就会改变自己的一切社会关系。手推磨产生的是封建主的社会，蒸汽磨产生的是工业资本家的社会。”④ 他还对生产力的内容作了规定，指出生产力包括生产工具和革命阶级本身。他继续阐述了无产阶

---

① 《马克思恩格斯选集》第 1 卷，人民出版社 1995 年版，第 79 页。
② 《马克思恩格斯选集》第 1 卷，人民出版社 1995 年版，第 80 页。
③ 《马克思恩格斯选集》第 1 卷，人民出版社 1995 年版，第 124 页。
④ 《马克思恩格斯选集》第 1 卷，人民出版社 1995 年版，第 141 ～142 页。

级的历史使命和解放道路，对资本主义社会的历史地位作了深刻剖析。列宁把这部著作称为“成熟的马克思主义的最初著作”。

1848年2月，马克思和恩格斯共同发表了《共产党宣言》，标志着辩证的历史的唯物主义世界观已经形成，也标志着科学社会主义的诞生。关于《共产党宣言》，列宁指出：“这部著作以天才的透彻而鲜明的语言描述了新的世界观，即把社会生活领域也包括在内的彻底的唯物主义、作为最全面最深刻的发展学说的辩证法，以及关于阶级斗争和共产主义新社会创造者无产阶级肩负的世界历史性的革命使命的理论。”① 关于始终贯穿《共产党宣言》的历史唯物主义的基本思想，恩格斯指出：“每一历史时代主要的经济生产方式和交换方式以及必然由此产生的社会结构，是该时代政治的和精神的历史所赖以确立的基础，并且只有从这一基础出发，这一历史才能得到说明；因此人类的全部历史（从土地公有的原始氏族社会解体以来）都是阶级斗争的历史，即剥削阶级和被剥削阶级之间、统治阶级和被压迫阶级之间斗争的历史；这个阶级斗争的历史包括着一系列发展阶段，现在已经达到这样一个阶段，即被剥削被压迫阶级（无产阶级），如果不同时使整个社会一劳永逸地摆脱一切剥削、压迫以及阶级差别和阶级斗争，就不能使自己从进行剥削和统治的那个阶级（资产阶级）的奴役下解放出来。”②

《共产党宣言》问世后，马克思和恩格斯继续丰富和发展了唯物史观。1859年，马克思写出了《〈政治经济学批判〉序言》，对唯物史观又做了明确的概括：“人们在自己生活的社会生产中

① 《列宁选集》第2卷，人民出版社1995年版，第416页。
② 《马克思恩格斯选集》第1卷，人民出版社1995年版，第257页。

发生一定的、必然的、不以他们的意志为转移的关系，即同他们的物质生产力的一定发展阶段相适应的生产关系。这些生产关系的总和构成社会的经济结构，即有法律的和政治的上层建筑竖立其上并有一定的社会意识形式与之相适应的现实基础。物质生活的生产方式制约着整个社会生活、政治生活和精神生活的过程。不是人们的意识决定人们的存在；相反，是人们的社会存在决定人们的意识。社会的物质生产力发展到一定阶段，便同它们一直在其中运动的现存生产关系或财产关系（这只是生产关系的法律用语）发生矛盾。于是这些关系便由生产力的发展形式变成生产力的桎梏。那时社会革命的时代就到来了。随着经济基础的变更，全部庞大的上层建筑也或慢或快地发生变革。在考察这些变革时，必须时刻把下面两者区别开来：一种是生产的经济条件方面所发生的物质的、可以用自然科学的精确性指明的变革，一种是人们借以意识到这个冲突并力求把它克服的那些法律的、政治的、宗教的、艺术的或哲学的，简言之，意识形态的形式。我们判断一个人不能以他对自己的看法为根据，同样，我们判断一个变革时代也不能以它的意识为根据；相反，这个意识必须从物质生活的矛盾中，从社会生产力和生产关系之间的现存冲突中去解释。"①

1884 年 3 月至 5 月，恩格斯写出了著作《家庭、私有制和国家的起源》，根据原始社会和奴隶制的大量材料，论述了唯物史观关于原始社会史的基本观点，系统地阐述了人类社会早期发展阶段的历史以及家庭、私有制、国家的本质及其产生和发展的历史。他分析了阶级社会的一般特点和不同社会经济形态中家庭关系发展的特征；论述了国家的起源和本质；并通过考察人类历

① 《马克思恩格斯选集》第 2 卷，人民出版社 1995 年版，第 32 ～ 33 页。

史上阶级、阶级斗争和国家政权兴衰的客观规律，论证了社会主义最终代替资本主义的历史必然性。

1886年，恩格斯写出了著作《路德维希·费尔巴哈和德国古典哲学的终结》，系统地论述了马克思主义哲学与德国古典哲学的关系，批判了费尔巴哈的唯心主义历史观，阐述了历史唯物主义与旧唯物主义的本质区别。他从如何发现和认知社会历史发展规律的角度论述唯物主义历史观的基本原理，将唯物辨证法运用于人类历史领域，揭示了人类历史的本质和内在发展变化的规律。恩格斯指出："历史进程是受内在的一般规律支配的。……历史事件似乎总的说来同样是由偶然性支配着的。但是，在表面上是偶然性在起作用的地方，这种偶然性始终是受内部的隐蔽着的规律支配的，而问题只是在于发现这些规律。"①

1890年至1894年，恩格斯在写给康·施米特、约·布洛赫、瓦·博尔吉乌斯等人的信中，针对一些人对历史唯物主义的误读，进一步论述了人类历史的发展规律。他在肯定经济基础决定上层建筑的前提下，着重论述了上层建筑的相对独立性和对经济基础的反作用，并论述了意识形态的本质和作用。他指出："历史是这样创造的：最终的结果总是从许多单个的意志的相互冲突中产生出来的，而其中每一个意志，又是由于许多特殊的生活条件，才成为它所成为的那样。这样就有无数互相交错的力量，有无数个力的平行四边形，由此就产生出一个合力，即历史结果，而这个结果又可以看做一个作为整体的、不自觉地和不自主地起着作用的力量的产物。因为任何一个人的愿望都会受到任何另一个人的妨碍，而最后出现的结果就是谁都没有希望过的事物。所

---

① 《马克思恩格斯选集》第4卷，人民出版社1995年版，第247页。

以到目前为止的历史总是像一种自然过程一样地进行，而且实质上也是服从于同一运动规律的。”①

《资本论》是马克思毕生最主要的著作。在这部著作中，马克思通过对资本主义经济制度的分析解剖，揭露了资本主义制度的剥削本质，揭示了资本主义经济运动规律，得出了资本主义必然灭亡、社会主义必然胜利的结论，具体地证实了唯物史观的原理。关于《资本论》，恩格斯说：“《资本论》在大陆上常常被称为‘工人阶级的圣经’。”② 列宁指出：“自从《资本论》问世以来，唯物主义历史观已经不是假设，而是科学地证明了的原理。”③ 在《资本论》中，马克思全面、系统地证明了唯物史观的科学性。他从资本主义社会商品的分析入手，揭示出商品的价值是社会物质关系，然后证明货币、资本、剩余价值、利润、利息和地租等范畴都是价值的进一步发展的形态，从而证明资本主义社会的发展是一个合乎规律的自然历史过程。他证明经济基础是占统治地位的生产关系的总和，在经济上占统治地位的阶级在上层建筑各领域中也占统治地位。他证明一个社会形态为另一个社会形态所代替是一个自然历史的过程。

三、唯物史观与马克思和恩格斯平等思想的内在关系

社会主义追求的最终目标是克服资本主义社会的不平等弊病

① 《马克思恩格斯选集》第4卷，人民出版社1995年版，第697页。
② 《马克思恩格斯全集》第23卷，人民出版社1972年版，第36页。
③ 《列宁选集》第1卷，人民出版社1995年版，第10页。

以实现社会公正，但社会主义事业却不能仅仅归结为一种美好的愿望。在人类历史上，由于许多理想社会方案仅仅建立在理性、人性等抽象概念的基础上，最终这些方案都难以实现。实践证明，从天才人物头脑中设想出来的社会改革方案往往只是一种美好的愿望。马克思和恩格斯的平等思想是以唯物史观为立论根据的，依照马克思和恩格斯的社会改造方案，社会主义平等理想是建立在生产力充分发展的基础上的。

启蒙思想对社会历史现象的解释往往夸大了人的主观因素，忽视了社会历史发展的内在规律，认为人的理性是至上的、绝对的和超历史的，理性是批判一切社会存在的根据，即黑格尔所说的“理性统治世界”。马克思和恩格斯用唯物史观批判了启蒙理性主义的理念，超越了启蒙理性主义的社会历史观，为解释和批判资本主义社会人的困境确立了新的规范基础，对资本主义社会人的困境的分析，不再是从抽象的人本主义理想着手，而是从资本主义社会的异化劳动关系和社会关系进行分析。马克思指出：“从前的一切唯物主义——包括费尔巴哈的唯物主义——的主要缺点是：对事物、现实、感性，只是从客体的或者直观的形式去理解，而不是把它们当做人的感性活动，当做实践去理解，不是从主观方面去理解。所以结果竟是这样，和唯物主义相反，唯心主义却发展了能动的方面，但只是抽象地发展了，因为唯心主义当然是不知道真正现实的、感性的活动本身的。”① “人的本质并不是单个人所固有的抽象物。在其现实性上，它是一切社会关系的总和。”②

---

① 《马克思恩格斯选集》第1卷，人民出版社1972年版，第16页。
② 《马克思恩格斯选集》第1卷，人民出版社1972年版，第18页。

马克思和恩格斯通过考察人类一般生产方式发现了唯物史观。由于唯物史观考察的对象是整个人类，反映的是人类历史发展的基本规律，它为社会科学研究提供了新的方法，即一切从历史事实出发，而不是从抽象的原则出发。马克思和恩格斯将自己的发现自觉地运用于对现实社会的批判性考察，用生产力与生产关系的矛盾运动解释人类历史发展过程，剖析资本主义社会必然灭亡、社会主义必然胜利的原因。恩格斯指出："这两个伟大的发现——唯物主义历史观和通过剩余价值揭开资本主义生产的秘密，……。由于这些发现，社会主义变成了科学。"① 因此，马克思和恩格斯断言："资产阶级的灭亡和无产阶级的胜利是同样不可避免的。"② 也就是说，马克思和恩格斯的平等思想之所以不同于以往的平等思想，就在于其是以唯物史观为立论依据的，唯物史观使社会主义由空想转变为科学。

马克思主义认为，凡是以唯心史观为依据的理想社会方案都是空想的，凡是以唯物史观为依据的理想社会方案则是科学的。不同的历史观产生不同性质的理想社会方案。关于唯物史观与唯心史观的区别，马克思和恩格斯指出："这种历史观和唯心主义历史观不同，它不是在每个时代中寻找某种范畴，而是始终站在现实历史的基础上，不是从观念出发来解释实践，而是从物质实践出发来解释观念的形成。"③ 恩格斯指出，唯物史观"在整个世界史观上实现了变革。以前所有的历史观，都以下述观念为基础：一切历史变动的最终原因，应当到人们变动着的思想中去寻求，并且在一切历史变动中，最重要的、决定全部历史的又是政

---

① 《马克思恩格斯选集》第3卷，人民出版社1995年版，第740页。
② 《马克思恩格斯选集》第1卷，人民出版社1995年版，第284页。
③ 《马克思恩格斯选集》第1卷，人民出版社1995年版，第92页。

治变动。可是，人的思想是从哪里来的，政治变动的动因是什么——关于这一点，没有人发问过”①。

唯物史观认为，人类历史是一个自然历史过程，人类的发展实质上是与自然界关系的发展，人们的物质生活决定着他们的精神生活。也就是说，经济因素是社会发展的主导因素；人类历史的进步，在生产力与生产关系的矛盾运动中，基本上是沿着五种生产方式的顺序进行的，即原始社会、奴隶社会、封建社会、资本主义社会、共产主义社会是依次演进的。唯物史观还认为，“至今一切社会的历史都是阶级斗争的历史。自由民和奴隶、贵族和平民、领主和农奴、行会师傅和帮工，一句话，压迫者和被压迫者，始终处于相互对立的地位，进行不断的、有时隐蔽有时公开的斗争，而每一次斗争的结局都是整个社会受到革命改造或者斗争的各阶级同归于尽”②。也就是说，阶级社会的全部历史都是在阶级对抗和阶级斗争中发展的。阶级和阶级斗争之所以在“人类的全部历史（从土地公有的原始氏族社会解体以来）”③ 上一直存在，是因为人类生产力还不够发达，建立在生产力还不够充分发展基础上的社会就必然分为阶级，历史的发展也就只能在这种对抗形式中进行，只有生产力发展了，人类社会才能消灭阶级，消灭阶级对阶级的剥削和压迫。

马克思和恩格斯坚持用经济过程来把握历史本质，坚持用生产力与生产关系的矛盾运动来解释人类历史，所以，马克思和恩格斯的平等理想是以人类社会生产力的充分发展为前提的，生产力问题是马克思主义理想社会的出发点。马克思指出：“新思潮

---

① 《马克思恩格斯选集》第3卷，人民出版社1995年版，第334页。
② 《马克思恩格斯选集》第1卷，人民出版社1995年版，第272页。
③ 《马克思恩格斯选集》第1卷，人民出版社1995年版，第257页。

的优点就恰恰在于我们不想教条式地预料未来，而只是希望在批判旧世界中发现新世界。”① 马克思和恩格斯指出：“共产主义对我们来说不是应当确立的状况，不是现实应当与之相适应的理想。我们所称为共产主义的是那种消灭现存状况的现实的运动。这个运动的条件是由现在的前提产生的。”② 恩格斯指出：“摆脱了私有制压迫的大工业的发展规模将十分宏伟，相形之下，目前的大工业状况将显得非常渺小，正像工场手工业和我们今天的大工业相比一样。工业的这种发展将给社会提供足够的产品以满足所有人的需要。”③

马克思和恩格斯指出：“共产党人的理论原理，决不是以这个或那个世界改革家所发明或发现的思想、原则为根据的。这些原理不过是现存的阶级斗争、我们眼前的历史运动的真实关系的一般表述。废除先前存在的所有制关系，并不是共产主义所独具的特征。一切所有制关系都经历了经常的历史更替、经常的历史变更。”④

恩格斯指出：“共产主义不是教义，而是运动。它不是从原则出发，而是从事实出发。共产主义者不是把某种哲学作为前提，而是把迄今为止的全部历史，特别是这一历史目前在文明各国造成的实际结果作为前提。共产主义的产生是由于大工业以及由大工业带来的后果，是由于世界市场的形成，是由于随之而来的不可遏止的竞争，是由于目前已经完全成为世界市场危机的那种日趋严重和日益普遍的商业危机，是由于无产阶级的形成和资本的积累，是由于由此产生的无产阶级和资产阶级之间的阶级斗争。”⑤

---

① 《马克思恩格斯全集》第1卷，人民出版社1956年版，第416页。
② 《马克思恩格斯选集》第1卷，人民出版社1995年版，第87页。
③ 《马克思恩格斯选集》第1卷，人民出版社1995年版，第242页。
④ 《马克思恩格斯选集》第1卷，人民出版社1995年版，第285～286页。
⑤ 《马克思恩格斯选集》第1卷。人民出版社1995年版，第210～211页。

马克思指出："我的研究得出这样一个结果：法的关系正像国家的形式一样，既不能从它们本身来理解，也不能从所谓人类精神的一般发展来理解；相反，它们根源于物质的生活关系，这种物质的生活关系的总和，黑格尔按照18世纪的英国人和法国人的先例，称之为'市民社会'，而对市民社会的解剖应该到政治经济学中去寻求。"①"现代制度给他们带来一切贫困，同时又造成对社会进行经济改造所必需的种种物质条件和社会形式。"②

恩格斯指出："这种诉诸道德和法的做法，在科学上丝毫不能把我们推向前进；道义上的愤怒，无论多么入情入理，经济科学总不能把它看做证据，而只能看做象征。相反，经济科学的任务在于：证明现在开始显露出来的社会弊病是现存生产方式的必然结果，同时也是这一生产方式快要瓦解的征兆，并且在正在瓦解的经济运动形式内部发现未来的、能够消除这些弊病的、新的生产组织和交换组织的因素。"③"现代资本主义生产方式所造成的生产力和由它创立的财富分配制度，已经和这种生产方式本身发生激烈的矛盾，而且矛盾达到了这种程度，以至于如果要避免整个现代社会毁灭，就必须使生产方式和分配方式发生一个会消除一切阶级差别的变革。现代社会主义必获胜利的信心，正是基于这个以或多或少清晰的形象和不可抗拒的必然性印入被剥削的无产者的头脑中的、可以感触到的物质事实，而不是基于某一个蛰居书斋的学者的关于正义和非正义的观念。"④

总之，马克思和恩格斯的平等思想决不仅仅是从主观的理性

---

① 《马克思恩格斯选集》第2卷，人民出版社1972年版，第82页。
② 《马克思恩格斯选集》第2卷，人民出版社1995年版，第97页。
③ 《马克思恩格斯选集》第3卷，人民出版社1995年版，第492页。
④ 《马克思恩格斯选集》第3卷，人民出版社1995年版，第500～501页。

原则出发，把未来理想社会归结为伟大人物头脑中合乎理性的思想活动的结果，它以唯物史观作为立论依据，从社会实践出发，立足于对社会矛盾运动的分析，从资本主义经济发展中论证社会主义的必然性。从历史事实而不是从抽象的原则出发，是马克思和恩格斯平等思想的最显著的特点。

马克思和恩格斯关于无产阶级解放，即人类解放的必然性的证明，坚持了这样的思路：人类解放的道路是改变资本主义的社会关系，也就是改变其中起决定作用的生产关系，要改变生产关系，就必须具备一定的生产力水平，而生产资料在生产力中占据支配地位，这样，马克思和恩格斯最后的落脚点就在生产资料上。“马克思关于理想社会的设想，同对其他社会形态的判断一样，起显著特点就是让物质生产资料发挥担纲作用：有了一定技术水平的生产资料，就有了一定水平的社会生产力；在公有制条件下，也就有了一定数量的社会财富，从而就有了全体社会成员的共同富裕以及以此为前提的自由发展”①。也就是说，马克思和恩格斯以物的发展为主线探索社会规律，强调生产资料技术水平的发展对人类历史的一般决定意义。因此，他们通过对以蒸汽机技术为代表的大机器生产方式历史作用的确认，得出了社会主义必然代替资本主义的结论。列宁指出：“马克思丝毫不想制造乌托邦，不想凭空猜测无法知道的事情。马克思提出共产主义的问题，正像一个自然科学家已经知道某一新的生物变种是怎样产生以及朝着哪个方向演变才提出该生物变种的发展问题一样。”②至此，社会主义不再被看成是某个天才头脑的偶然发现，它是近

① 余金成：《社会主义的东方实践：解读马克思主义基础理论的现代形态》，上海三联书店2005年版，第324页。

② 《列宁选集》第3卷，人民出版社1995年版，第187页。

代生产力发展的客观要求和必然产物，是两个历史地产生的阶级即无产阶级和资产阶级之间斗争的必然结果；马克思主义的任务，不再是凭空设想一个尽善尽美的社会制度，而是研究无产阶级与资产阶级两大阶级必然产生、灭亡以及未来理想社会必然实现的历史过程。

当然，马克思和恩格斯在设想未来理想社会时，他们只指出理想社会的最一般原则和本质特征，而没有提供未来社会的具体细节。马克思和恩格斯指出："在将来某个特定的时刻应该做什么，应该马上做什么，这当然完全取决于人们将不得不在其中活动的那个既定的历史环境。"[①] 恩格斯说："无论如何应当声明，我所在的党没有提出任何一劳永逸的现成方案。我们对未来非资本主义社会区别于现代社会的特征的看法，是从历史事实和发展过程中得出的确切结论；脱离这些事实和过程，就没有任何理论价值和实际价值。"[②] 因此，"为了使社会主义变为科学，就必须首先把它置于现实的基础之上"[③]，马克思主义者对未来理想社会的追求同社会实践活动联系在一起。

马克思主义属于西方文化，所以，马克思和恩格斯用生产力与生产关系矛盾运动来解释人类历史的思想就体现了西方文化最基本的特征，即对客观规律的承认和探求。"马克思主义无疑体现了西方文化的优势。它对历史决定论的研究，秉承了西方文化的知识传统。它从人本身出发，把人归结为他的社会存在即他的社会关系；又从社会关系中找出起决定作用的生产关系，继而从生产关系中找到起决定作用的生产力，最后从生产力中找到起决

① 《马克思恩格斯选集》第4卷，人民出版社1995年版，第643页。
② 《马克思恩格斯全集》第36卷，人民出版社1974年版，第419～420页。
③ 《马克思恩格斯选集》第3卷，人民出版社1995年版，第732页。

定作用的生产资料。这样，马克思终于完成了一种思想史上最惊人的逻辑转换：人类的历史取决于她所拥有的物质生产资料的发展。”① 西方文化对物质运动规律的承认使马克思和恩格斯强调人的主体行为从根本上受到物质条件的制约，并断言生产资料最终决定社会关系，所以，作为一种物化的知识力量的生产资料从人类历史发展的结果变成了人类历史发展的前提。虽然唯物史观是从人出发的，但马克思恩格斯把对人本身的研究深化为对社会关系的研究，并由此把握现实中的人的本质。马克思说：“人的本质不是单个人所固有的抽象物，在其现实性上，它是一切社会关系的总和。”② 因此，社会关系的总和成为唯物史观的起点，马克思和恩格斯关于社会关系的研究是沿着社会关系、生产关系、生产力、生产资料的逻辑顺序展开的。

马克思和恩格斯毕生致力于解决人类面临的尖锐的社会矛盾，努力为人类探索实现理想目标的道路，这源于他们献身人类解放事业的强烈使命感。马克思指出：“在选择职业时，我们应该遵循的主要指针是人类的幸福和我们自身的完美。不应认为，这两种利益是敌对的，互相冲突的，一种利益必须消灭另一种的；人类的天性本来就是这样的：人们只有为同时代人的完美、为他们的幸福而工作，才能使自己达到完美。如果我们选择了最能为人类福利而劳动的职业，那么，重担就不能把我们压倒，因为这是为大家而献身；那时我们所感到的就不是可怜的、有限的、自私的乐趣，我们的幸福将属于千百万人，我们的事业将默默地，但是永恒发挥作用地存在下去，而面对我们的骨灰，高尚

---

① 余金成：《社会主义的东方实践：解读马克思主义基础理论的现代形态》，上海三联书店2005年版，第223页。

② 《马克思恩格斯选集》第1卷，人民出版社1995年版，第56页。

的人们将洒下热泪。”① 马克思决心做一个从天上盗火下来的普罗米修斯，把光明带给人间，驱散世间的黑暗，他说：“哲学家们只是用不同的方式解释世界，问题在于改变世界。”② 关于马克思，恩格斯评价道：“马克思首先是一个革命家。他毕生的真正使命，就是以这种或那种方式参加推翻资本主义社会及其所建立的国家设施的事业，参加现代无产阶级的解放事业，正是他第一次使现代无产阶级意识到自身的地位和需要，意识到自身解放的条件。斗争是他的生命要素。很少有人像他那样满腔热情、坚韧不拔和卓有成效地进行斗争。”③

① 《马克思恩格斯全集》第 40 卷，人民出版社 1982 年版，第 7 页。
② 《马克思恩格斯选集》第 1 卷，人民出版社 1995 年版，第 57 页。
③ 《马克思恩格斯选集》第 3 卷，人民出版社 1995 年版，第 777 页。

第三节　蒸汽机与人类新的社会关系的建立

——马克思和恩格斯平等思想中实现平等的物质基础研究

马克思和恩格斯的平等思想以唯物史观为立论根据，所以，生产力和生产资料是马克思和恩格斯论证理想社会的出发点。他们认为，人人平等的共产主义社会不是人性和理性概念逻辑演绎的结果，而是人类先进生产力发展的必然结果，先进生产力的发展要求是一切社会变迁和政治变革的终极原因。因此，他们坚持从人类历史发展的客观条件方面揭示社会主义代替资本主义的必然性。马克思和恩格斯着重强调生产力中物的要素，即生产资料技术水平的发展对社会关系进步的意义。马克思和恩格斯认为，由于生产资料的技术水平决定着人类劳动组织的状况，制约着劳动关系的平等性发展，那么，以蒸汽机技术为标志的大机器生产方式已经构成未来理想社会平等关系的物质基础，“蒸汽机确实是所有那些以它为依靠的巨大生产力的代表，唯有借助于这些生产力，才有可能实现这样一种社会状态，在这里不再有任何阶级差别，不再有任何对个人生活资料的忧虑，并且第一次能够谈到真正的人的自由，谈到那种同已被认识的自然规律和谐一致的生活”①。

马克思和恩格斯依据生产力和生产工具的变更划分社会发展的各个阶段，认为人类社会先后经历了石器时代（原始社会）、青铜时代（奴隶社会）、铁器时代（封建社会）和大机器工业时

① 《马克思恩格斯选集》第3卷，人民出版社1995年版，第456页。

代（资本主义社会和共产主义社会）。也就是说，人类社会每一个发展阶段的生产力状况大体对应着不同的社会形态，反过来，每一种社会形态都有自身标志性的物质生产资料。关于资本主义的生产方式，马克思和恩格斯分析过它的原始积累时期，也分析过它的手工工场时期，最后着重分析了大机器工业时期，他们的结论是：资本主义经过长期的发展，到达运用蒸汽机时，已经面临着被社会主义所代替的命运。以蒸汽机技术为标志的大机器生产方式既是资本主义生产方式趋于成熟的标志，也是社会主义生产方式赖以形成的标志；既是资本主义灭亡的必要前提，也是社会主义建立的现实基础。

一、工业革命与大机器生产方式的建立

工业革命是人类社会发展史上的重要转折点：人类从此从农业社会走向工业社会，资本主义从工场手工业走向大机器工业。在大机器工业时代，人类开始建立以工业化和城市化为特征的现代社会。工业革命极大地提高了社会生产力水平，建立了现代意义的资本主义经济基础，还促使现代资产阶级和无产阶级开始形成。资产阶级开始不断按照自己的意志来改造世界，“它迫使一切民族——如果它们不想灭亡的话——采用资产阶级的生产方式；它迫使它们在自己那里推行所谓的文明，即变成资产者。一句话，它按照自己的面貌为自己创造出一个世界”①。

工业革命时期最主要的技术成果是蒸汽机的研制和应用，蒸汽机技术是大机器生产方式形成的标志。马克思和恩格斯准确地

① 《马克思恩格斯选集》第1卷，人民出版社1995年版，第276页。

把握了蒸汽机技术的革命意义，恩格斯指出：“当革命的风暴横扫整个法国的时候，英国正在进行一场比较平静，但是并不因此就显得缺乏力量的变革。蒸汽和新的工具机把工场手工业变成了现代的大工业，从而把资产阶级社会的整个基础革命化了。工场手工业时代的迟缓的发展进程转变成了生产中的真正的狂飙时期。社会越来越迅速地分化为大资本家和一无所有的无产者。”①也就是说，蒸汽机技术带来双重的结果：一方面是社会生产力的迅速发展，这个结果为建立理想社会准备了物质基础；另一方面是社会关系的迅速恶化，这个结果为建立理想社会准备了阶级基础。可以说，马克思主义是与这项工业技术成果联系在一起的。

英国是工业革命最早发生的国家，英国的工业革命从 18 世纪 60 年代开始，到 19 世纪 40 年代完成。法国、美国在 19 世纪也相继开始了工业革命，随后又有德国、俄国、日本等国家进入了工业革命时期。马克思指出：“正是随着立宪君主制的巩固，在英国才开始了资产阶级社会的巨大发展和变革。”② 1688 年资产阶级君主立宪制的确立对英国资本主义的发展具有非常重要的意义，资本主义的上层建筑对经济基础的积极反作用很大地发挥出来，政治上的变革使英国能够进行大规模的资本原始积累活动。英国资本原始积累的首要手段是对农业进行了革命性的改造。农业革命是通过圈地运动和农业技术革新完成的。圈地运动的直接原因是由于人口特别是城镇人口的急剧增长所造成的对商品粮及原料的巨大需求，它经历了私人圈地和国会圈地两个时期，从 1760 年至 1815 年共圈占农民土地 600 多万英亩。圈地运

① 《马克思恩格斯选集》第 3 卷，人民出版社 1995 年版，第 728 页。
② 《马克思恩格斯全集》第 10 卷，人民出版社 1998 年版，第 265 页。

动使资本主义的土地所有制最终确立，大租地农场的经营方式占据了绝对优势，农村形成了地主、租地农场主和农业工人三大阶级。农业革命又为工业革命的开展创造了必要的前提条件，它不仅为工业革命提供了粮食和原料，造就了一支自由劳动大军和广阔的国内市场，积累了雄厚的资本，而且鼓励了社会对农业的投资，为农业技术的革新和机器的应用扫除了障碍。英国资本原始积累的另一个重要手段是对殖民地的掠夺和奴隶贸易。东印度公司55年间从印度搜刮的财富达50亿英镑以上。海外市场的扩大使英国的出口贸易迅速发展，在对外活动中获利最大的是奴隶贸易，18世纪末英国每年从奴隶贸易中获得30万英镑的巨大利润。到18世纪，英国手工工场内部已经有了比较精细的分工，生产过程被划分为一系列的简单操作，生产工具也实行了专门化，使手工生产过渡到机器生产成为可能。通过分工和工具专门化培养出一批掌握某一专门技艺的工人，他们成为工业革命中的重要技术力量。伦敦在17世纪中叶已成为欧洲科学研究的中心，1662年成立的英国皇家学会倡导科学家把兴趣集中于广泛的经济活动领域。1666年，牛顿提出力学三定律及万有引力定律；1687年，他的著作《自然哲学的数学原理》问世，提出了一套完整的力学理论体系，解决了行星运动、落体运动、声音和波等一系列问题，成为“大工业的真正科学的基础”①。这一时期，英国实验科学研究促使天文学、地理学、力学、数学获得了长足的进展。英国发达的手工工场和科学技术的发展为工业革命准备了技术条件，恩格斯指出：“科学以实践为出发点的结果就是英国的社会革命。”②

---

① 《马克思恩格斯全集》第26卷第2册，人民出版社1973年版，第116页。
② 《马克思恩格斯选集》第1卷，人民出版社1995年版，第27～28页。

英国原始资本的充分积累和科学技术的巨大成就，为工业革命的兴起创造了重要的条件。同时，英国的手工工场到18世纪中叶，在急剧扩大的国内外市场需求面前已经走到了尽头。马克思和恩格斯指出：“市场总是在扩大，需求总是在增加。甚至工场手工业也不再能满足需要了。”① 由于手工劳动的局限性使手工工场无力进一步扩大生产规模和迅速增加产品数量，摆脱落后的手工劳动状态，过渡到更高的生产模式已成为当务之急。

马克思指出：“工具机，是18世纪工业革命的起点。”② 恩格斯指出：“工业革命是由蒸汽机、各种纺纱机、机械织布机和一系列其他机械装备的发明而引起的。”③ 工业革命首先是从新兴的工业部门棉纺织业开始的。1733年，凯伊发明的飞梭使织布机效率提高1倍；1764年，哈格里夫斯发明的珍妮纺纱机比旧式纺车提高工效15倍，这是由手工工具发展为机器的开端，它“给予工业以第一推动”④；1769年，凯伊制成的水力纺纱机用自然力代替人力作动力；1771年，阿克莱特建立的棉纱工厂是人类历史上第一座使用机器的工厂；1779年，克隆普敦制成的走锭精纺机标志着新一代纺纱机械的产生；1785年，卡特莱特制成的水力织布机使织布工效提高40倍。随着绵纺织工业的机械化、机器化，其他工业部门必然也会发生机械化。恩格斯说：“一经形成的工业推动所带来的结果是无穷无尽的。一个工业部门的前进运动会传播到所有其他的部门。……随着棉纺业的

---

① 《马克思恩格斯选集》第1卷，人民出版社1995年版，第273页。
② 《马克思恩格斯选集》第2卷，人民出版社1995年版，第207页。
③ 《马克思恩格斯选集》第1卷，人民出版社1995年版，第230页。
④ 《马克思恩格斯选集》第1卷，人民出版社1995年版，第29页。

革命化，必然会发生整个工业的革命。”① 因此，由于大量出现的纺织机器使动力不足的问题凸显出来，瓦特的蒸汽机应运而生。1763 年，瓦特着手制造蒸汽机；1769 年，他发明了单动式蒸汽机；1782 年，他又制成了可以作为机器动力的复动式蒸汽机；1785 年，他在诺丁汉郡建立第一个蒸汽纺纱厂。蒸汽机与传送机、工作机构成了机器系列。蒸汽机的发明，使机械化生产冲破自然条件的限制，向更广阔的领域发展，大大加速了工业革命的进程，是物质生产开始进入机械化时代的标志，至此，人类社会机器时代开始了。19 世纪初，英国整个轻工业部门已在相当大程度上实现了机械化、工厂化。恩格斯指出：“人们不是在家里工作了，他们开始在大建筑物内共同工作。手工劳动由蒸汽动力和机器作业代替。”② 工业革命对新兴工业所需要的原料产生很大影响，“蒸汽机第一次使绵延于英国地下的无穷尽的煤矿层具有真正的价值”③。机器的大量制造也增加了对金属原料的需求，推动了冶金和采煤工业的发展；煤和钢铁产量的迅速提高，又为工业革命的继续发展提供了重要条件。工业产量的提高促进了商业的发展，也促进了交通工具的改进。1811 年，英国的第一艘轮船下水；1814 年，史蒂芬森造出第一台蒸汽机车；1830 年，全国形成了水运网；19 世纪 40 年代以后英国开始了大规模的铁路建设。铁路建设和远洋轮船的制造，以及各个工业部门不断增长的机器需求，使得制造工作母机和重型机器提上了日程，19 世纪 30 年代至 40 年代机器制造业诞生了。用机器制造机器是英国工业革命完成的标志。

---

① 《马克思恩格斯选集》第 1 卷，人民出版社 1995 年版，第 32 页。
② 《马克思恩格斯选集》第 1 卷，人民出版社 1995 年版，第 31 页。
③ 《马克思恩格斯选集》第 1 卷，人民出版社 1995 年版，第 32 页。

工业革命比政治革命更加深刻地改造了英国。大机器生产方式和工厂制度的建立，从根本上改变了工业的技术面貌，大大提高了劳动生产率，带来了生产力的迅猛发展。英国的棉布产量，1796—1830年间增长了15.5倍；煤产量，1700—1840年间增长了12.8倍；生铁产量，1740—1850年间增长了120多倍，其钢铁产量已占资本主义各国总产量的60%以上。生产力的大发展使英国出现了空前的繁荣，到19世纪50至70年代，经济发展到了鼎盛时期，英国取得了在国际上的工业垄断地位，成为了世界工厂。同时，“英国工业的这一次革命化是现代英国各种关系的基础，是整个社会运动的动力”①，“18世纪在英国所引起的最重要的结果就是：由于工业革命，产生了无产阶级”②。

18世纪晚期，法国开始从英国引进蒸汽机、珍妮纺纱机，出现了极个别使用机器的工厂。法国大革命摧毁了封建制度，为资本主义的发展开辟了道路，奠定了工业革命的基础。七月王朝时期，工业革命开始起飞，取得了长足的发展。第二帝国时代，国家政治局势的安定为工业发展提供了有利的环境，拿破仑三世的经济政策也顺应了工业资本主义发展的潮流，工业资本主义的发展十分迅速，增长率超过了19世纪的平均发展速度，法国经济进入大步前进的阶段。到第二帝国晚期，重工业、机器制造业的迅速发展以及工业对农业的大规模装备，表明法国的工业革命已经完成。美国的工业革命首先开始于纺织工业，1790年，斯莱特制成的珍妮型新式纺纱机揭开了工业革命的序幕。19世纪30年代中期，继棉织业之后的服装业、制革业、玻璃业等轻工业部门也先

---

① 《马克思恩格斯选集》第1卷，人民出版社1995年版，第35页。

② 《马克思恩格斯选集》第1卷，人民出版社1995年版，第37页。

后实现了机械化。南北战争后，工业革命进入了决定性阶段，技术革命扩展到重工业部门。19 世纪 80 年代初，美国工业的发展速度已跃居世界第一位，美国的工业化基本完成。19 世纪 30 年代，德国开始走上工业革命的道路。德国的工业革命虽然起步较晚，但发展得非常迅速，其重要特点是对新的科学技术的运用。19 世纪 80 年代，德国的煤、生铁和钢的产量已分别达到了 5910 万吨、273 万吨和 62 万吨，德国进入了世界先进国家的行列。

二、大机器生产方式成为社会主义社会建立平等社会关系的物质基础

工业革命对社会的改造作用，常常在许多方面超过政治革命，恩格斯指出："英国自上一世纪中叶以来经历了一次比其他任何国家经历的变革意义更重大的变革；这种变革越是不声不响地进行，它的影响也就越大；因此，这种变革很可能会比法国的政治革命或德国的哲学革命在实践上更快地达到目的。英国的革命是社会革命……社会革命才是真正的革命，政治的和哲学的革命必定通向社会革命。"① 工业革命使社会生产力快速地发展，"现代大工业代替了工场手工业"②，"产生了空前大规模的资本和生产力"③，工业成为社会经济的先导。工业革命使农业和乡村为主体的经济体制转变为以工业和城市为主体的经济体制，工业产值大幅度超过农业产值。马克思和恩格斯指出："资产阶级使农村屈服于城市的统治。它创立了巨大的城市，使城市人口比

---

① 《马克思恩格斯选集》第 1 卷，人民出版社 1995 年版，第 17 页。
② 《马克思恩格斯选集》第 1 卷，人民出版社 1995 年版，第 273 页。
③ 《马克思恩格斯选集》第 1 卷，人民出版社 1995 年版，第 238 页。

农村人口大大增加起来，因而使很大一部分居民脱离了农村生活的愚昧状态。”[1] 工业革命使人类社会出现全球化的现象，马克思和恩格斯指出：“大工业建立了由美洲的发现所准备好的世界市场。”[2] “资产阶级，由于开拓了世界市场，使一切国家的生产和消费都成为世界性的了。”[3]

人类社会从农业文明转向了工业文明，后者比前者更具有创造性和挑战性，它深刻地改变了人们的传统观念、价值取向，以及社会阶级阶层状况。在人类社会这场大变革中，人们惊喜于“过去哪一个世纪料想到在社会劳动里蕴藏有这样的生产力呢?”[4] 的同时，也面临着生产关系剧变的局面。恩格斯指出：“英国工业的这一次革命化是现代英国各种关系的基础，是整个社会的运动的动力。”[5] “由于工业革命，产生了无产阶级。”[6] “在文明国家里，几乎所有劳动部门都照工厂方式进行经营了，在所有劳动部门，手工业和工场手工业几乎都被工业挤掉了。于是，从前的中间等级，特别是小手工师傅日益破产，工人原来的状况发生了根本的变化，产生了两个逐渐并吞所有其他阶级的新阶级。这两个阶级就是：第一，大资本家阶级，他们在所有文明国家里现在已经几乎独占了一切生活资料和生产这些生活资料所必需的原料和工具（机器、工厂）。这就是资产者阶级或资产阶级。第二，完全没有财产的阶级，他们为了换得维持生存所必需的生活资料，不得不把自己的劳动出卖给资产者。这个阶级叫做

---

① 《马克思恩格斯选集》第1卷，人民出版社1995年版，第276～277页。
② 《马克思恩格斯选集》第1卷，人民出版社1995年版，第273页。
③ 《马克思恩格斯选集》第1卷，人民出版社1995年版，第276页。
④ 《马克思恩格斯选集》第1卷，人民出版社1995年版，第277页。
⑤ 《马克思恩格斯选集》第1卷，人民出版社1995年版，第35页。
⑥ 《马克思恩格斯选集》第1卷，人民出版社1995年版，第37页。

无产者阶级或无产阶级。”① “工业革命都使资产阶级及其财富和势力最大限度地发展起来，使它成为国内的第一阶级。……资产阶级在社会上上升为第一阶级以后，它也就在政治上宣布自己是第一阶级。它是通过实行代议制而做到这一点的。代议制是以资产阶级的在法律面前平等和法律承认自由竞争为基础的。”② 相反，无产阶级的景况甚至已不如手工工场工人，16 世纪至 18 世纪的手工工场工人几乎都拥有织布机、家庭纺车等工具和一小块土地，而无产阶级是一无所有的纯然的雇佣劳动者。恩格斯说：“工业革命到处都使无产阶级和资产阶级以同样的速度发展起来。资产者越发财，无产者的人数也就越多。”③ 马克思和恩格斯指出：“整个社会日益分裂为两个敌对的阵营，分裂为两大相互直接对立的阶级：资产阶级和无产阶级。”④ 由于无产阶级被剥削的处境越来越难以忍受，以及使用机器的劳动条件使无产阶级具有集中、团结、纪律性的特点，所以，“工业革命便孕育着一个由无产阶级进行的社会革命”⑤。

关于资本主义经济危机，恩格斯指出，“由于生产变得这样容易，这种大工业必然产生的自由竞争很快就达到十分剧烈的程度。大批资本家投身于工业，生产很快就超过了消费。结果，生产出来的商品卖不出去，所谓商业危机就到来了。……每一次都给工人带来极度的贫困，激起普遍的革命热情，给整个现存制度造成极大的危险。……竞争和个人经营工业生产已经变成大工业

① 《马克思恩格斯选集》第 1 卷，人民出版社 1995 年版，第 231 ～232 页。
② 《马克思恩格斯选集》第 1 卷，人民出版社 1995 年版，第 235 页。
③ 《马克思恩格斯选集》第 1 卷，人民出版社 1995 年版，第 235 页。
④ 《马克思恩格斯选集》第 1 卷，人民出版社 1995 年版，第 273 页。
⑤ 《马克思恩格斯选集》第 1 卷，人民出版社 1995 年版，第 236 页。

的枷锁，大工业必须粉碎它，而且一定会粉碎它”[1]。因此，尽管“资产阶级在它的不到一百年的阶级统治中所创造的生产力，比过去一切世代创造的全部生产力还要多，还要大”[2]，但通过资产阶级政治革命和工业革命建立的资本主义社会并没有给人类带来普遍的幸福，反而使人类处于阶级大分化的境地，也使人类既有的生产力因无政府状态而遭到极大破坏。恩格斯指出：“同启蒙学者的华美诺言比起来，由‘理性的胜利’建立起来的社会制度和政治制度竟是一幅令人极度失望的讽刺画。”[3]“利益霸占了新创造出来的各种工业力量并利用它们来达到自己的目的；由于私有制的作用，这些按照法理应当属于全人类的力量便成为少数富有的资本家的垄断物，成为他们奴役群众的工具。……财产、物升格为世界的统治者。”[4]

19世纪的社会主义潮流正是工业革命的影响以及法国大革命精神和各项原则传播的产物，工人运动在19世纪30年代形成了第一次高潮，发生了法国里昂工人的两次起义和英国宪章运动。因此，马克思主义的社会主义学说深深地刻着时代的烙印，马克思和恩格斯指出：“思想的历史除了证明精神生产随着物质生产的改造而改造，还证明了什么呢?”[5] 恩格斯说：“社会主义现在已经不再被看做某个天才头脑的偶然发现。”[6]“现代社会主义……它的根子深深扎在物质的经济的事实中。”[7] 马克思和恩

---

① 《马克思恩格斯选集》第1卷，人民出版社1995年版，第236页。
② 《马克思恩格斯选集》第1卷，人民出版社1995年版，第277页。
③ 《马克思恩格斯选集》第3卷，人民出版社1995年版，第723页。
④ 《马克思恩格斯选集》第1卷，人民出版社1995年版，第35页。
⑤ 《马克思恩格斯选集》第1卷，人民出版社1995年版，第292页。
⑥ 《马克思恩格斯选集》第3卷，人民出版社1995年版，第739页。
⑦ 《马克思恩格斯选集》第3卷，人民出版社1995年版，第719页。

格斯在人类刚刚创造了大机器生产方式时，他们就看到了它的历史意义，工业革命成为科学社会主义的逻辑起点。恩格斯指出："第一，虽然大工业在它的发展初期自己创造了自由竞争，但是现在它的发展已经超越了自由竞争的范围。……大工业只要还在现今的基础上进行经营，就只能通过每七年出现一次的普遍混乱来维持，每次混乱对全部文明都是一种威胁，它不但把无产者抛入贫困的深渊，而且也使许多资产者破产。因此，或者必须完全放弃大工业本身（这是绝对不可能的），或者大工业使建立一个全新的社会组织成为绝对必要的，在这个新的社会组织里，工业生产将不是由互相竞争的单个的厂主来领导，而是由整个社会按照确定的计划和所有人的需要来领导。第二，大工业及其所引起的生产无限扩大的可能性，使人们能够建立这样一种社会制度，在这种社会制度下，一切生活必需品都将生产得很多，使每一个社会成员都能够完全自由地发展和发挥他的全部力量和才能。由此可见，在现今社会中造成一切贫困和商业危机的大工业的那种特性，在另一种社会组织中正是消灭这种贫困和这些灾难性的波动的因素。这就完全令人信服地证明：①从现在起，可以把所有这些弊病完全归咎于已经不适应当前情况的社会制度；②通过建立新的社会制度来彻底铲除这些弊病的手段已经具备。"[①]

马克思和恩格斯指出："共产党人可以把自己的理论概括为一句话：消灭私有制。"[②] 恩格斯说："废除私有制甚至是工业发展必然引起的改造整个社会制度的最简明扼要的概括。"[③] 也就是说，由于大工业的发展，废除私有制不但成为可能，甚至完全

---

① 《马克思恩格斯选集》第1卷，人民出版社1995年版，第236～237页。
② 《马克思恩格斯选集》第1卷，人民出版社1995年版，第286页。
③ 《马克思恩格斯选集》第1卷，人民出版社1995年版，第237页。

必要；通过废除私有制，人类将建立新的社会制度。恩格斯指出："由社会全体成员组成的共同联合体来共同地和有计划地利用生产力；把生产发展到能够满足所有人的需要的规模；结束牺牲一些人的利益来满足另一些人的需要的状况；彻底消灭阶级和阶级对立；通过消除旧的分工，通过产业教育、变换工种、所有人共同享受大家创造出来的福利，通过城乡的融合，使社会全体成员的才能得到全面发展。"① 因此，大机器生产方式是人类建立理想社会的物质基础，也就是实现社会平等的物质基础。

由于唯物史观，马克思和恩格斯从经济事实中提出新社会的设想。唯物史观把社会关系归结为生产关系，把生产关系归结为生产力，而衡量生产力的尺度是时代既定的生产资料。也就是说，马克思和恩格斯充分肯定了生产资料在人类历史发展中的地位，认为生产资料是人类历史演进的客观基础。马克思指出："各个经济时代的区别，不在于生产什么，而在于怎样生产，用什么劳动资料生产。劳动资料不仅是人类劳动力发展的测量器，而且是劳动借以进行的社会关系的指示器。"② "人们自己创造自己的历史，但是他们并不是随心所欲地创造，并不是在他们自己选定的条件下创造，而是在直接碰到的、既定的、从过去继承下来的条件下创造。"③ "生产方式的变革，在工场手工业中以劳动力为起点，在大工业中以劳动资料为起点。"④ 因此，人们不能自由选择自己所需要的生产力，对任何一代人来说，生产力首先是一种既得力量，是前人活动的产物。"生产资料作为一种物化

---

① 《马克思恩格斯选集》第1卷，人民出版社1995年版，第243页。
② 《马克思恩格斯选集》第2卷，人民出版社1995年版，第177页。
③ 《马克思恩格斯选集》第1卷，人民出版社1995年版，第585页。
④ 《马克思恩格斯选集》第2卷，人民出版社1995年版，第207页。

的知识力量，集中体现了人类历史发展的文明成果，是每一代人从事生产活动的基础。人类之所以一代胜出一代，主要是因为这种基础在不断的优化。”① “生产资料集中体现了人类科学技术成果的积累，成为串联人类历史的媒体。”② 正因为如此，马克思和恩格斯在论证社会主义产生的必然性时，没有停留在对现实社会制度的批判上，而是主要研究大机器对于建立新的社会关系的作用，所以，马克思主义关于理想社会的设想是与生产资料技术水平的状况联系在一起的，大机器不仅是生产效率的标志，同样也是社会平等的根据。

第一，马克思和恩格斯认为，由于大机器能够创造出更多的物质财富，人类建立理想社会就具备了物质条件。马克思和恩格斯指出：“蒸汽和机器引起了工业生产的革命。”③ 以机器为代表的工业生产克服了传统农业生产受制于自然环境的缺陷，大大提高了劳动生产率，大机器生产出的产品，不论是质量还是数量都是传统农业产品所无法比拟的，机器使人类社会创造物质财富的能力大为提高。马克思和恩格斯指出：“过去哪一个世纪料想到在社会劳动里蕴藏有这样的生产力呢？”④ 当然，资本主义社会不可能充分释放出大机器的生产能力，私有制使大机器生产这一优势得不到充分发挥，一旦人类确立了社会主义制度，机器生产将会显示出更加强大的生产能力。马克思和恩格斯指出：“这种强大的、容易增长的生产力，已经发展到私有制和资产者远远不

---

① 余金成：《社会主义的东方实践：解读马克思主义基础理论的现代形态》，上海三联书店 2005 年版，第 118 页。

② 余金成：《劳动论纲》，天津社会科学院出版社 1995 年版，第 169 页。

③ 《马克思恩格斯选集》第 1 卷，人民出版社 1995 年版，第 273 页。

④ 《马克思恩格斯选集》第 1 卷，人民出版社 1995 年版，第 277 页。

能驾驭的程度，以致经常引起社会制度极其剧烈的震荡。”① 当“由社会全体成员组成的共同联合体来共同地和有计划地利用生产力”② 时，“摆脱了私有制压迫的大工业的发展规模将十分宏大”③，大机器将充分发挥出强大的生产能力，创造出更多的物质财富，社会主义社会就是建立在物质财富充分涌流的基础上的。

第二，马克思和恩格斯认为，由于大机器使劳动者之间的劳动能力差别被淡化，这就为理想社会的人们平等地享受劳动成果奠定了基础。马克思指出：“所有发达的机器都由三个本质上不同的部分组成：发动机，传动机构，工具机或工作机。”④ 随着机器体系的产生和发展，“劳动表现为不再像以前那样被包括在生产过程中，相反地，表现为人以生产过程的监督者和协调者的身份同生产过程本身发生关系”⑤。“工人不再是生产过程的主要当事者，而是站在生产过程的旁边。”⑥ 也就是说，在运用自动生产线进行生产时，劳动者的工作只是站在生产线旁边负责监视机器运转和承担维修任务。马克思和恩格斯指出：“机器使劳动的差别越来越小。”⑦ 由于主要的操作过程由机械完成，人力只需做些辅助性的工作，劳动者的劳动变成主要依靠体力支出，而且体力支出在形式上也简单化了，这就必然淡化了劳动者之间劳动能力的差别。因此，马克思和恩格斯指出：“手的操作所要求

---

① 《马克思恩格斯选集》第 1 卷，人民出版社 1995 年版，第 238 页。
② 《马克思恩格斯选集》第 1 卷，人民出版社 1995 年版，第 243 页。
③ 《马克思恩格斯选集》第 1 卷，人民出版社 1995 年版，第 242 页。
④ 《马克思恩格斯选集》第 2 卷，人民出版社 1995 年版，第 207 页。
⑤ 《马克思恩格斯全集》第 46 卷（下），人民出版社 1980 年版，第 218 页。
⑥ 《马克思恩格斯全集》第 46 卷（下），人民出版社 1980 年版，第 218 页。
⑦ 《马克思恩格斯选集》第 1 卷，人民出版社 1995 年版，第 281 页。

的技巧和气力越少，换句话说，现代工业越发达，男工也就越受到女工和童工的排挤。对工人阶级来说，性别和年龄的差别再没有什么社会意义了。"① 恩格斯说："现在一个 8 岁的儿童在机器的帮助下，比以前 20 个成年男子生产得还要多。60 万工厂工人，其中一半是儿童，而且大半是女性，做着 15000 万人的工作。"② 既然机器淡化了劳动者的劳动差别，理想社会就能够实行人们平等地承担劳动义务、平等地享受劳动成果的原则，所以，马克思和恩格斯对自动化生产系统给予了很高的评价。

第三，马克思和恩格斯认为，由于大机器能够使社会成员获得自由全面发展自己的自由时间，理想社会就必然是人类劳动能力获得普遍发展的社会。马克思指出："全面发展的个人……不是自然的产物，而是历史的产物。要使这种个性成为可能，能力的发展就要到达一定的程度和全面性。"③ 恩格斯说："教育将使他们摆脱现在这种分工给每个人造成的片面性。"④ 也就是说，每个社会成员能力的全面发展需要接受教育，而教育又需要以社会成员享有充足的可以支配的自由时间为前提。在理想社会，一旦用公有制代替私有制，用计划方式代替生产的无政府状态，大机器生产方式将带来劳动生产率的空前提高，由于社会的总劳动提供的产品除了满足社会成员对生存资料的需要外还有大量剩余，整个社会从事物质生产劳动的时间大大缩短，社会全体成员有充分自由的时间获得全面教育的机会，最终使人们社会地位的平等体现在每一个人的自由全面发展上。

---

① 《马克思恩格斯选集》第 1 卷，人民出版社 1995 年版，第 279 页。
② 《马克思恩格斯选集》第 1 卷，人民出版社 1995 年版，第 31 页。
③ 《马克思恩格斯全集》第 46 卷（上），人民出版社 1979 年版，第 108 页。
④ 《马克思恩格斯选集》第 1 卷，人民出版社 1995 年版，第 243 页。

总而言之，马克思和恩格斯的思路是：以蒸汽机技术为标志的大机器生产方式是理想社会的物质基础，有了这个物质基础，理想社会就能够用生产资料公有制代替私有制，用计划经济代替商品经济，分工、阶级将不复存在，劳动将成为人们的第一需要，社会财富将充分涌流，人们将自由全面地发展个性化的能力。因此，当马克思和恩格斯说阶级的存在仅仅与生产发展的一定历史阶段联系时，他们的意思是指阶级的存在仅仅与生产资料发展的一定历史阶段相联系。生产资料随着生产发展到一定水平而发生了变化时，消灭阶级的需要和满足这一需要的条件将同时形成，阶级的存在就成为时代的错误，人类就应该进入一个没有阶级的完全平等的理想社会。社会主义就是利用资本主义所形成的生产力去消灭阶级和阶级压迫以及一切不平等的社会现象，最终实现人类的彻底解放。

关于社会主义社会平等与效率的关系问题，马克思和恩格斯认为二者是统一的，他们对平等的追求并不是建立在平等对效率的取代上。“马克思对大机器生产方式的重视不是偶然的。这种生产方式不仅一般构成了他的理想社会的物质基础，也在实际上构成了他关于理想社会平等与效率相统一的逻辑支柱。在马克思看来，大机器本身已经决定了经济领域的效率水平，人力支出在其中只起到辅助作用。在这种情况下，劳动者之间的能力差距虽然存在，但并不占据重要地位，以至于马克思肯定，即使是在共产主义社会的初始阶段，在必须实行以劳动为尺度的平等原则时，也可以只计算人们所支付的劳动时间是多是少，而不必计较在同一时间内人们干的是好是坏。因为后一问题已由机器本身解决了。”[①] 因此，如果理想社会存在平等与效率的矛盾与冲突，这就不符合马克思主义关于生产力决定生产关系的基本主张。理想社会必须是以先进的生产力为基础的，必须体现出高度发达的劳动生产率，马克思和恩格斯从大机器生产方式上看到了人类解决平等与效率兼得问题的途径。

① 余金成：《社会主义的东方实践：解读马克思主义基础理论的现代形态》，上海三联书店2005年版，第119～120页。

第四节 “各尽所能，按需分配”与人类社会的终极平等
——马克思和恩格斯平等思想中个人消费品的分配原则研究

马克思和恩格斯认为，由于具备了以蒸汽机技术为标志的大机器生产方式这个物质基础，无产阶级通过革命就可以建立社会主义社会。建立在生产力高度发达、生产资料社会占有、没有分工（阶级）、社会财富极大丰富、人们个性化的能力得到自由与全面发展基础上的理想社会，由于实行了“各尽所能，按需分配”的分配原则，最终实现了人人平等的理想。按需分配是马克思主义理想社会最重要的特征，理想社会的平等主要体现在“各尽所能，按需分配”的分配原则上。“按需分配”实际上包含了由传统定义的公正原则向超越公正的转换，它是人类的终极平等。正如邓小平所言：“共产主义是没有人剥削人的制度，产品极大丰富，各尽所能，按需分配。”①

一、通过无产阶级革命建立共产主义理想社会

马克思和恩格斯指出：“全部人类历史的第一个前提无疑是有生命的个人的存在。”② 因此，人类社会关系的平等局面只能

① 《邓小平文选》第3卷，人民出版社1993年版，第137页。
② 《马克思恩格斯选集》第1卷，人民出版社1995年版，第67页。

是每一个人之间的平等，“每个人的自由发展是一切人的自由发展的条件”①。由于“全面发展的个人……不是自然的产物，而是历史的产物”②，人的自由全面发展需要足够的物质条件，“把生产发展到能够满足所有人的需要的规模”③，否则将陷入乌托邦，那么理想社会必须是“集体财富的一切源泉都充分涌流”④的社会。马克思和恩格斯认为，工业革命已经使得建立理想社会具备了物质基础，只要无产阶级发挥主观能动性，用革命的手段摧毁旧制度，就能够建立人人平等的新制度。也就是说，大工业不但创造了建立理想社会的客观条件，也创造了推动理想社会实现的主观条件。

马克思指出：“社会的物质生产力发展到一定阶段，便同它们一直在其中运动的现存生产关系或财产关系（这只是生产关系的法律用语）发生矛盾。于是这些关系便由生产力的发展形式变成生产力的桎梏。那时社会革命的时代就到来了。”⑤ 马克思和恩格斯指出：“资产阶级不仅锻造了置自身于死地的武器；它还产生了将要运用这种武器的人——现代的工人，即无产者。”⑥“它首先生产的是它的掘墓人。”⑦ 无产阶级最近的目标是推翻资产阶级的统治，夺取政权，“工人革命的第一步就是使无产阶级上升为统治阶级，争得民主”⑧。由于无产阶级革命既是一种政

① 《马克思恩格斯选集》第1卷，人民出版社1995年版，第294页。
② 《马克思恩格斯全集》第46卷（上），人民出版社1979年版，第108页。
③ 《马克思恩格斯选集》第1卷，人民出版社1995年版，第243页。
④ 《马克思恩格斯选集》第3卷，人民出版社1995年版，第305页。
⑤ 《马克思恩格斯选集》第2卷，人民出版社1995年版，第32～33页。
⑥ 《马克思恩格斯选集》第1卷，人民出版社1995年版，第278页。
⑦ 《马克思恩格斯选集》第1卷，人民出版社1995年版，第284页。
⑧ 《马克思恩格斯选集》第1卷，人民出版社1995年版，第293页。

治革命，又是一种社会革命，它是与资本主义制度的一种彻底决裂，是对整个社会关系乃至社会中的每个人的一种彻底的改造，所以，马克思和恩格斯指出："共产主义革命就是同传统的所有制关系实行最彻底的决裂；毫不奇怪，它在自己的发展进程中要同传统的观念实行最彻底的决裂"①。

恩格斯指出，政治革命是社会革命的前提，而这种政治革命的特点本身决定了它将具有一种暴力的性质。因此，马克思主义的革命原则是资产阶级国家机器的阶级本质为无产阶级改造社会所提出的唯一的选择，阶级斗争理论在科学社会主义中占据重要位置，无产阶级革命是马克思和恩格斯始终坚持的一个中心问题，他们反对从资本主义制度中可以自动地产生出新的社会制度的任何幻想，他们坚信"革命是历史的火车头"②。恩格斯指出："无产阶级革命，矛盾的解决：无产阶级将取得公共权力，并且利用这个权力把脱离资产阶级掌握的社会生产资料变为公共财产。通过这个行动，无产阶级使生产资料摆脱了它们迄今具有的资本属性，使它们的社会性有充分的自由得以实现。从此按照预定计划进行的社会生产就成为可能的了。生产的发展使不同社会阶级的继续存在成为时代错误。随着社会生产的无政府状态的消失，国家的政治权威也将消失。人终于成为自己的社会结合的主人，从而也就成为自然界的主人，成为自身的主人——自由的人。完成这一解放世界的事业，是现代无产阶级的历史使命。"③也就是说，关于建立理想社会的问题，马克思和恩格斯的解决方案包含着两个步骤：第一个步骤是运用阶级斗争的方式，使无产

① 《马克思恩格斯选集》第1卷，人民出版社1995年版，第293页。
② 《马克思恩格斯选集》第1卷，人民出版社1995年版，第456页。
③ 《马克思恩格斯选集》第3卷，人民出版社1995年版，第759～760页

阶级尽快夺取政权；第二个步骤是通过公有制基础上的计划经济，实行按需分配的原则。无产阶级只要夺取了政权，就可以立即建立人人平等的新社会，而无须经历任何经济领域的过渡。

马克思和恩格斯认为，由于大工业的发展，“产生了空前大规模的资本和生产力，并且具备了能在短时期内无限提高这些生产力的手段”①，那么，只要把生产力从旧的生产关系中解放出来，建立新的生产关系以适应、促进现实的生产力，理想社会的目标就能够实现。因此，马克思和恩格斯关注的焦点是无产阶级如何取得公共权力。马克思和恩格斯还认为，无产阶级夺取政权，用社会主义代替了资本主义之后，由于解放了生产力，社会主义社会将创造出前所未有的生产成绩。他们指出：“无产阶级将利用自己的政治统治，一步一步地夺取资产阶级的全部资本，把生产工具集中在国家即组织成统治阶级的无产阶级手里，并且尽可能快地增加生产力的总量。”② 也就是说，无产阶级夺取政权后的首要任务，是用专政方式变生产资料私有制为公有制，变商品经济为计划经济，尽快建立新的生产关系以充分发挥现有生产力的潜能，造成物质财富充分涌流的局面，为人的自由全面发展和按需分配创造条件。

二、共产主义社会高级阶段的分配原则

马克思指出：“在共产主义社会高级阶段，在迫使个人奴隶般地服从分工的情形已经消失，从而脑力劳动和体力劳动的对立

① 《马克思恩格斯选集》第 1 卷，人民出版社 1995 年版，第 238 页。
② 《马克思恩格斯选集》第 1 卷，人民出版社 1995 年版，第 293 页。

也随之消失之后；在劳动已经不仅仅是谋生的手段，而且本身成了生活的第一需要之后；在随着个人的全面发展，他们的生产力也增长起来，而集体财富的一切源泉都充分涌流之后，——只有在那个时候，才能完全超出资产阶级权利的狭隘眼界，社会才能在自己的旗帜上写上：各尽所能，按需分配！"[①] 也就是说，马克思关于理想社会的原则概括是"各尽所能，按需分配"。"消费资料的任何一种分配，都不过是生产条件本身分配的结果；而生产条件的分配，则表现生产方式本身的性质。"[②] 因此，马克思用分配原则作为区分社会发展阶段的标志，分配原则是一种社会形态的综合性反映。

马克思认为，人作为社会历史活动的主体，"他们的需要即他们的本性"[③]。"任何人如果不同时为了自己的某种需要和为了这种需要的器官而做事，他就什么也不能做。"[④] 也就是说，人类的存在和需要的存在是一体的，只要人类存在，需要就会永远存在；而且人类的需要是一个无限发展的历史过程，人的发展的内在根据就是人的需要的不断丰富。人的需要是人类社会存在与发展的第一个前提，是人类一切活动的动力和目的，需要构成了人类历史发展的内在动力。马尔库塞指出："在马克思那里，也具有复归到感性去的同样的倾向。这种倾向把人理解成由需求决定的，认为人凭自身中的感性而依赖于先定的对象性。"[⑤]

人首先作为自然存在物而与自然发生关系，人有情欲，有需

---

① 《马克思恩格斯选集》第3卷，人民出版社1995年版，第305～306页。

② 《马克思恩格斯选集》第3卷，人民出版社1995年版，第306页。

③ 《马克思恩格斯全集》第3卷，人民出版社1960年版，第514页。

④ 《马克思恩格斯全集》第3卷，人民出版社1960年版，第329页。

⑤ 复旦大学哲学系现代西方哲学研究生：《西方学者论〈1844年经济学—哲学手稿〉》，复旦大学出版社1983年版，第112页。

要，渴望满足需要，所以，人是一个活生生的生命个体，而不是唯灵论的抽象存在。人类作为一种类的存在，人与人之间尽管千差万别，但时时刻刻都充满着相同的欲望和需要，按需分配原则就是满足他们这种相同的需要。而且，在理想社会，只有满足每一个社会成员在物质和文化生活方面的一切合理需要，才能保证他们成为全面发展的人，才能“使每一个社会成员都能够完全自由地发展和发挥他的全部力量和才能”[①]。因此，“按需分配是对人的欲望的承认，是对人作为人存在的合理性的承认，也是对人具有自由性的承认，如果说人性，按需分配就是最彻底的人性；如果说人道主义，按需分配就是真正的人道主义”[②]。人类在按需分配面前实现了平等，这个平等就是事实上的平等，这实际上是人类长期以来的梦想。马尔库塞认为，马克思的理想社会作为真正人道的无压抑文明，社会核心内容将不是劳动时间，而是自由时间，所以，“社会主义革命的性质既不是单纯地扩大满足现有范围内的需要，也不是把需要从一个较低水平提高到一个较高的水平，而是要同这个范围决裂，是质的飞跃”[③]。

马克思和恩格斯继承了把人自身视为最高存在的人本主义传统，这种传统与禁欲伦理和工具主义的原则是截然不同的。在人类历史上，尽管一些思想家也曾把按需分配与理想社会联系起来，但“他们往往把一种理想的社会形态同某种禁欲主义原则联系在一起。……由于按需分配一开始就与禁欲主义相对立，它的发展形态，往往通过对禁欲主义克服的程度来显示”[④]。关于城

① 《马克思恩格斯选集》第1卷，人民出版社1995年版，第237页。
② 余金成：《劳动论纲》，天津社会科学院出版社1995年版，第225～226页。
③ （德）马尔库塞：《工业社会和新左派》，商务印书馆1982年版，第92页。
④ 余金成：《劳动论纲》，天津社会科学院出版社1995年版，第226页。

邦式的理想社会，柏拉图指出，“在我看来，之所以要建立一个城邦，是因为我们每一个人不能单靠自己达到自足，我们需要许多东西”[①]。因此，城邦中的每一个成员就应该充分发挥自己的特长，在彼此之间互通有无，取长补短。为了实现城邦利益的最大化，公民的个人利益与城邦利益必须高度协调，所以，柏拉图提出了一个制度性措施，即在统治者和护卫者阶层中废除财产和家庭，使任何个人都没有私有的财产和家庭。柏拉图的按需分配原则看似彻底，实际上是彻底的禁欲主义，因为在这个原则下个人需要与社会需要的统一，是以牺牲个人欲望、个人完全服从于社会需要为基础来完成的。空想社会主义者大多继承了柏拉图关于在个人消费品上实行按需分配的主张。欧文指出：“这种社会的成员将通过简易、正常、健康和合理的工作，生产出满足消费欲望还有余的为数极多的剩余产品，因此可以让每个人都随便到公社的总库去领取他们需要的任何物品。”[②] 空想社会主义者认为，应该突破城邦利益对个人利益的限制，实行按需要分配个人消费品的原则。空想社会主义者的按需分配原则试图摆脱禁欲主义，问题是：第一，个人对消费品的选择受“公社的总库”消费品品种的限制，而且个人的需要经常在不断变化、发展，但生产能否跟得上这种变化；第二，个人消费品不仅包括物质消费品，还包括精神消费品，“精神消费品的一个特殊形态是人们对活动方式的选择”[③]，即人们都希望从事安全、体面的工作，这就使按需分配依照其内含的逻辑，不可避免地从消费领域延伸至

---

① （古希腊）柏拉图：《理想国》，商务印书馆 1986 年版，第 58 页。

② （英）罗伯特·欧文：《欧文选集》第 1 卷，商务印书馆 1984 年版，第 347 页。

③ 余金成：《劳动论纲》，天津社会科学院出版社 1995 年版，第 228 页。

生产领域，从生活条件扩大到生产条件，但社会能否满足人们对这种精神消费品的同等需要。因此，如果这些问题没有解决，这样的按需分配仍然没有完全摆脱禁欲主义。

马克思和恩格斯“始终站在现实历史的基础上，不是从观念出发来解释实践”①，他们强调，高度发达的生产力、丰富的物质财富是按需分配原则的前提条件。马克思指出：“生产力的这种发展……之所以是绝对必需的实际前提，还因为如果没有这种发展，那就只会有贫穷、极端贫困的普遍化；而在极端贫困的情况下，必须重新开始争取必需品的斗争，全部陈腐污浊的东西又要死灰复燃。”② 因此，他们一再强调大机器生产方式这个物质基础对理想社会的重要意义。马克思和恩格斯还认为，在人类创造物质财富的过程中，劳动者的“各尽所能”既是物质财富极大丰富的结果，又是形成物质财富充分涌流的直接原因。也就是说，理想社会人类的自由劳动既是一个结果，又是促进生产力发展的一个重要因素。“各尽所能”是从生产角度说的，即每个劳动者都尽其所能去从事劳动，而“按需分配”不过是对既存财富的一种分配方式，即每个劳动者的需要都得到满足，实质上消费条件是生产条件分配的结果。

人类面临的基本关系是人类自身与自然界之间的关系，而人类只能依靠劳动来形成和发展与自然界之间的关系。马克思指出：“劳动首先是人和自然之间的过程，是人以自身的活动来中介、调整和控制人与自然之间的物质变换的过程。”③ 也就是说，“劳动是人与自然界关系的中介：它既不是单纯的人，又不是单

---

① 《马克思恩格斯选集》第1卷，人民出版社1995年版，第92页。
② 《马克思恩格斯选集》第1卷，人民出版社1995年版，第86页。
③ 《马克思恩格斯选集》第2卷，人民出版社1995年版，第177页。

纯的自然界，却既包含了人，又包含了自然界，它是主体与客体融入同一运动过程的物质性关系”[①]。马克思和恩格斯还指出：“这种活动、这种连续不断的感性劳动和创造、这种生产，正是整个现存的感性世界的基础。”[②] 因此，劳动是与人类生存和发展关系最为密切的领域，是人类最基本的生命活动，在劳动领域所从事的社会实践决定着人类的面貌。人类依靠劳动与自然界发生关系，而人类只有形成“各尽所能”的劳动局面才能最大可能地推动与自然界之间关系的发展。原始共产主义社会曾经形成“各尽所能，平均分配”的社会关系局面，这是因为原始社会的生产力水平极其低下，人们只有尽其所能去劳动、平均分配消费品才能生存下去，这是一种迫不得已的选择。尽管马克思和恩格斯继承了原始共产主义社会的思想传统，但他们认为，人类只有到了理想社会才能有“各尽所能”的劳动局面。关于“各尽所能”局面的形成，马克思讲了三个方面的条件：第一，迫使个人奴隶般地服从分工的情形已经消失了，从而使脑力劳动和体力劳动的对立也随之消失了；第二，劳动已经不仅仅是谋生的手段，而且本身成了生活的第一需要；第三，随着个人的全面发展，社会生产力也增长起来，集体财富的一切源泉都得到了充分的涌流。马克思认为，只有具备了这三个条件，人类劳动才能成为一种自觉的活动，人们才会尽心尽力地进行劳动。

社会分工是各种社会劳动的划分和独立化。恩格斯指出：“到目前为止的一切生产的基本形式是分工，一方面是社会内部的分工，另一方面是每个生产机构内部的分工。”[③] 人类社会至

---

① 余金成：《劳动论纲》，天津社会科学院出版社 1995 年版，第 2 页。
② 《马克思恩格斯选集》第 1 卷，人民出版社 1995 年版，第 77 页。
③ 《马克思恩格斯选集》第 3 卷，人民出版社 1995 年版，第 640 页。

今已有过三次社会大分工，每次大分工都是生产力发展的结果，而社会分工又促进了生产力的提高和生产的社会化、专业化。但是，在以生产资料私有制为基础的社会形态中，社会分工带有阶级对抗的性质，它产生了国家。马克思和恩格斯指出："分工起初只是性行为方面的分工，后来是由于天赋（例如体力）、需要、偶然性等等才自发地或'自然形成'分工。分工只是从物质劳动和精神劳动分离的时候起才真正成为分工。"① "分工包含着所有这些矛盾，而且又是以家庭中自然形成的分工和以社会分裂为单个的、互相对立的家庭这一点为基础的。与这种分工同时出现的还有分配，而且是劳动及其产品的不平等的分配（无论在数量上或质量上）；因而产生了所有制，它的萌芽和最初形式在家庭中已经出现，在那里妻子和儿女是丈夫的奴隶。家庭中这种诚然还非常原始和隐蔽的奴隶制，是最初的所有制，但就是这种所有制也完全符合现代经济学家所下的定义，即所有制是对他人劳动力的支配。其实，分工和私有制是相等的表达方式，对同一件事情，一个是就活动而言，另一个是就活动的产品而言。"② "随着分工的发展也产生了单个人的利益或单个家庭的利益与所有互相交往的个人的共同利益之间的矛盾……正是由于特殊利益和共同利益之间的这种矛盾，共同利益才采取国家这种与实际的单个利益和全体利益相脱离的独立形式……由分工决定的阶级的基础上产生的，这些阶级是通过每一个这样的人群分离开来的，其中一个阶级统治着其他一切阶级。"③ 恩格斯说："在这被迫专门从事劳动的大多数人之旁，形成了一个脱离直接生产劳动的阶

① 《马克思恩格斯选集》第1卷，人民出版社1995年版，第82页。
② 《马克思恩格斯选集》第1卷，人民出版社1995年版，第83～84页。
③ 《马克思恩格斯选集》第1卷，人民出版社1995年版，第84页。

级，它掌管社会的共同事务：劳动管理、国家事务、司法、科学、艺术等等。因此，分工的规律就是阶级划分的基础。”① 马克思和恩格斯指出：“分工立即给我们提供了第一个例证，说明只要人们还处在自然形成的社会中，就是说，只要特殊利益和共同利益之间还有分裂，也就是说，只要分工还不是出于自愿，而是自然形成的，那么人本身的活动对人来说就成为一种异己的、同他对立的力量，这种力量压迫着人，而不是人驾驭着这种力量。”②

马克思和恩格斯认为，建立在大工业基础上的社会主义社会将是彻底消灭旧的社会分工的社会。恩格斯指出，在理想社会，“城市和乡村之间的对立也将消失。从事农业和工业的将是同一些人，而不再是两个不同的阶级，单从纯粹物质方面的原因来看，这也是共产主义联合体的必要条件”。“通过消除旧的分工，通过产业教育、变化工种、所有人共同享受大家创造出来的福利，通过城乡的融合，使社会全体成员的才能得到全面的发展。”③ 也就是说，在理想社会，新的生产关系必将解放和促进生产力的快速发展，生产力的发展又为每个人的自由个性创造现实基础，人们可以利用充裕的自由时间，充分发挥自己的个性和才能，用文化科学技术的最新成就全面武装自己。由于从旧的社会分工的束缚下彻底解放出来，每个社会成员成为既能从事体力劳动又能从事脑力劳动，既能做这样的工作又能做那样工作的全面发展的共产主义新人。马克思和恩格斯指出：“在共产主义社会里，任何人都没有特殊的活动范围，而都是可以在任何部门内

① 《马克思恩格斯选集》第3卷，人民出版社1995年版，第756页。
② 《马克思恩格斯选集》第1卷，人民出版社1995年版，第85页。
③ 《马克思恩格斯选集》第1卷，人民出版社1995年版，第243页。

发展，社会调节着整个生产，因而使我们有可能随着自己的兴趣今天干这事，明天干那事，上午打猎，下午捕鱼，傍晚从事畜牧，晚饭后从事批判，这样就不会使我老是一个猎人、渔夫、牧人或批判者。”① “只有在共同体中，个人才能获得全面发展其才能的手段，也就是说，只有在共同体中才能有个人自由。……从前各个人联合而成的虚假的共同体，总是相对于各个人而独立的；由于这种共同体是一个阶级反对另一个阶级的联合，因此对于被统治阶级来说，它不仅是完全虚幻的共同体，而且是新的桎梏。在真正的共同体的条件下，各个人在自己的联合中并通过这种联合获得自己的自由。”② “代替那存在着阶级和阶级对立的资产阶级旧社会的，将是这样一个联合体，在那里，每个人的自由发展是一切人的自由发展的条件。”③

马克思和恩格斯认为，在理想社会，不但分工已不复存在，而且劳动已成为人们生活的第一需要。也就是说，劳动已经不是为了生存的需要，劳动本身作为满足精神需要的活动成为需要本身。马克思和恩格斯并不是设法让劳动者首先从思想上热爱劳动，他们主张让劳动本身具有很强的吸引力，从而使劳动者热爱劳动，使劳动成为人们自觉自愿的活动。而要让劳动本身具有更强的吸引力，除了创造和谐的劳动关系之外，最重要的是劳动资料技术水平的提高。劳动资料技术水平的提高属于人类发展的自然历史过程，是人类发展所逐步积累的文化成果，是改变劳动过程状况的主导因素，而劳动过程的改善又是吸引劳动者各尽所能的基本原因。马克思和恩格斯认为，以蒸汽机为标志的大机器生

---

① 《马克思恩格斯选集》第1卷，人民出版社1995年版，第85页。
② 《马克思恩格斯选集》第1卷，人民出版社1995年版，第119页。
③ 《马克思恩格斯选集》第1卷，人民出版社1995年版，第294页。

产方式将极大地改善人类劳动状况，所以，在理想社会，发展生产力与其说是依靠劳动者各尽所能的劳动，不如说是依靠生产过程中生产资料技术水平的提高。

关于理想社会的人类劳动，马克思称之为“自由劳动”，其特征是：“①劳动具有社会性；②劳动具有科学性，同时又是一般的劳动，是这样的人的紧张活动，这种人不是用一种方式刻板训练出来的自然力，而是一个主体，这种主体不是以纯粹自然的、自然形成的形式出现在生产过程中，而是作为支配一切自然力的那种活动出现在生产过程中。”[①] 劳动具有社会性的含义是：“劳动可以是‘社会劳动’，也可以是‘为社会的劳动’，在更多的情况下，它应该是二者兼而有之。在一定意义上，这表明‘自由劳动’已超出个人谋生手段的局限，具有了一般的利他性质。”[②] 劳动不再表现为活动本身的充分发展，而是表现为“自我实现，主体的物化，也就是实在的自由”[③]。劳动具有科学性的含义，是劳动不但不再有损害劳动者健康的操作过程，而且劳动本身已经成为劳动者实现自我价值的自主选择，“也就为劳动从体力支出向脑力支出方向的转化提供了逻辑的基础，而一旦劳动分工采取了统一的脑力劳动方式，其间的差别就不再显得那么重要了。可以说，这是真正能够体现按需分配生产条件的唯一正确途径。而在生产条件方面实行按需分配之所以十分重要，就是因为按需分配不仅是指需要物质消费品，也是指需要精神消费品；或者说，不仅是指对劳动产品的选择，也是指对劳动方式的

---

① 《马克思恩格斯全集》第46卷（下），人民出版社1980年版，第113页。

② 余金成：《社会主义的东方实践：解读马克思主义基础理论的现代形态》，上海三联书店2005年版，第111页。

③ 《马克思恩格斯全集》第46卷（下），人民出版社1980年版，第112页。

选择"①。因此，"自由劳动"在生产满足人们物质消费需要的产品的同时，本身也作为满足人们精神需要的活动，成为了需要本身，这样的劳动自然成为人们生活的第一需要。"自由劳动"的两重性表明，人与自然界的物质交换是人类能够生存的基本条件，"因而劳动本身永远是存在的，人们所能改变的仅仅是它的内容和形式。从逻辑上判断，劳动本身成了生活的第一需要，不是它排除了谋生的内容，而是将体现这一内容的形式作了改变，使其从个人奴隶般地服从分工的状态转变成根据自己爱好所作的自由选择。这里隐含着一个关于分工的判断：社会中仍然存在着劳动分工，否则人们就不能取得所需要的各种类型和数量的使用价值；但个人却不再是分工的奴隶，社会客观要求的分工布局将通过人们出于不同的志趣所作的自由选择得到体现。这同样意味着，社会所有的分工岗位都取得了近似的劳动条件"②。也就是说，理想社会消灭了社会分工，但是还存在着劳动分工。关于社会分工和劳动分工，马克思指出，"第一类分工是社会劳动分成不同的劳动部门；第二类分工是生产某个商品时发生的分工，因而不是社会内部的分工，而是同一工厂内部的社会分工"③。前一种分工是可以被消灭的政治经济学意义的分工，它主要体现为脑力劳动和体力劳动的分工；后一种分工是不能被消灭的工艺学意义的分工，它属于企业内部的分工。由于人与自己的劳动具有统一性，人就是他的劳动，而劳动始终是人在劳动，那么，劳动之间的区别也就能演变成人与人之间的区别。

---

① 余金成：《劳动论纲》，天津社会科学院出版社 1995 年版，第 229 页。

② 余金成：《社会主义的东方实践：解读马克思主义基础理论的现代形态》，上海三联书店 2005 年版，第 110 页。

③ 《马克思恩格斯全集》第 46 卷（下），人民出版社 1980 年版，第 471 页。

马克思和恩格斯有意淡化人与人之间在劳动能力方面的差别，他们承认这种差别的存在，但不认为这种差别应该影响人们社会地位的平等，认为理想的社会形态应该是在默许这种差别存在的前提下建立平等的社会关系。马克思和恩格斯指出："共产主义的最重要的不同于一切反动的社会主义的原则之一就是下面这个以研究人的本性为基础的实际信念，即人们的头脑和智力的差别，根本不应引起胃和肉体需要的差别；由此可见，'按能力计报酬'这个以我们目前的制度为基础的不正确的原理应当——因为这个原理是仅就狭义的消费而言——变为'按需分配'这样一个原理，换句话说：活动上，劳动上的差别不会引起在占有和消费方面的任何不平等，任何特权。"① 他们既从主观需要上，又从客观可能上考虑了淡化劳动能力差别的问题。

第一，马克思认为，由于劳动者的劳动能力肯定存在着某种程度的差别，以劳动为尺度的平等权利对不同能力的劳动者来说就是不平等的权利，所以，理想社会应该克服以劳动为尺度的弊端，实行"各尽所能，按需分配"的原则，使平等关系体现在人本身的平等上，而不是体现在人的劳动的平等上。如果淡化了劳动者个人在能力上的差别，理想社会就最终实现了以人为尺度的平等目标。

第二，马克思认为，由于已经具备了以蒸汽机技术为标志的大机器生产方式这个物质基础，淡化劳动者在能力方面的差别不但成为可能，而且不会影响社会生产力的发展。"随着科学技术的进步，人力要素与物力要素相比，越来越表现为次要的、补充的作用；衡量社会生产力水平的标志，主要是物质生产资料所达

---

① 《马克思恩格斯全集》第3卷，人民出版社1960年版，第637～638页。

到的科学技术水平，劳动资料更能显示一个社会生产时代的具有决定意义的特征。”①

马克思指出：“各种经济时代的区别，不在于生产什么，而在于怎样生产，用什么劳动资料生产。劳动资料不仅是人类劳动力发展的测量器，而且是劳动借以进行的社会关系的指示器。”②由于大机器生产方式的出现，工人的技能在体现在机器体系中的科学、自然力、大规模社会劳动面前显得微不足道，科学的发展引起了劳动能力的贫乏化。在工厂中，工人在大机器生产过程中，他们的劳动变成主要是形式上简单化了的体力支出，童工、女工和青壮年男工一样从事同一种类型的生产劳动，他们原来存在的各种差别被淡化了。因此，在理想社会，社会成员只要尽自己的能力为社会劳动，不去计较人与人在劳动能力上的区别，不去计较劳动的数量和质量，就可以取得平等的消费权利。不强调劳动义务的平等，而强调分配权利的平等，这是“各尽所能，按需分配”原则的基本内涵，它的核心就是人与人之间的完全平等。因此，“各尽所能，按需分配”准确地表达了马克思和恩格斯关于理想社会的目标模式。

三、共产主义社会第一阶段的分配原则

马克思指出：“我们这里所说的是这样的共产主义社会，它不是在它自身基础上已经发展了的，恰好相反，是刚刚从资本主义社会中产生出来的，因此它在各方面，在经济、道德和精神方

---

① 余金成：《劳动论纲》，天津社会科学院出版社1995年版，第159页。

② 《马克思恩格斯选集》第2卷，人民出版社1995年版，第179页。

面都还带着它脱胎出来的那个旧社会的痕迹。所以，每一个生产者，在作了各项扣除以后，从社会领回的，正好是他给予社会的。他给予社会的，就是他个人的劳动量。”[①] 也就是说，共产主义社会第一阶段的分配原则是“等量劳动获取等量报酬”，即按劳分配。关于以劳动这种尺度所体现的平等，马克思明确指出，“在这里平等的权利按照原则仍然是资产阶级的权利”[②]，“但这个平等的权利总还是被限制在一个资产阶级的框框里”[③]。

马克思和恩格斯认为，共产主义社会第一阶段（列宁把这个阶段称之为“社会主义社会”）还没有真正建立平等的社会关系，还不是真正的理想社会阶段。在这个阶段，由于生产力水平还不够高，社会产品还不够丰富，旧的社会分工还存在，劳动还是谋生的手段，因此只能实行按劳分配的消费品分配原则。马克思和恩格斯对按劳分配的否定态度源于人类不得不面对的一个基本事实，即人们在劳动能力方面存在着差别。如果人们的劳动能力的差别没有被消除，那么，以劳动为尺度的平等就不会形成真正的社会平等。人们在劳动能力上的差别表现为不同的类型：一种类型是脑力劳动与体力劳动之间的差别，这种差别是一种质的差别；另一种类型是脑力劳动之间以及体力劳动之间的差别，这种差别是一种量的差别。

第一，体力劳动之间的差别最容易被消除。马克思和恩格斯认为，由于在自动化生产线上主要的操作过程由机器来完成，工人只须做些辅助性的工作，大机器生产方式就使得劳动者在体力支出方面的差别被淡化。因此，资本主义企业就可以让大量的女

---

① 《马克思恩格斯选集》第3卷，人民出版社1995年版，第304页。
② 《马克思恩格斯选集》第3卷，人民出版社1995年版，第304页。
③ 《马克思恩格斯选集》第3卷，人民出版社1995年版，第304页。

工、童工取代青壮年男工，这样既降低生产成本，又不影响劳动生产率。

第二，脑力劳动与体力劳动之间的差别不容易被消除。马克思和恩格斯认为，在理想社会，即使社会分工已经消灭，但由于脑力劳动与体力劳动所要求的能力有很大的区别，培养劳动者的脑力劳动能力需要长期的专门教育，那么，消除二者的差别需要很长的历史过程，最终的目标是推动人类劳动从体力劳动转向脑力劳动。

第三，脑力劳动之间的差别无法被根本消除。即使在受同等教育条件之下，由于人的先天禀赋不同，人们的脑力劳动能力肯定会有差别；即使人们的脑力劳动能力实现了趋同，这也只能在质上相同，而在量上则永远会存在差别。

既然人们在劳动能力上的差别尤其是在脑力劳动能力上的差别无法得到根本消除，那么，马克思和恩格斯自然不能同意把劳动能力作为理想社会的分配尺度。他们认为，按劳动能力分配不能从根本上解决人们经济地位的平等问题。马克思指出："生产者的权利是同他们提供的劳动成比例的；平等就在于以同一尺度——劳动——来计量。但是，一个人在体力或智力上胜过另一个人，因此在同一时间内提供较多的劳动，或者能够劳动较长的时间；而劳动，要当做尺度来用，就必须按照它的时间或强度来确定，不然它就不成其为尺度了。这种平等的权利，对不同等的劳动来说是不平等的权利。它不承认任何阶级差别，因为每个人都像其他人一样只是劳动者；但是它默认，劳动者的不同等的个人天赋，从而不同等的工作能力，是天然特权。所以就它的内容来讲，它像一切权利一样是一种不平等的权利。""因此，在提供的劳动相同、从而由社会消费基金中分得的份额相同的条件下，某一个人事实上所得到的比另一个人多些，也就比另一个人富些，如此等等。要避免所有这些弊病，权利就不应当是平等的，而应当是不平等的。”[①] 也就是说，由于劳动者的个人能力总是存在着某种程度的差别，以劳动为尺度的平等权利，对不同能力的劳动者来说是不平等的权利，所以，在理想社会，权利就不应当是平等的，而应当是不平等的。这是以人为尺度的平等，而不是以人的劳动为尺度的平等。

圣西门主义者曾提出，在理想社会，人们的地位取决于他们的劳动能力，收入取决于他们的劳动成效，即“按能力计报酬，按工效定能力”。马克思和恩格斯认为，这一原则在资本主义的制度下，不可避免地使社会划分为不同的阶级。德萨米也批评这一原则会导致“能力贵族”的出现。“真正的社会主义”者库尔曼主张，人们的占有和消费都取决于其劳动。马克思和恩格斯指出，人们的头脑和智力的差别不应该引起他们胃和肉体需要的差别，所以，必须用“按需分配”代替“按能力计报酬”，使人们在劳动上的差别不会引起人们在占有和消费方面的任何不平等。

马克思和恩格斯关于按劳分配的观点始终没有变化。尽管马克思在《资本论》中谈到理想社会的按劳分配的分配方式时，认为按劳分配也不是固定不变的模式，“这种分配的方式会随着社会生产机体本身的特殊方式和随着生产者的相应的历史发展程度而改变”[②]，他在《哥达纲领批判》中也指出，理想社会在最终实行按需分配之前，必须在初建时期经历一个实行按劳分配的过渡性阶段。但是，关于这个被称之为“共产主义社会第一阶

① 《马克思恩格斯选集》第3卷，人民出版社1995年版，第304～305页。
② 《马克思恩格斯全集》第23卷，人民出版社1972年版，第95页。

段”的过渡性阶段，马克思指出，“我们这里所说的是这样的共产主义社会，它不是在它自身基础上已经发展了的，恰恰相反，是刚刚从资本主义社会中产生出来的，因此它在各方面，在经济、道德和精神方面都还带着它脱胎出来的那个旧社会的痕迹”①。也就是说，马克思从未来理想社会中划出一个“共产主义社会第一阶段”，他想说明的是共产主义社会的最初形态和最终形态二者的联系与区别，主要强调共产主义社会第一阶段并不是真正意义的理想社会，共产主义社会高级阶段才是“未来的非资本主义社会”。因此，马克思关于共产主义社会第一阶段实行等劳等酬原则的设想，并没有表明他改变了自己早年的观点而简单地肯定了一般意义的按劳分配原则。因此，由于马克思和恩格斯一贯不同意用劳动作为平等的尺度，从来没有把一般意义的按劳分配视为共产主义社会的经济原则，认为以劳动作为平等的尺度是与资本主义商品经济制度相一致的，它必将导致社会的两极分化，所以，他的按劳分配主张与自己的理论体系在逻辑上是相一致的。

第一，按劳分配中的“劳”是指劳动时间。马克思指出：“社会劳动日是由全部个人劳动小时构成的；各个生产者的个人劳动时间就是社会劳动日中他所提供的部分，就是社会劳动日中他的一份。”② 劳动者提供了多少劳动（劳动时间），他就从社会领得一张凭证，根据凭证他从社会储存中领取自己的消费资料。因此，劳动时间可以起到两方面作用：一方面，通过劳动时间，社会有计划地分配调节着各种劳动职能同各种需求的适当比例；

---

① 《马克思恩格斯选集》第3卷，人民出版社1995年版，第304页。
② 《马克思恩格斯选集》第3卷，人民出版社1995年版，第304页。

另一方面，劳动时间是计量生产者个人在共同劳动中所占份额的尺度，也就是计量生产者个人在共同产品的个人消费部分中所占份额的尺度。用劳动时间而不是劳动成果来衡量人们的劳动，虽然“干多干少不一样，但干好干坏一个样”，这就必然淡化了劳动者能力的差别。

第二，按劳分配是在没有商品、货币的条件下实行的。共产主义社会第一阶段，尽管还有旧社会的许多痕迹，但已经实行了公有制、计划经济，商品经济已经被消灭，货币已经消失。这就避免了这样一种可能性，即通过自己的劳动拥有剩余消费资料的劳动者，通过货币积累将其转化为生产资料，并通过与劳动力这种特殊的商品进行交换，最后去剥削雇佣劳动者。马克思指出，在这个阶段，虽然还“通行的是调节商品交换（就它是等价的交换而言）的同一原则”，但是，“除了自己的劳动，谁都不能提供其他任何东西，另一方面，除了个人的消费资料，没有任何东西可以转为个人的财产”①。

第三，按劳分配在原则上仍然体现着资产阶级的权利。马克思认为，按劳分配原则只能在共产主义社会第一阶段实行，这是共产主义者一种不得已的选择。这种平等权利虽然不承认任何阶级差别——每个人都像其他人一样只是劳动者，却承认劳动者之间在能力方面的差别，所以，它对拥有不同能力的劳动者来说是不平等的权利，“在这里平等的权利按照原则仍然是资产阶级权利”②。因此，要消除这种弊病，“权利就不应当是平等的，而应当是不平等的”③，社会主义者必须创造条件，向“各尽所能，

① 《马克思恩格斯选集》第3卷，人民出版社1995年版，第304页。
② 《马克思恩格斯选集》第3卷，人民出版社1995年版，第304页。
③ 《马克思恩格斯选集》第3卷，人民出版社1995年版，第304页。

按需分配”发展。按需分配才是马克思主义理想社会的目标追求，这个分配原则只要求人们尽自身的能力去劳动，并不计较干多干少和干好干坏，它一视同仁地满足每一个人的消费需要。

四、马克思和恩格斯平等思想的启示

马克思和恩格斯的平等思想是对人类平等思想的继承和发展，社会主义国家的平等实践就是在马克思和恩格斯平等思想的指导下进行的。马克思和恩格斯的平等思想带给我们以下启示。

第一，马克思和恩格斯认为，人类理想社会建立平等的社会关系的物质基础是以蒸汽机技术为标志的大机器生产方式。马克思和恩格斯指出，“大工业及其所引起的生产无限扩大的可能性”①，使人类能够建立新的社会制度。也就是说，以蒸汽机技术为标志的大机器生产方式成为平等的理想社会的物质基础。因此，他们确信，在19世纪人类就有可能实现共产主义理想，而不需要等到遥远的未来。实践证明，马克思和恩格斯当时只是处在第一次工业革命时期，现在人类正在经历着第三次工业革命时期，即新科技革命时期。今天的社会主义国家的生产力水平和生产资料的科技水平已经远远超过了第一次工业革命时期的发达国家，但是，马克思和恩格斯所期待的社会平等目标还并没有完全实现。即使今天，我们仍感觉到人类还没有充足的条件实现共产主义理想社会，比较起来，马克思和恩格斯时代的社会条件距离理想目标就更远了。那么，以蒸汽机技术为标志的大机器生产方式就不能说已经构成了理想社会的物质基础。马克思和恩格斯通

① 《马克思恩格斯选集》第1卷，人民出版社1995年版，第237页。

过考察资本主义生产方式认定：资本主义周期性经济危机是资本主义生产关系已不适应生产力要求的标志；无产阶级反对资产阶级的斗争是新社会取代旧社会的可靠力量，所以，“资本主义私有制的丧钟就要响了”①。但是，直至今天，资本主义仍旧在发展，资本主义社会还具有自我修复的能力。那么，从资本主义目前发展的状况来看，实际上，马克思和恩格斯当年所处的资本主义社会还属于资本主义社会的初级阶段。历史已经证明，初级阶段的资本主义社会所发生的经济危机和剧烈的阶级斗争源于资本主义还没有获得充分的发展。

第二，马克思和恩格斯认为，人类理想社会建立平等的社会关系的前提条件是物质财富的极大丰富。马克思和恩格斯指出，按需分配是体现人类平等的重要原则。也就是说，平等是通过对人的欲望、需要的充分肯定并平等满足而实现的。同时，按需分配必须以社会物质财富的极大丰富为前提，否则人类仍然不能摆脱禁欲主义。把按需分配与物质财富的极大丰富联系在一起，这是人们一般认可的结论。但是，事实上情况比这复杂得多。马克思指出：“人以其需要的无限性和广泛性区别于其他一切动物。”②“生活水平不仅包括满足生理上的需要，而且包括满足由人们赖以生息教养的那些社会条件所产生的一定需要。”③ 在马克思看来，人类的存在与需要的存在是一体的，所以，人类的需要是一个无限发展的过程，在由需要推动的人类实践中，不断产生出人类需要的新对象，也不断产生出人类需要自身。马克思说：“在再生产的行为本身中，不但客观条件改变着，……而且

① 《马克思恩格斯全集》第23卷，人民出版社1972年版，第832页。
② 《马克思恩格斯全集》第49卷，人民出版社1982年版，第130页。
③ 《马克思恩格斯全集》第16卷，人民出版社1964年版，第164页。

生产者也改变着，炼出新的品质，通过生产而发展和改造自身，造成新的力量和新观念，造成新的交往方式、新的需要和新的语言。”① “全部历史都是为了使‘人’成为感性意识的对象和使‘作为人’的需要成为（自然的、感性的）需要所做的准备。”② 也就是说，人的需要的种类随着历史的发展而不断增加，会出现许多新的和更高层次的需要。因此，人类历史不仅是物质资料的生产和再生产的历史，也是人类需要的生产和再生产的历史，人们的生产能力和消费能力是同步上升的。“社会要想把人们的各种需要都在生产中得到体现，近似于不可能。因为，人们的需要同实现需要的生产之间总存在一定的差距。生产作为物质性运动，必须通过特定的时间、空间才能表现出来，因而具有客观性。而需要是精神性活动，它可以在所有社会成员那里同时表现出来，因而具有主观性。一方面，充分涌流的产品，可能因需要的转移而失去使用价值，以致造成浪费；另一方面，相对有限的产品可能因需要的集中而匮乏，终归限制了消费。”③ 人类的消费品包括物质消费品和精神消费品，精神消费品的情况更加复杂。“精神消费品的一个特殊形态是人们对活动方式的选择。”④ 人类的活动方式主要是劳动方式，那么，人们对活动方式的选择主要是对劳动方式的选择，人们都愿意选择安全、体面、有创造性的劳动方式，而对劳动方式的选择必然又涉及对劳动分工的选择。因此，按需分配这个原则依据其内在的逻辑，必然从消费领域延伸到生产领域，从生活条件扩大到生产条件；按需分配不仅

---

① 《马克思恩格斯全集》第46卷（上），人民出版社1979年版，第494页。
② 《马克思恩格斯全集》第42卷，人民出版社1979年版，第82页。
③ 余金成：《劳动论纲》，天津社会科学院出版社1995年版，第227～228页。
④ 余金成：《劳动论纲》，天津社会科学院出版社1995年版，第228页。

指人们对劳动产品的选择，也是指人们对劳动方式的选择。

第三，马克思和恩格斯认为，人类理想社会建立平等的社会关系必须淡化人们的劳动能力。马克思和恩格斯指出，由于劳动者的劳动能力总是存在着差别，如果实行彰显劳动者劳动能力的按劳分配原则，就必然使不同劳动能力的人得到不同的劳动结果，“所以，在这里平等的权利按照原则仍然是资产阶级权利”①，“权利就不应当是平等的，而应当是不平等的”②。而在理想社会，不同劳动能力的人应该得到相同的劳动结果，因而实行“各尽所能，按需分配”原则。马克思和恩格斯认为，即使实行“各尽所能，按需分配”原则，理想社会也不会存在平等与效率冲突的问题，因为以蒸汽机技术为标志的大机器生产方式为消除人们在劳动能力方面的差别提供了物质条件。随着劳动资料技术水平的提高，在生产过程中，人力要素与物力要素相比逐渐表现为次要的作用，人力在生产过程中的支出变得越来越不重要，在大机器面前人本身的劳动能力的差别被淡化了。在人类经历了三次工业革命之后，生产过程中劳动者的人力支出确实变得越来越次要，但是，实践证明，大机器生产方式并没有真正淡化劳动能力，因为大机器生产方式只是为消除人们在体力方面的差别提供了物质条件，而人们脑力方面的差别却依然存在。在知识经济时代，脑力劳动逐渐成为主要的劳动方式，人们劳动能力的差别主要表现为脑力劳动能力的差别。因此，劳动者劳动能力的竞争将必然从直接的物质生产过程转移到精神生产过程，个人之间的竞争将在科学技术领域内展开。由于知识已经成为推动人类社会进

---

① 《马克思恩格斯选集》第3卷，人民出版社1995年版，第304页。
② 《马克思恩格斯选集》第3卷，人民出版社1995年版，第305页。

步最强大的动力，教育就是使劳动者通过掌握知识，进而提高劳动能力的唯一途径。在社会主义市场经济体制的推动下，劳动者经历了这场新一轮的竞争后，其劳动能力将得到普遍发展，到那时，人类社会才能真正出现淡化劳动能力的局面。

第四，马克思和恩格斯认为，人类理想社会建立平等的社会关系并非借助于道德的力量。马克思的“各尽所能，按需分配”原则强调人们在消费权利方面的平等，却不强调人们在劳动义务方面的平等，这种局面并不是倚靠全体社会成员的道德觉悟来维持。马克思和恩格斯认为，人类实现平等是一个客观的历史过程，平等并非单纯道德诉求的结果。但是，实践证明，由于社会主义制度率先在落后国家确立，传统的社会主义实践者虽然没有忘记生产力对新社会的决定意义，但往往求助于人们的道德觉悟以实现社会平等。列宁指出：“所谓共产主义，严格说来就是无报酬地为社会工作，不考虑个人的差别，丝毫没有世俗偏见，没有守旧心理，没有旧的习气，消除各个工作部门的差别，劳动报酬上的差别等。”[①] 显然，列宁强调的是人们的道德觉悟对于理想社会的意义，对人们的道德觉悟寄予了厚望。传统社会主义模式确认的“各尽所能，按劳分配”原则包含着对人们普遍的道德觉悟的期待：一方面各尽所能地去劳动，另一方面又承认按劳分配的原则。但是，人们在实践中发现，“各尽所能通常是按劳分配的结果，而并非它的前提；由于指令性计划体制无法形成真正的按劳分配的局面，也就无法推动人们去各尽所能”[②]。实践证明，思想道德宣传只能促使为数不多的劳动者去从事共产主义

---

① 《列宁全集》第37卷，人民出版社1992年版，第349页。

② 余金成：《劳动论纲》，天津社会科学院出版社1995年版，第231～231页

性质的劳动，在整体上却无助于提高劳动生产率。因此，关于星期六义务劳动，列宁明确指出，“大家都明白，我们，就是说我们的社会、我们的社会制度，还远不能广泛地、真正普遍地实行这种劳动”①。

① 《列宁选集》第4卷，人民出版社1995年版，第130页。

中篇　传统的社会主义国家平等实践

社会主义理论诞生在发达的资本主义国家，而社会主义社会却率先出现在落后国家。按照马克思和恩格斯的设想，经济文化欠发达的落后国家是无法组织起本来意义的无产阶级革命，但是，历史选择了落后国家首先承担建设理想社会的重任。列宁在落后的俄国创建了人类第一个社会主义国家，社会主义开始从一种理想变为活生生的现实，社会主义实践从以俄国为代表的西方落后国家发展到以中国为代表的东方落后国家。

由于社会主义制度建立在落后的经济文化基础之上，所以，社会主义国家面临的首要任务就是发展生产力。在进行社会主义建设过程中，列宁、斯大林、毛泽东等传统社会主义实践者把社会主义社会的基本特征总结为三个方面：生产资料公有制；计划经济；各尽所能，按劳分配。这三个方面也就构成了现实的社会主义社会的生产关系。传统的社会主义国家用既定的生产关系发展社会生产力的同时，追求建立平等的社会关系。实践证明，由于没有处理好生产力与生产关系的矛盾运动关系，传统的社会主义国家也只能在一定程度上建立平等的社会关系，却在一定范围内存在着普遍贫穷的现象。因此，现在的社会主义国家大都开始走上了各具本国特色的社会主义建设道路。

本篇共分 4 节。第一节概述了关于传统的社会主义国家平等实践的研究意义和研究现状。第二节通过论述马克思、恩格斯和列宁的社会主义革命思想，揭示了列宁等社会主义实践者的“一国胜利”论实际上并没有否定马克思和恩格斯的“共同胜利”论，所以，传统社会主义国家试图在社会主义建设过程中实践经典社会主义的理论，其结果就是产生了理想目标与现实生产力状况之间的矛盾。第三节论述了传统社会主义国家发展生产力的模式，这个模式的核心思想就是用既定的生产关系促进生产力的发展。按照经典社会主义理论，社会主义生产关系是建立在高度发达的生产力的基础上的，发达的生产力是建立理想社会必要的基础，而不是先进的生产关系建立后再促进其发展的结果。这样的矛盾一方面反映了社会主义革命爆发在落后国家所不可避免出现的问题，另一方面也反映了传统的社会主义实践者急于确立理想社会制度的普遍心理。第四节通过论述传统的社会主义国家平等实践过程中的分配原则，总结了传统社会主义国家平等实践的经验教训。笔者认为，当现实的生产力还处在落后状态的时候，所建立的平等关系肯定缺乏坚实的物质基础，因此，社会主义实践者决不能违背马克思主义生产力决定生产关系的基本原理，这是传统的社会主义国家平等实践的最主要的教训。

第一节　传统的社会主义国家平等实践研究综述

虽然社会主义国家的平等实践是在马克思主义平等思想指导下进行的，但是，由于传统的社会主义国家平等实践没有完全遵循马克思主义生产力决定生产关系的基本原理，它们最终只能在一定程度上建立平等的社会关系，却在一定范围内存在普遍贫穷的现象。那么，如何总结传统社会主义国家平等实践的经验教训就成为了学术界关注的焦点，因为现在的社会主义国家只有以史为鉴，才能走出一条正确的社会主义建设道路，也才能真正实现马克思主义的平等目标。

一、传统的社会主义国家平等实践的研究意义

社会主义的理想目标是建立平等的社会关系，也就是说，社会主义国家的政治、经济、文化和社会建设，其目标是建立一个体现社会主义基本价值的社会，所以，社会主义建设就是社会主义国家进行的一场平等实践。实践证明，社会主义国家的社会主义建设，经历了一个曲折的过程，有成功也有失败。由于急于建立平等的社会关系，超越了生产力的现实状况，传统的社会主义国家平等实践没有实现预期的目标。那么，为了给现在的社会主义国家提供继续完成社会主义建设任务的理论资源，学术界就必须认真总结传统的社会主义国家平等实践的经验教训。具体到中国，当前中国的社会主义建设，建立在两个理论前提上：一个是

“中国特色”不能背离马克思主义理论的基本精神；另一个是建设社会主义平等社会也要以中国的国情为依据，不能脱离社会主义初级阶段这个现实。因此，要建设中国特色社会主义，要确立中国特色社会主义制度，首先要总结20世纪社会主义建设的经验教训，把宝贵的经验教训当做建设中国特色社会主义的理论资源，只有这样才能使社会主义制度在中国焕发出生机。

二、传统的社会主义国家平等实践的研究现状

在研究社会主义平等问题的时候，由于学者们关注的焦点是马克思和恩格斯的平等思想，以及一般意义的社会主义建设过程及经验教训，关于传统的社会主义国家平等实践及其经验教训的研究还没有充分展开，学术界关于传统的社会主义国家平等实践的研究成果到目前为止还不多。所以，关于这个研究领域需要学界的进一步关注。关于传统的社会主义国家平等实践问题的研究，已经取得的学术成果包括如下专著和论文。例如，专著有余金成的《劳动论纲》（天津社会科学院出版社1995年版）和《社会主义的东方实践：解读马克思主义基础理论的现代形态》（上海三联书店2005年版），李冬俐的《社会主义本质理论的人本解读》（北京出版社2010年版），姚洋的《转轨中国：审视社会公正和平等》（中国人民大学出版社2004年版），李秀潭的《社会主义建设规律新探索》（浙江人民出版社2003年版），靳辉明的《社会主义历史、理论与现实》（安徽人民出版社2000版），刘新宜的《社会主义国家演化简史》（社会科学文献出版社2010版），江流的《中国共产党的社会主义建设理论与实践》（青岛出版社2001年版）等；论文有李冬俐的《社会主义国家

的平等实践及经验教训》(《求实》2010 年第 8 期)、《落后国家社会主义建设的平等追求及启示》(《理论探索》2007 年第 2 期)等。

总体上说，学术界的观点可以归纳为如下三个方面：第一，社会主义建设的目标是建立一个人人平等的理想社会，平等是社会主义社会的本质特征；第二，马克思和恩格斯的平等思想主要体现在“各尽所能，按需分配”的分配制度上，那么，“按劳分配”在社会主义平等实践中必然只是暂时的分配方式选择，人类社会最终要建立以“按需分配”为特征的理想社会；第三，高度发展的生产力是建立理想社会的前提条件，社会主义平等理想必须建立在一定的物质基础之上，所以，社会主义国家的首要任务是发展生产力。

三、传统的社会主义国家平等实践研究的理论创新

本书关于传统的社会主义国家平等实践的理论创新之处在于：第一，由于社会主义国家建立在经济文化落后的基础之上，为了完成首先发展生产力的任务，社会主义国家用既定的生产关系促进生产力的发展；第二，由于传统的社会主义国家急于向共产主义社会过渡，按劳分配原则事实上演变成了平均主义的分配原则；第三，由于新的生产关系大大超越了现实的生产力状况，传统的社会主义国家只能在一定程度上建立平等的社会关系，却在一定范围内存在普遍贫穷的现象，这样的社会主义实践最终被证明并不符合历史规律。

归纳起来，本书关于传统的社会主义国家平等实践的研究遵循以下思路。

首先，论述社会主义国家发展生产力的必要性。社会主义革命首先在落后国家爆发，取得政权的社会主义政党面对的是落后的经济文化状况，那么，发展生产力就理所当然地成为社会主义实践者的首要任务。

其次，论述传统的社会主义国家发展生产力的模式。由于传统的社会主义国家是以马克思主义的基本结论作为社会主义建设的理论前提，那么，传统的社会主义国家必然用既定的生产关系发展生产力，或者说，先建立先进的生产关系，再通过大力发展生产力以使得现实的生产力状况适应新的生产关系。

再次，论述传统的社会主义国家在发展生产力的同时追求建立平等的社会关系的必然性。由于社会平等是社会主义实践者坚定的理想目标，所以，传统的社会主义国家将发展生产力和实现平等目标同时列为社会主义建设的重要任务。生产力的发展也已经成为新的生产关系促进的结果，平等的社会关系既是社会主义国家追求的目标，也是发展生产力的前提。

最后，总结传统的社会主义国家平等实践的经验教训。由于传统的社会主义实践者普遍存在着急于求成的心理，他们不满足于停留在社会主义社会阶段，急于向更高阶段的共产主义社会过渡。这种情况下，在实践中往往发展生产力就让位于建立平等的社会关系，理想超越了现实。实践证明，这种建立在落后生产力基础上的新的生产关系，由于缺乏坚实的物质基础，容易产生人们平均贫穷的现象。这个深刻的教训需要现在的社会主义国家认真吸取。

第二节　“共同胜利”还是“一国胜利”
——马克思和恩格斯与列宁社会主义革命思想的比较研究

列宁继承了马克思和恩格斯的世界社会主义革命理论。尽管列宁使社会主义社会率先在落后国家出现，但他始终坚信带头建设社会主义的仍将是先进国家，并没有试图修正马克思主义的基本原理。所以，列宁的社会主义革命“一国胜利论”实际上恪守了“共同胜利论”的基本原则。

一、马克思和恩格斯关于落后国家社会主义革命的思想

马克思和恩格斯认为，社会主义革命将在数个发达的资本主义国家首先爆发，以此引起全世界范围内的社会主义革命，最终实现全人类的解放，这就是“共同胜利论”。马克思和恩格斯指出：“交往的任何扩大都会消灭地域性的共产主义。共产主义只有作为占统治地位的各民族‘一下子’同时发生的行动，在经验上才是可能的，而这是以生产力的普遍发展和与此相联系的世界交往为前提的。”① 恩格斯说：“单是大工业建立了世界市场这一点，就把全球各国人民，尤其是各文明国家的人民，彼此紧紧

① 《马克思恩格斯选集》第1卷，人民出版社1995年版，第86页

地联系起来，以致每一国家的人民都受到另一国家发生的事情的影响。此外，大工业使所有文明国家的社会发展大致相同，以致在所有这些国家，资产阶级和无产阶级都成了社会上两个起决定作用的阶级，它们之间的斗争成了当前的主要斗争。因此，共产主义革命将不是仅仅一个国家的革命，而是将在一切文明国家里，至少在英国、美国、法国、德国同时发生的革命，在这些国家的每一个国家中，共产主义革命发展得较快或较慢，要看这个国家是否有发达的工业、较多的财富和比较大量的生产力。因此，在德国实现共产主义革命最慢最困难，在英国最快最容易。共产主义革命也会大大影响世界上其他国家，会完全改变并大大加速它们原来的发展进程。它是世界性的革命，所以将有世界性的活动场所。"① 马克思和恩格斯指出："联合的行动，至少是各文明国家的联合的行动，是无产阶级获得解放的首要条件之一。"② 马克思说："神圣同盟的胜利使欧洲的局面发生了变化，只要法国发生任何一次新的无产阶级起义，都必然会引起世界战争。新的法国革命将被迫立刻超出本国范围去夺取欧洲的地区，因为只有在这里才能够实现 19 世纪的社会革命。"③ 恩格斯指出："欧洲工人阶级的胜利，不是仅仅取决于英国。至少需要英法德三国的共同努力，才能保证胜利。"④ "无论是法国人、德国人或英国人，都不能单独赢得消灭资本主义的光荣。"⑤ 因此，社会主义的典型革命应该是在几个发达的资本主义国家同时

---

① 《马克思恩格斯选集》第 1 卷，人民出版社 1995 年版，第 241 页。
② 《马克思恩格斯选集》第 1 卷，人民出版社 1995 年版，第 291 页。
③ 《马克思恩格斯选集》第 1 卷，人民出版社 1995 年版，第 401 页。
④ 《马克思恩格斯选集》第 1 卷，人民出版社 1995 年版，第 718 页。
⑤ 《马克思恩格斯全集》第 39 卷，人民出版社 1974 年版，第 87 页。

爆发。

但是，马克思和恩格斯去世后，俄国人率先进行了社会主义革命，他们取得了胜利；随后，西方人也进行了社会主义革命，他们却没有取得成功。历史证明，社会主义社会并没有率先在发达的国家出现，而是率先在落后国家出现。在社会主义鼎盛时期，15 个国家的社会主义制度都是建立在落后的经济文化基础上的。这种历史现象引起人们的普遍思考。从现有的文献来看，马克思和恩格斯关于这种历史现象从理论上确实也曾经作过预言。但是，他们的预言并没有否定他们一贯的思想，他们对落后国家的革命设定了前提条件，那就是西方无产阶级革命的成功。

马克思和恩格斯在重点研究西方发达国家社会主义革命的同时，一直关心落后国家的革命和社会发展道路问题，从“世界历史”的角度探讨了西方发达国家和东方落后国家之间的相互关系。马克思对中国、印度等东方落后国家进行初步研究之后，提出了“亚细亚生产方式”的概念。他还认为，东方落后国家的革命对于动摇西方资本主义国家的社会制度具有重要意义，是西方无产阶级革命的同盟军。

俄国在历史上是典型的封建国家。1861 年废除农奴制之后，传统的经济社会结构受到了很大的冲击，资本主义经济因素迅速生长；同时，各种社会矛盾激化。在这种历史背景下，俄国革命民主主义理论家就俄国革命和社会发展道路问题展开了争论。一些民粹派理论家认为，俄国的国情与西方国家不同，革命后可以不经过资本主义阶段直接由封建制度进入社会主义制度；另一些理论家则认为，一切国家都要先经历资本主义阶段然后才能向社会主义过渡。这些争论促使马克思和恩格斯关于俄国革命问题进行了思考。与此同时，1871 年巴黎公社失败后，西方革命逐步走入了低潮，而东方各国特别是俄国却出现了革命的新曙光。这种变化使马克思和恩格斯认识到，不能简单地把东方历史附加于西方道路之下。因此，他们对俄国革命和社会发展道路很关注，对俄国等落后国家的特殊的社会发展规律进行了深入研究。

尽管马克思曾指出："如果俄国继续走它在1861年所开始走的道路，那么它将会失去当时历史所能提供给一个民族的最好的机会，而遭受资本主义制度所带来的一切极端不幸的灾难。"①"俄国可以不通过资本主义制度的卡夫丁峡谷，而把资本主义制度的一切肯定的成就用到公社中来。"② 但是，马克思和恩格斯并不认为俄国能够跨越生产力发展的历史阶段进入社会主义社会。恩格斯指出："俄国的公社存在了几百年，在他内部从来没有出现过要把它自己发展成高级的公有制形式的促进因素；情况恰如德意志人的马尔克制度、克尔特人的克兰、印度人的和其他民族的实行原始共产主义制度的公社一样。……由这一点就已经可以得出结论，对俄国的公社的这样一种可能的改造的首创因素只能来自西方的工业无产阶级，而不是来自公社本身。西欧无产阶级对资产阶级的胜利以及与之俱来的以社会管理的生产代替资本主义生产，这就是俄国公社上升到同样的阶段所必需的先决条件。"③ "然而，不仅可能而且毋庸置疑的是，当西欧各国人民的无产阶级取得胜利和生产资料转归公有之后，那些刚刚进入资本主义生产而仍然保全了氏族制度或氏族制度残余的国家，可以利用公有制的残余和与之相适应的人民风尚作为强大的手段，来大大缩短自己向社会主义社会发展的过程，并避免我们在西欧开辟

---

① 《马克思恩格斯全集》第19卷，人民出版社1963年版，第129页。
② 《马克思恩格斯全集》第19卷，人民出版社1963年版，第436页。
③ 《马克思恩格斯选集》第4卷，人民出版社1995年版，第440～441页。

道路时所不得不经历的大部分苦难和斗争。但这方面的必不可少的条件是：目前还是资本主义的西方作出榜样和积极支持。只有当资本主义经济在自己的故乡和在它兴盛的国家里被克服的时候，只有当落后国家从这个榜样上看到'这是怎么回事'，看到怎样把现代工业的生产力作为社会财产来为整个社会服务的时候——只有到那个时候，这些落后的国家才能开始这种缩短的发展过程。然而那时它们的成功也是有保证的。这不仅适用于俄国，而且适用于处在资本主义以前的阶段的一切国家。"① 因此，马克思和恩格斯一致认为，在经济文化落后的基础上不可能直接建立起社会主义，俄国等落后国家向社会主义社会过渡必须具备相应的国际国内条件。具体说，俄国要走向社会主义必须具备的条件是：在国内，要发生民主革命，为公社的发展创造社会条件；在国际上，西方发达国家的无产阶级要同时夺取政权，组织社会主义生产，并支持俄国的社会主义革命和建设。

马克思和恩格斯曾说："但是在俄国，我们看见，除了迅速盛行起来的资本主义狂热和刚开始发展的资产阶级土地所有制外，大半土地仍归农民公共占有。那么试问：俄国公社，这一固然已经大遭破坏的原始土地公共占有形式，是能够直接过渡到高级的共产主义的公共占有形式呢？或者相反，它还必须先经历西方的历史发展所经历的那个瓦解过程呢？对于这个问题，目前唯一可能的答复是：假如俄国革命将成为西方无产阶级革命的信号而双方互相补充的话，那么现今的俄国土地公有制便能成为共产主义发展的起点。"② 但这段话的意思并不是指俄国当时已经是

---

① 《马克思恩格斯选集》第4卷，人民出版社会1995年版，第443页。

② 《马克思恩格斯选集》第1卷，人民出版社1995年版，第251页。

欧洲革命运动的先进部队了，而是说虽然俄国具备了成熟的革命形势，“它不仅可以先于西方国家进入社会主义革命，而且也可以在革命胜利后进行社会主义建设；但是，所有这一切都要有一个条件，即西方无产阶级革命的成功。换句话说，落后的俄国可以先行革命，但它只是西方先进国家革命的‘信号’。正如序幕不能脱离正剧一样，西方无产阶级革命的‘信号’自然也不能脱离西方无产阶级革命本身。马克思、恩格斯的提法是‘双方互相补充’。从逻辑上说，这种‘相互补充’应该是落后的俄国和先进的西方国家共同取得社会主义革命的胜利；以此为前提，俄国才可以跨越资本主义的卡夫丁峡谷，直接从事社会主义建设事业”①。

所以，虽然马克思和恩格斯在论及俄国等落后国家的革命和社会主义前途时，曾预言落后国家可能发生革命并走向社会主义社会，但是他们一再强调必须有西方发达国家的先导和支持，不认为落后国家能够单独取得革命的胜利，能够单独建设社会主义。也就是说，马克思和恩格斯并没有替不发达的东方国家设计出一条不同于西方的通向社会主义的道路，他们对落后国家社会主义革命的预言是以西方发达国家“共同胜利论”为前提的。马克思晚年关于东方国家革命特殊性的论述，以及恩格斯晚年关于生产关系对生产力的反作用的论述，都是在坚持唯物史观的大前提下进行的，生产力决定生产关系理论始终是马克思主义的基本原理。

20世纪发生在落后国家的社会主义革命不能当做马克思和

① 余金成：《社会主义的东方实践：解读马克思主义基础理论的现代形态》，上海三联书店2005年版，第31～32页。

恩格斯当年所言的成功跨越资本主义发展阶段的范例。社会主义社会在这些落后国家出现有多种原因：有的是民族民主革命的结果，如古巴；有的是第二次世界大战后苏联帮助的结果，如东欧社会主义国家。可以说，这些落后国家都没有马克思和恩格斯所指出的可能跨越的条件，它们的社会主义革命与马克思和恩格斯当年所重视的农村公社也没有什么关系，它们能够取得革命最后胜利的条件里也没有包括如马克思和恩格斯当年所言的一定要有发达国家革命成功以后的支持和帮助这个条件。这些落后国家在建立无产阶级政权后完全依靠自己的艰苦奋斗求得生存，唯一的帮助还是社会主义阵营内部的互助，甚至这个互助随着社会主义阵营的解体也没有了。“中国特色社会主义”的命题表明，中国是独立自主地走自己的社会主义道路，完全依靠自己的力量建设社会主义。

二、列宁的世界社会主义革命思想

20 世纪的社会主义运动是在列宁主义和俄国十月革命影响和指导下，在整个世界广泛兴起和发展的革命运动。这场运动最主要的结果就是世界上出现了一系列社会主义国家。由于社会主义社会出人意料地率先出现在落后国家，引发了许多争论，争论的焦点就是如何看待社会主义革命“共同胜利论”与“一国胜利论”的关系。

1917 年 10 月（俄历）俄国无产阶级在列宁和俄共（布）的领导下，推翻了地主资产阶级的政权，创建了人类历史上第一个社会主义国家。关于十月革命的意义，毛泽东指出，“不只是开创了俄国历史的新纪元，而且开创了世界历史的新纪元”①。从此，社会主义从欧美的运动发展成为世界的运动。十月革命是诸多因素综合作用的结果。第一，战争为俄国被压迫的劳动者推翻统治阶级提供了历史机遇。帝国主义列强为争夺殖民地及势力范围的世界大战，不但破坏了资本主义国家的内部团结，激化了同落后民族之间的矛盾，而且导致了落后国家灾难性后果。沙皇政府在战争中严重失利，使本已不景气的社会陷入了最后危机，千百万人背井离乡，生活极端痛苦，残酷的战争培育了被压迫劳动者的革命意识，他们再也不愿意这样活下去了，革命一触即发。第二，马克思主义经过数年的宣传已经深入被压迫民众和民族的心中。马克思指出：“思想的闪电一旦彻底击中这块朴素的人民园地，德国人就会解放成为人。”② 由于马克思主义的广泛传播，被压迫民众和民族坚信，资本主义必然为社会主义所代替。第三，俄国产生了一批以列宁为代表的具有英雄气概的社会主义者，他们有胆有识，果断抓住历史机遇，夺取了政权。如果没有这些历史人物，没有他们的首创精神和超人意志，就不能使俄国人在人类历史上创造出人间奇迹。马克思指出：“如爱尔维修所说的，每一个社会时代都需要有自己的伟大人物，如果没有这样的人物，它就要把他们创造出来。”③ 恩格斯说：“恰好某个伟大人物在一定时间出现于某一个国家，这当然纯粹是一种偶然现象。但是，如果我们把这个人除掉，那时就会需要有另外一个人代替他，并且这个代替是会出现的，——或好或坏，但是随着时间的推移总是会出现的。恰巧拿破仑这个科西嘉岛人做了被战争

① 《毛泽东选集》第1卷，人民出版社1995年版，第303页。
② 《马克思恩格斯选集》第1卷，人民出版社1995年版，第15～16页。
③ 《马克思恩格斯选集》第1卷，人民出版社1995年版，第437页。

弄得精疲力竭的法兰西共和国所需要的军事独裁者，——这是个偶然现象。但是，假如不曾有拿破仑这个人，那么他的角色是会由另一个人来扮演的。这点可以由下面的事实为证明，即每当需要有这样一个人的过程，他就会出现：如叫恺撒、奥古斯都、克伦威尔等。"[①] 列宁说："谁都知道，群众是划分为阶级的：……阶级通常是由政党来领导的；政党通常是由最有威信、最有影响、最有经验、被选出担任最重要职务而称为领袖的人们所组成的比较稳定的集团来主持的。这都是起码的常识。"[②]

虽然十月革命胜利了，但是，第二国际各国无产阶级政党一般都仍然认同马克思和恩格斯的"共同胜利论"，坚持无产阶级社会主义革命必须在全世界或者整个欧洲同时取得胜利的观点，事实上，列宁也持相同的观点。社会主义是由发达国家而不是由落后国家率先建成，这个观点是马克思和恩格斯对唯物史观的具体运用。按照唯物史观，支配人类社会发展的是生产力与生产关系的矛盾运动；其中，生产力决定生产关系。那么，社会主义生产关系只能建立在发达资本主义国家的生产力基础之上。换句话说，社会主义社会只能由实现了大机器生产的发达国家来建设，即便是落后国家有望跨越资本主义的卡夫丁峡谷，也只是在发达国家同时建设社会主义的前提下才有可能。如果社会主义率先在落后国家建成，那就意味着生产关系可以不受生产力的支配，也意味着生产力与生产关系的矛盾运动并不能反映人类社会发展的实际。

列宁明确主张：一是社会主义应当首先出现在发达国家；二

---

① 《马克思恩格斯选集》第 4 卷，人民出版社 1972 年版，第 506 ～507 页

② 《列宁选集》第 4 卷，人民出版社 1973 年版，第 197 ～198 页。

是如果落后国家具备了成熟的革命形势，它可以率先起来革命并夺取政权，甚至可以在一段时期内进行社会主义建设，但它要最终建成社会主义，必须有发达国家的共同参与；三是资本主义周期性的经济危机必然会导致其社会危机，社会危机必然使发达国家迟早要爆发无产阶级革命，发达国家最终一定会变成社会主义国家。列宁的主张可以概括为：世界大战使资本主义统治的链条出现了薄弱环节，俄国十月革命的成功将拉开世界革命的序幕，西方发达国家继落后的俄国走上社会主义道路之后能够很快跟进，最后带头建设社会主义的仍将是西方发达国家。所以，列宁虽然成功地领导了俄国十月革命，使落后的俄国走上了社会主义道路，但他并没有因此提出落后国家将率先建设社会主义的新主张，更没有试图论证落后国家率先建设社会主义的必然性。列宁说："只要一个先进国家的无产阶级革命取得了胜利，就很可能发生一个大变化，那时，俄国很快就不再是模范的国家，而又会成为落后的（在'苏维埃'和社会主义的意义来说）国家了。"①

十月革命成功后，德国、奥地利、匈牙利、波兰等国相继爆发了工人士兵起义，并一度建立起苏维埃政权，但都遭到当局镇压而失败了。尽管西方国家的革命遇到了挫折，但列宁仍然坚信，西方无产阶级革命的失败是暂时的，世界无产阶级社会主义革命的高潮很快会到来，俄国社会主义者的主要任务就是把苏维埃政权坚持到西方无产阶级取得革命胜利的时候。因此，孕育了俄国十月革命的社会主义革命"一国胜利论"，实际上恪守了"共同胜利论"的基本原则，二者在本质上并无区别。1894 年，列宁指出："当工人阶级的先进代表领会了科学社会主义思想，

---

① 《列宁全集》第 39 卷，人民出版社 1986 年版，第 1～2 页。

领会了关于俄国工人的历史使命的思想时，当这些思想得到广泛的传播并在工人中间成立坚固的组织，把他们现时分散的经济战变成自觉的阶级斗争时，俄国工人就会起来率领一切民主分子去推翻专制制度，并引导俄国无产阶级（和全世界无产阶级并肩地）循着公开政治斗争的大道走向胜利的共产主义革命。”① 1905 年，俄国爆发资产阶级民主革命后，列宁认为，俄国的社会主义革命将要同欧洲无产阶级的社会主义革命一起进行，工人运动在农民的积极支持下，在民主革命中正在取得胜利，随之即将取得的俄国的“第二次胜利将是欧洲的社会主义革命”，“如果没有欧洲的社会主义无产阶级对俄国无产阶级的支援，那么，这个斗争对于孤军作战的俄国无产阶级，几乎是毫无希望的，而且必然要遭到失败”。② 他还认为，俄国无产阶级和农民夺取了政权，“在革命民主专政的条件下，我们就能够动员千百万城乡贫民，我们就能够使俄国的政治革命成为欧洲社会主义变革的序幕”③。第一次世界大战爆发后不久，列宁仍然坚持社会主义革命共同胜利的思想，提出欧洲社会民主党人当前的政治口号应当是建立欧洲共和国联邦，推翻德国、俄国和奥地利的君主制度。他说：“由于俄国最落后，由于还没有完成资产阶级革命，这个国家的社会民主党人的任务仍然是实现彻底的民主改革所要求的三个基本条件：建立民主共和国（其中一切民族都享有充分的平等和自决权）、没收地主土地、实行八小时工作制。但是在一切先进国家，战争已把社会主义革命的口号提到日程上来。”④ 也

① 《列宁选集》第 1 卷，人民出版社 1995 年版，第 81 页。
② 《列宁全集》第 10 卷，人民出版社 1987 年版，第 142 页。
③ 《列宁全集》第 10 卷，人民出版社 1987 年版，第 28 页。
④ 《列宁选集》第 2 卷，人民出版社 1995 年版，第 408 ～409 页。

就是说，俄国无产阶级联合农民去推翻专制制度，取得资产阶级民主革命的胜利，再进一步联合欧洲各国无产阶级去争取欧洲社会主义革命的共同胜利。

“共同胜利论”产生于马克思和恩格斯所处的时代，在那个时代，资本主义还处在以自由竞争为基础的时期，资产阶级还能自由开拓殖民地，资本的国际市场还没有饱和，各国的资产阶级需要团结，也有可能团结。在这种国际环境中，单独在一国进行无产阶级革命必然会遇到国际资产阶级的联合进攻，也根本无法保持已经夺取的政权。在帝国主义时代，“自由竞争已让位于资本家的垄断同盟，整个地球已被瓜分完毕”，“而对世界的瓜分又迫使资本家从和平扩张转到用武装斗争来重新瓜分殖民地和势力范围”①，资本列强的分裂最后发展到在帝国主义战争中相互厮杀的程度。在这种国际背景下，单独一个先进国家已有可能实现社会主义的胜利，“共同胜利论”转变为“一国胜利论”就顺理成章了。因此，列宁创造性地提出了社会主义可能首先在一个或者少数几个国家取得胜利的新理论。列宁指出：“经济和政治发展的不平衡是资本主义的绝对规律。由此就应得出结论：社会主义可能首先在少数甚至在单独一个资本主义国家内获得胜利。这个国家获得胜利的无产阶级既然剥夺了资本家并在本国组织了社会主义生产，就会奋起同其余的资本主义世界抗衡，把其他国家的被压迫阶级吸引到自己方面来，在这些国家中发动反对资本家的起义，必要时甚至用武力去反对各剥削阶级及其国家。”②“资本主义的发展在各个国家是极不平衡的。而且在商品生产下

① 《列宁选集》第2卷，人民出版社1995年版，第472～473页。
② 《列宁选集》第2卷，人民出版社1995年版，第554页。

也只能是这样。由此得出一个必然的结论：社会主义不能在所有国家内同时获得胜利。它将首先在一个或者几个国家内获得胜利，而其余的国家在一段时间内将仍然是资产阶级的或资产阶级以前的国家。”①

但是，列宁这时的“一国胜利论”中的“国”并没有把俄国包括在内。他说：“俄国无产阶级的任务就是把俄国的资产阶级民主革命进行到底，以便点燃欧洲的社会主义革命。而这第二个任务现在已非常接近第一个任务，但它仍然是另一个任务，是第二个任务，因为这里牵涉到同俄国无产阶级实行合作的不同阶级：在实现第一个任务时，合作者是俄国的小资产阶级农民，在实现第二个任务时，合作者是其他国家的无产阶级。”② 也就是说，俄国革命即使胜利并建立了共和国，也是资产阶级革命性质的胜利。因此，列宁反对“保卫祖国”的口号，他说：“从向前发展的观点来看，从先进阶级的观点来看，客观上能够对抗帝国主义资产阶级战争、高度发达的资本主义的战争的，只有反对资产阶级的战争，也就是说，首先是无产阶级和资产阶级争夺政权的国内战争，因为没有这种战争，就不能真正前进，其次是在一定的特殊条件下可能发生的保卫社会主义国家、反对资产阶级国家的战争。所以说，有些布尔什维克（好在只是个别的，并且立即被我们抛到号召派那边去了）准备采取有条件地保卫祖国的观点，即在俄国革命胜利和共和制胜利的条件下保卫祖国的观点，他们虽然忠于布尔什维主义的词句，却背叛了它的精神；因为卷入欧洲各大先进大国的帝国主义战争的俄国，即使有共和制的形

① 《列宁选集》第2卷，人民出版社1995年版，第722页。

② 《列宁全集》第27卷，人民出版社1990年版，第55页。

式，它进行的也还是帝国主义战争。”①

1917 年“二月革命”前一个多月，列宁还认为，由无产阶级领导的俄国资产阶级民主革命仍然是未来欧洲革命的序幕。但是，“二月革命”后，列宁指出，“革命在几个月以内就使得俄国在政治制度方面赶上了先进国家”②。列宁开始明确地肯定，俄国资产阶级革命已经完成，无产阶级可以进行社会主义革命了。当然，他仍然强调，俄国的社会主义事业需要得到国际无产阶级世界革命的支持和援助才能巩固。他说：“俄国无产阶级单靠自己的力量是不能胜利地完成社会主义革命的，但它能使俄国革命具有浩大的声势，从而为社会主义革命创造极好的条件，这在某种意义上说就意味着社会主义革命的开始。这样，俄国无产阶级就会使自己主要的、最忠实的、最可靠的战友——欧洲和美洲的社会主义无产阶级易于进入决战。”③ 十月革命胜利的当天，列宁说：“我们坚信西欧一定会发生革命。”④ 1918 年 1 月，列宁指出：“社会主义的伟大奠基人马克思和恩格斯，在几十年中考察了工人运动的发展和世界社会主义革命的成长，清楚地看到：从资本主义过渡到社会主义，需要经过长久的阵痛，经过长时期的无产阶级专政，摧毁一切旧东西，无情地消灭资本主义的各种形式，需要有全世界工人的合作，全世界的工人则应当联合自己的一切力量来保证彻底的胜利。他们并且说过，在 19 世纪末，‘将由法国人开始，而由德国人完成’，其所以由法国人开始，是因为法国人在几十年的革命中养成了发起革命行动的奋不顾身

① 《列宁选集》第 2 卷，人民出版社 1995 年版，第 699 ～ 700 页。
② 《列宁选集》第 3 卷，人民出版社 1995 年版，第 271 页。
③ 《列宁全集》第 29 卷，人民出版社 1985 年版，第 91 页。
④ 《列宁全集》第 33 卷，人民出版社 1985 年版，第 56 页。

的首创精神，从而使他们成了社会主义革命的先锋队。”“现在的形势与马克思和恩格斯所预料的不同了，它把国际社会主义革命先锋队的光荣使命交给了我们——俄国的被剥削劳动阶级；我们现在清楚地看到革命的发展会多么远大；俄国人开始了，德国人、法国人、英国人将去完成，社会主义定将胜利。”① 1920 年 11 月，列宁指出：“三年前当我们提出关于俄国无产阶级革命的任务及其胜利的条件的问题时，我们总是明确地说：没有西欧无产阶级革命的支持，这个胜利就不可能巩固；只有从国际的观点出发才能正确估价我们的革命。为了取得巩固的胜利，我们必须使无产阶级革命在一切国家或者至少在几个主要的资本主义国家取得胜利。”② 可见，列宁对西方国家爆发社会主义革命充满着信心和期待。

当西方国家的革命归于失败，俄国在只能依靠自己的力量把社会主义道路坚持走下去的同时，列宁在时刻准备迎接西方国家革命的到来。1922 年 2 月，列宁认为，俄国无产阶级暂时还是在一个落后的国家里孤军作战，他说：“我们连社会主义经济的基础也没有建设完成。仇视我们的垂死的资本主义势力还有可能把这夺回去。必须清楚地认识到这一点，公开地承认这一点，因为再也没有什么比产生错觉（和冲昏头脑，特别是在极高的地方）更危险的了。承认这一痛苦的真理根本没有什么‘可怕’，也决不会使人有正当的理由可以有一丝一毫的灰心失望，因为我们向来笃信并一再重申马克思主义的一个起码的真理，即要取得社会主义的胜利，必须有几个先进国家的工人的共同努力。”③

① 《列宁选集》第 3 卷，人民出版社 1995 年版，第 416 ～417 页。
② 《列宁全集》第 40 卷，人民出版社 1986 年版，第 22 页。
③ 《列宁选集》第 4 卷，人民出版社 1995 年版，第 640 页。

1923年3月，列宁指出，“现在我们面临这样一个问题：在我国这种小农和极小农的生产条件下，在我国这种经济破坏的情况下，我们能不能支持到西欧资本主义国家发展到社会主义的那一天呢？”“现在全世界正进入一种必然引起全世界社会主义革命的运动。”① 因此，列宁的注意力始终关注在西方国家的革命上，他直到晚年仍然期待着国际社会主义革命，并没有在苏联长期单独进行社会主义建设的打算。

实践证明，列宁的世界社会主义思想被后来的社会主义实践者继承了下来。在一定意义上，列宁关于落后民族需与先进民族共同建设社会主义的构想，逐步被演变成为一种致力于与资本主义实行对抗的国际关系战略。在社会主义阵营与资本主义阵营的冷战时期，随着社会主义国家的迅猛发展，人们逐渐不再怀疑落后国家能够单独建成社会主义了，而且把社会主义首先在落后国家的胜利看做是列宁对马克思主义关于社会主义革命学说的重大贡献。但是，今天随着资本主义国家的继续发展和传统社会主义国家的部分倾倒，现在社会主义国家的主要任务是如何避免被资本主义国家和平演变，或者被资本主义国家武力改变政权。

现在，社会主义实践者有两种选择：一种是回到马克思、列宁那里去；另一种是走出一条落后国家单独建设社会主义的道路。实践证明，在相当长的历史时期内，经济文化比较落后的社会主义国家是无法依靠发达国家的带领，共同从事社会主义的建设的；除非社会主义国家变得比资本主义国家更强、更优，否则很难吸引它们加入到社会主义的行列中来。社会主义国家对人类的吸引力只能产生在自身全面发展之后。“当社会主义仅仅是一

① 《列宁选集》第4卷，人民出版社1995年版，第795页。

种意识形态的时候，其吸引力只能是由于资本主义存在的弊端；而当社会主义已经是一种现实存在的时候，其吸引力只能依靠它对资本主义的实际超越。换句话说，当今天发达国家在未来某个时候被社会主义所吸引时，它已经失去了与社会主义的比较优势，变得落后了。”① 因此，第一种选择是行不通的，马克思和恩格斯关于社会主义将首先在发达国家实现的预言，以及列宁关于落后国家与发达国家共建社会主义的战略构想是无法实现的；社会主义实践者只能进行第二种选择，论证落后国家率先建设社会主义的必然性，破解列宁留给后人的关于落后国家能否单独建成社会主义这道历史难题，并坚定地走出一条具有本国特色的社会主义建设道路。

---

① 余金成：《社会主义的东方实践：解读马克思主义基础理论的现代形态》，上海三联书店 2005 年版，第 48 页。

第三节　用既定的生产关系促进生产力的发展
——传统的社会主义国家发展社会生产力的模式研究

马克思主义认为，生产力决定生产关系，因此，人类建立平等的社会关系必须具备一定的物质基础。由于社会主义国家在经济文化欠发达的基础之上建设社会主义，它们就面临着首先大力发展生产力的紧迫任务。社会主义革命成功后，传统的社会主义国家把马克思主义的基本结论作为自己建设社会主义的基本前提，所以，它们建立生产资料公有制，采取计划经济手段组织社会生产，实行“各尽所能，按劳分配”的分配原则，并用既定的生产关系促进生产力的发展。由于新的生产关系是生产力发展的前提而不是结果，那么，用既定的生产关系促进生产力的发展就成为传统的社会主义国家发展生产力的基本模式。

一、首先大力发展生产力的必要性

俄国原本是一个经济落后的农奴制国家，虽然经过 1861 年农奴制改革，资本主义有了长足的发展，但是，十月革命前的俄国仍然属于封建社会，保留着大量的封建农奴制残余。区分封建社会和资本主义社会的最根本标志是社会生产方式的结构特征，成熟的资本主义社会是资产阶级完成了对农民的剥夺，把封建农民变为无产阶级。也就是说，资本主义制度的基础是生产者同生产资料的彻底分离。马克思指出：“为资本主义生产方式奠定了基础的变革的序幕，是在15世纪最后30多年和16世纪初演出的。"① 当西欧的封建社会在15世纪已经开始走下坡路的时候，俄国的封建社会正在走着上升的路线，封建制度不断加强，到18世纪初，彼得大帝的改革使封建制度空前加强。因此，俄国资本主义发展非常缓慢，到19世纪末它还处于资本原始积累阶段，仍是封建自然经济占主导地位的国家。

20世纪初发生了"斯托雷平改革"，但是，俄国的情况没有根本改变。据统计，在改革期间，封建地主只出卖了1/10的土地，掌握的土地仍超过了其他成分60%。这时虽然出现了商业资产阶级的萌芽，资本主义因素有所增长，但直到十月革命前夕的1914年，国民经济固定资产的构成是农业占53.7%，工业、交通、商业、事业总共占46.3%；国民收入中农业占53.6%，其余占46.4%。农民的经济技术水平极其低下，据1910年统计，全国正式使用的木犁1000万个，木耙2500万个，而铁犁仅420万个，铁耙不足50万个，农业机械几乎等于零。当时俄国许多边疆地区在很大程度上保留着自然经济的封闭状态，甚至保留着原始的宗法经济，只有羊肠小道，没有铁路公路，几乎同现代工业文明相隔绝。俄国工业严重落后于西方国家，1913年工业产量仅占世界工业生产总量的4%强，而同一时期美国的工业产量占世界工业生产总量的34%左右。② 至于文化状况就更差了，直到1920年，文盲仍占近70%，列宁说："当我们高谈无产阶级文化及其与资产阶级文化的关系时，事实提供的证据向我们表明，在我国就是资产阶级文化的状况也是很差的。"③

---

① （德）马克思：《资本论》第1卷，中国社会科学出版社1983年版，第772页。
② 参见《列宁全集》第16卷，人民出版社1988年版，第400页。
③ 《列宁全集》第43卷，人民出版社1992年版，第356页。

1949 年的中国仍然是一个以传统农业为主、人口众多、经济落后、发展极不平衡、社会财富被消耗殆尽的的农业大国。在社会总产值构成中，农业产值占 90%，工业产值只占 10%；全国总人口为 5.416 亿，国民收入 357 亿元人民币，人均国民收入只有 66 元人民币。全国有 80% 的人口从事农业生产，基本上仍然是以个体劳动为主的传统农业经营，没有机械化农具，生产技术落后，劳动生产率低下。1949 年全国平均亩产粮食仅为 142 斤，棉花仅为 22 斤，[①] 人均占有粮食 209 公斤，棉花 0.8 公斤。[②] 中国与当时先进国家工业水平的差距至少在 100 年以上，1835 年英国的生铁产量为 102 万吨，1848 年法国的生铁产量为 47 万吨，[③] 而 1949 年中国的生铁产量仅为 25.2 万吨。1949 年美国的原煤产量是中国的 13.63 倍，原油产量是中国的 2074 倍，发电量是中国的 80 倍，钢产量是中国的 447 倍，生铁产量是中国的 199 倍。中国的科学技术远远落后于当时的先进国家，1912 年开始实行专利制度，到 1936 年专利注册只有 275 件，且内容多属于日用品的新式样。[④] 进行现代化建设所必需的地质勘探等力量更是极其微弱，1949 年全国仅有 200 余名地质工作人员和 10 台钻机，地质调查资料寥寥无几。[⑤] 教育状况极其落后，1946 年平均每千人口中高等学校学生 0.3 人、中等学校学生 4 人、小学学生 50 人，[⑥] 1928 年至 1947 年高等学校毕业生累计仅为 18.5

---

① 参见《伟大的十年》，人民出版社 1959 年版，第 105 ～108 页。

② 参见《中国统计年鉴（1981）》，中国统计出版社 1981 年版，第 89 ～143 页。

③ 参见毛磊：《中西五百年比较》，中国工人出版社 1989 年版，第 248 页。

④ 参见汪海波：《新中国工业经济史》，经济管理出版社 1994 年版，第 64 页。

⑤ 参见张寿春：《新中国经济建设评析》，东南大学出版社 1996 年版，第 5 页。

⑥ 参见《我国的国民经济建设和人民生活》，中国统计出版社 1958 年版，第 329 页

万人。[1]

当时中国企业生产技术十分落后，许多企业使用手工方法进行生产，工业内部手工业产值所占比重较高，抗日战争前工厂的工人劳动率仅相当于美国的10%左右。[2] 1949年全国手工业产值为34亿元，占工业总产值的75%，占工农业总产值的11.7%。1952年使用机器的现代工业的产值约占工农业总值的28%；农业及其副业、手工业和工场手工业的产值约占工农业生产总值的72%。工业的门类很不齐全，主要从事消费资料生产的轻工业所占比重较高，而主要从事生产资料生产的重工业所占比重很低，1949年全国轻工业产值占工业总产值的73.6%，而重工业产值仅占26.4%。[3] 当时的中国经济发展极端不平衡：一是城乡之间形成典型的二元经济。外国资本、官僚资本、民族资本主要集中在城市，城市经济已经开始资本主义化了，但是广大的农村，由于仍然在地主阶级统治之下，农业经济不但没有走上现代化之路，而且日趋衰落。二是区域之间发展差距较大。由于中国现代化经济是在帝国主义经济侵略的刺激下发展起来的，所以，沿海地区因为交通方便和受通商口岸及外国投资的影响发展较快，而内地因为交通闭塞等因素发展缓慢，结果沿海与内地的经济发展水平出现较大差异。

以上以俄国和中国为例，我们可以得出肯定的结论：既然社会主义生产关系是建立在较高的生产力水平之上，那么，社会主义国家面临的紧迫任务就必然是首先大力发展社会生产力。

---

① 参见《中国统计年鉴（1983）》，中国统计出版社1983年版，第520页。

② 参见陈真：《中国近代工业史料》第4辑，上海三联书店1961年版，第813页。

③ 参见《中国统计年鉴（1983）》，中国统计出版社1983年版，第217页。

二、用既定的生产关系促进生产力的发展

社会主义革命率先在落后国家发生，那么，马克思和恩格斯认定的理想社会高度发达的生产力基础与社会主义国家的现实状况就发生了很大的矛盾，社会主义制度必将是建立在落后的生产力基础之上。尽管列宁等社会主义实践者坚信，落后国家的社会主义建设必须有发达国家的社会主义的支持和引导，落后国家单独建设社会主义并不具备条件，但是，他们都把马克思主义的基本结论作为落后国家社会主义建设的前提。社会主义实践者列宁、斯大林、毛泽东在《无产阶级在俄国革命中的任务》、《关于纠正党内的错误思想》等著作中，根据经典社会主义理论，阐述了社会主义社会的基本特征：生产资料公有制；计划经济；各尽所能，按劳分配。因此，传统的社会主义实践者在通过社会主义革命夺取政权后，首先建立社会主义性质的生产关系，然后用既定的生产关系去促进生产力的发展，“尽可能快地增加生产力的总量”①，为建立完全平等的社会关系创造物质条件。列宁明确指出：“无产阶级取得国家政权以后，它的最主要最根本的需要就是增加产品数量，大大提高社会生产力。”② “劳动生产率，归根到底是使新社会制度取得胜利的最重要最主要的东西。”③“共产主义就是利用先进技术的、自愿自觉的、联合起来的工人所创造的较资本主义更高的劳动生产率。”④

① 《马克思恩格斯选集》第1卷，人民出版社1995年版，第293页。

② 《列宁选集》第4卷，人民出版社1995年版，第623页。

③ 《列宁选集》第4卷，人民出版社1995年版，第16页。

④ 《列宁选集》第4卷，人民出版社1995年版，第17页。

关于社会主义国家发展生产力的这种模式，实际上有其理论背景。按照马克思主义的生产力和生产关系矛盾运动关系理论，一方面，生产力决定生产关系。马克思和恩格斯指出："各个人借以进行生产的社会关系，即社会生产关系，是随着物质生产资料、生产力的变化和发展而变化和改变的。"① 另一方面，生产关系如果适应生产力，它会对生产力产生巨大的促进作用。恩格斯明确指出："根据唯物史观，历史过程中的决定性因素归根到底是现实生活的生产和再生产。无论马克思或我都从来没有肯定过比这更多的东西。如果有人在这里加以歪曲，说经济因素是唯一决定性的因素，那么他就是把这个命题变成毫无内容的、抽象的、荒诞无稽的空话。经济状况是基础，但是对历史斗争的进程发生影响并且在许多情况下主要是决定着这一斗争的形式的，还有上层建筑的各种因素。"② "一种历史因素一旦被其他的、归根到底是经济的原因造成了，它也就起作用，就能够对它的环境，甚至对产生它的原因发生反作用。"③ 那么，既然生产关系有这么大的反作用，社会主义建设就应该选择有别于并优越于资本主义的社会动员方式和资源配置方式。但是，马克思和恩格斯的本意是理想社会建立适应生产力要求的生产关系，再用新的生产关系反过来促进生产力的发展。也就是说，生产关系要适应生产力，生产力还是决定性的因素；如果生产关系不适应生产力，那就会阻碍生产力的发展。因此，理想社会试图克服资本主义社会生产关系束缚生产力的弊端，使生产力得到极大的解放和发展，人类将充分享受由于生产力的大发展而带来的社会关系趋于平等

① 《马克思恩格斯选集》第1卷，人民出版社1995年版，第345页。
② 《马克思恩格斯选集》第4卷，人民出版社1995年版，第695～696页。
③ 《马克思恩格斯选集》第4卷，人民出版社1995年版，第728页。

的成果。社会占有生产资料，有计划组织社会生产，没有分工、商品、货币、按需分配等，这些就是理想社会的社会动员方式和资源配置方式，其目的就是通过促进生产力的发展，最终实现这样的理想目标，即“个体生存斗争停止了。于是，人在一定意义上才最终地脱离了动物界，从动物的生存条件进入真正人的生存条件”[①]。换句话说，在理想社会，物质财富充分涌流是各尽所能的前提条件，反过来，各尽所能又是物质财富充分涌流的直接原因。但是，传统社会主义国家都不是等到社会生产力发展到一定水平才建立社会主义生产关系，而是先建立社会主义生产关系，再用既定的生产关系推动生产力的发展。其矛盾就是新的生产关系建立在落后的生产力的基础之上，生产关系如果不适应现实的生产力水平，那么，它就很难真正推动生产力的发展。

社会主义国家发展生产力的标志是工业化运动。但是，尽管工业化是社会主义国家发展生产力的特征，在经典社会主义理论中却不存在工业化问题，因为马克思和恩格斯认为，工业化是理想社会的前提而不是结果。所以，这个运动是落后国家建设社会主义的特色。列宁指出，社会主义唯一的物质基础就是同时也能改造农业的机器大工业。他把国家工业化的任务具体为一个具有先进水平的电气化计划，并把电气化与新的社会制度联系起来，提出了著名的论断，“共产主义就是苏维埃政权加全国电气化”[②]。斯大林加速了苏联工业化进程，建立了苏联工业化模式。这个模式被传统的社会主义国家普遍接受，所以，毛泽东选择了苏联工业化模式，并通过“大跃进”等形式推动中国的工业化进程。

---

① 《马克思恩格斯选集》第3卷，人民出版社1995年版，第757页。

② 《列宁选集》第4卷，人民出版社1995年版，第364页。

列宁指出："计算和监督——这就是把共产主义社会第一阶段'调整好'，使它能正常地运转所必需的主观条件。"[①] 列宁设想通过"计算和监督"使俄国尽快摆脱经济文化落后的困境，并在经济领域超过发达国家。因此，十月革命后，列宁先后用战时共产主义政策和新经济政策向社会主义直接过渡和间接过渡。列宁辞世后，斯大林从1924年开始逐步回归战时共产主义政策，并在20世纪20年代末至30年代，通过社会主义工业化、农业全盘集体化和国民经济计划化，建立起以单一的公有制和指令性计划为特征的高度集中统一的苏联社会主义模式。这种模式的本意是按照马克思和恩格斯对未来社会主义社会的设想而逐步建立社会主义模式，但实际上它在诸多方面违背了马克思和恩格斯的社会主义思想，以至于这个社会主义模式后来越来越僵化，最终导致世界社会主义运动遭遇了巨大的挫折。1936年苏联宣布建成了社会主义，并准备向共产主义过渡。

中华人民共和国建立后不久，毛泽东即以苏联为榜样，通过对农业、手工业、资本主义工商业的社会主义改造，使得新民主主义社会迅速过渡到社会主义社会。1956年，毛泽东指出，"社会主义革命的目的就是解放生产力。农业和手工业由个体的所有制变为社会主义的集体所有制，私营工商业由资本主义所有制变为社会主义所有制，必然使生产力大大地获得解放。这样就为大大发展工业和农业的生产创造了社会条件"[②]。1957年，毛泽东指出，党的根本任务已经由解放生产力变为在新的生产关系下面保护和发展生产力。之后，毛泽东通过"大跃进"、"人民公社"

---

① 《列宁选集》第3卷，人民出版社1995年版，第202页。
② 《毛泽东文集》第7卷，人民出版社1999年版，第1页。

等方式使社会主义向共产主义过渡，设想用一二十年的时间赶超英国和美国。毛泽东认为，实现经济的高速发展，靠的是不断变革生产关系和上层建筑；建立越公越纯的社会主义生产关系和上层建筑，就越能使社会主义的生产力以几倍，甚至十几倍、几十倍于资本主义国家的速度发展。

总体上说，传统社会主义实践者的思路是：落后国家可以在相对落后的生产力基础上建立社会主义制度，再运用先进的社会制度促进社会经济的发展，并等待发达国家发生社会主义革命，最后和它们一道共同建设社会主义社会。传统社会主义实践者认为，为了发展社会生产力，必须调动劳动者的积极性，而调动劳动者的积极性的前提就是建立社会主义生产关系。因此，落后国家在社会主义建设过程中，形成了在用既定的生产关系促进生产力发展的同时，追求建立平等的社会关系的社会主义建设模式。现实的社会主义社会的基本特征是在公有制基础上实行计划经济和按劳分配。也就是说，传统的社会主义实践者用公有制代替私有制，用计划方式管理经济，用按劳分配原则分配消费资料。出于建设社会主义的需要，他们按照经典社会主义所规定的经济平等模式去组织劳动，把马克思和恩格斯关于社会主义理想社会的设想概括成了三个方面：公有制、计划经济和按劳分配。那么，从列宁开始，公有制（全民所有制、集体所有制）、计划经济和各尽所能、按劳分配，逐渐成为现实的社会主义社会的三大特征。在这个过程中，他们事实上放弃了把阶级的彻底消灭和国家消亡当做建成社会主义的重要前提的观念，而且，因为现实的社会主义社会还带有许多“旧社会的痕迹”①，显然，生产力发展

---

① 《马克思恩格斯选集》第3卷，人民出版社1995年版，第304页。

已经成为一种预期的结果，而不是现实的社会主义已有的前提；新的生产关系不是建立在先进的生产力基础之上，而是建立在相对落后的生产力基础之上。在生产力与生产关系的关系上，他们过分地夸大了生产关系的反作用，试图主要通过变革生产关系去促进生产力的发展，忽视了生产力自身发展的规律和生产力在社会发展中的最终决定作用；在物质和精神的关系上，他们过分夸大了精神的反作用，特别是过分夸大了人的主观能动性，过分推崇政治对经济的统帅作用。既然传统的社会主义实践者主要是从生产关系来理解社会主义的，那么，他们就会不断变革生产关系和上层建筑，试图以此尽快实现共产主义理想社会，结果，急于向共产主义过渡成为传统社会主义国家普遍存在的共性。

三、探索落后国家发展生产力的新途径

当然，由于社会主义制度毕竟建立在落后的经济文化基础之上，社会主义实践者不可避免地开始探索落后国家发展生产力的新途径。列宁的探索实际上使得落后国家率先建设社会主义成为可能，毛泽东对中国社会主义建设道路的探索是建立在列宁探索的基础上的。当然，传统社会主义实践者的探索并没有修正马克思和恩格斯的社会主义基本理论，也没有从根本上触动现实的社会主义生产关系，只是对社会主义社会的生产关系进行了微调，以适应实际的生产力状况，其目的是为了更快地发展社会主义生产力，本质上还是为了更好地坚持经典社会主义。

第一，用政治权力促进生产力的发展。马克思和恩格斯认为，社会主义社会建立之后，国家及相应的政治现象就终止了。他们指出：“当阶级差别在发展进程中已经消失而全部生产集中

在联合起来的个人的手里的时候，公共权力就失去政治性质。原来意义上的政治权力，是一个阶级用以压迫另一个阶级的有组织的暴力。如果说无产阶级在反对资产阶级的斗争中一定要联合为阶级，如果说它通过革命使自己成为统治阶级，并以统治阶级的资格用暴力消灭旧的生产关系，那么它在消灭这种生产关系的同时，也就消灭了阶级对立的存在条件，消灭了阶级本身的存在条件，从而消灭了它自己这个阶级的统治。代替那存在着阶级和阶级对立的资产阶级旧社会的，将是这样一个联合体。”① 恩格斯说：“无产阶级将取得国家政权，并且首先把生产资料变为国家财产。但是这样一来，它就消灭了作为无产阶级的自身，消灭了一切阶级差别和阶级对立，也就消灭了作为国家的国家。……当国家终于真正成为整个社会的代表时，它就使自己成为多余的了。……国家真正作为整个社会的代表所采取的第一个行动，即以社会的名义占有生产资料，同时也是它作为国家所采取的最后一个独立行动。那时，国家政权对社会关系的干预在各个领域中将先后成为多余的事情而自行停止下来。那时，对人的统治将由对物的管理和对生产过程的领导所代替。国家不是‘被废除’的，它是自行消亡的。”② “随着社会生产的无政府状态的消失，国家的政治权威也将消失。”③ 但是，社会主义革命在落后国家胜利后，国家政权并没有随着社会主义新型生产关系的建立而消失，政治权力依然发挥着巨大作用。

社会主义国家面临着诸多问题，这些问题的解决离不开无产阶级政权。在国际上，由于意识形态的分歧，发达的资本主义国

① 《马克思恩格斯选集》第1卷，人民出版社1995年版，第294页。
② 《马克思恩格斯选集》第3卷，人民出版社1995年，第754～755页。
③ 《马克思恩格斯选集》第3卷，人民出版社1995年版，第760页。

家不可避免地向还很落后的社会主义国家进行挑衅和施压，社会主义国家面临着来自外部的巨大压力和挑战，存在着随时被资本主义国家改变政权的可能性；在国内，少数的无产阶级处于汪洋大海般的小生产者之中，社会主义者不能希望从落后的生产力中自然而然产生新型生产方式，建立社会主义性质的新型生产关系必须依靠无产阶级政权。那么，社会主义国家的政治权力就具有了双重任务：一是保证经济建设的社会主义方向，防止走向资本主义；二是利用社会主义政治权力努力探索发展生产力的最佳方式，使社会主义生产关系的优越性得到充分发挥。

在马克思和恩格斯两位经典作家去世后，第二国际理论家根据自己对社会历史条件的理解，围绕马克思和恩格斯的思想遗产进行了理论斗争，在这场关于"正统的"或"真正的"的马克思主义之争中，总体上处于支配地位的是作为历史唯物主义错任形式的"经济决定论"，所以，大部分理论家反对俄国进行十月社会主义革命，否定苏俄能够建成社会主义。列宁反驳了这些观点，"世界历史发展的一般规律，不仅丝毫不排斥个别发展阶段在发展的形式或顺序上表现出特殊性，反而是以此为前提的"[①]。列宁认为，第一次帝国主义大战使毫无出路的人民应该起来奋斗，"以求至少获得某种机会去为自己争得进一步发展文明的并不十分寻常的条件"[②]。列宁明确指出："既然建立社会主义需要有一定的文化水平（虽然谁也说不出这个一定的'文化水平'究竟是什么样的，因为这在各个西欧国家都是不同的），我们为什么不能首先用革命手段取得达到这个一定水平的前提，然后在

---

① 《列宁选集》第4卷，人民出版社1995年版，第776页。
② 《列宁选集》第4卷，人民出版社1995年版，第777页。

工农政权和苏维埃制度的基础上赶上别国人民呢?”① 也就是说，社会主义国家可以利用已有的无产阶级政治权力促进社会生产力的发展。列宁还认为，在共产主义的初级阶段，虽然没有了阶级斗争但国家将继续存在，还需要国家来保卫生产资料公有制以及劳动和分配的平等，要使国家彻底消亡，就必须有完全的按需分配原则来管理的共产主义。

事实上，社会主义国家的存在本身就说明落后民族的社会主义经济建设还需要依靠政治权力的作用，政治权力成为社会主义国家发展生产力的有力保障。苏联社会主义模式的特征之一，就是在政治权力高度集中的基础上以国家意志推动工业化的进程。

第二，用农业合作化促进生产力的发展。关于农民等小生产者，马克思和恩格斯指出，“他们不是革命的，而是保守的。不仅如此，他们甚至是反动的，因为他们力图使历史的车轮倒转。”② 尽管马克思曾经说，由于农民的支持，“无产阶级革命就会得到一种合唱，若没有这种合唱，它在一切农民国度中的独唱是不免要变得孤鸿哀鸣的”③，但是，他们在承认资产阶级民主革命阶段农民具有革命性的同时，主要强调在无产阶级社会主义革命阶段农民具有保守性，无产阶级需要对他们保持警惕。这是马克思和恩格斯对农民的基本观点。

当全世界无产阶级共同胜利的局面无法形成，俄国只能单独建设社会主义的时候，如何解决与农民的关系问题就成了俄国社会主义者面临的头等大事。也就是说，在意识到不能很快实现与先进国家的无产阶级进行联合之后，列宁才开始寻求与农民阶级

---

① 《列宁选集》第4卷，人民出版社1995年版，第777页。
② 《马克思恩格斯选集》第1卷，人民出版社1995年版，第283页。
③ 《马克思恩格斯选集》第1卷，人民出版社1995年版，第684页。

的联合，这种转变是列宁对现实妥协的结果，或者说是被实践逼出来的。列宁在晚年发现合作制是吸引农民参加社会主义建设的最好途径，他全面阐述了实现合作化的纲领以及合作社的性质和作用，并提出了实现合作社的具体政策措施。实际上，通过合作社来实现社会主义的思想，不是列宁首先提出来的。早在19世纪初，一些空想社会主义者就设想在资本主义制度下，通过发展合作社和平过渡到社会主义。马克思和恩格斯也很重视合作社的作用，恩格斯指出："在向共产主义经济过渡时，我们必须大规模地采用合作生产作为中间环节，这一点马克思和我从来没有怀疑过"①。当然，马克思和恩格斯设想的合作社是在生产资料属于社会所有的条件下组成的合作社。列宁改变了过去把合作社看成是国家资本主义性质的观点，认为它是社会主义性质的。列宁说："在生产资料公有制的条件下，在无产阶级对资产阶级取得了阶级胜利的条件下，文明的合作社工作者的制度就是社会主义的制度。"②"我不得不承认我们对社会主义的整个看法根本改变了。"③列宁还指出，由于找到了合作社这种改造小农的新形式，就有了建成完全的社会主义所必需而且足够的一切。

实践证明，通过合作社把分散的农民组织起来之后，再进一步对合作社的农民进行无产阶级的政治意志的教育，这是少数无产阶级领导多数小资产阶级的最佳途径，也是落后国家建立社会主义生产关系的唯一可行的途径。在当时的苏俄，这种合作社从流通领域入手，以商业为纽带，在不同领域用多种形式把农民联合起来，并且把小农经济与社会主义大工业联系起来，极大地促

---

① 《马克思恩格斯全集》第36卷，人民出版社1974年版，第176页。
② 《列宁选集》第4卷，人民出版社1995年版，第771页。
③ 《列宁选集》第4卷，人民出版社1995年版，第773页。

进了经济的发展。斯大林继承了列宁的思想，完成了苏联的农业集体化；毛泽东继承了列宁、斯大林的思想，也推动了中国的农业合作化。“以工人阶级为领导、以工农联盟为基础”构成了落后国家社会主义社会关系的基本格局，这种格局有力地推动了社会主义国家的生产力发展。

第三，用商品经济促进生产力的发展。苏俄实行新经济政策之前，列宁指出，“如果德国无产阶级革命获得胜利，那它就能轻而易举地一下子击破任何帝国主义的蛋壳（可惜这种蛋壳是由最好的钢材制成的，因此不是任何鸡雏的力量所能啄破的），就一定能不经过困难或只经过极小的困难而实现世界社会主义的胜利，当然这里是指全世界历史范围的‘困难’，而不是指平常小范围的‘困难’”①。“如果德国革命迟迟不‘诞生’，我们的任务就是要学习德国人的国家资本主义，全力仿效这种国家资本主义，要不惜采用独裁的方法，不惜用野蛮的斗争手段对付野蛮，以促使野蛮的俄罗斯加紧仿效西欧文化。”②“……因为社会主义无非是从国家资本主义垄断再向前跨进一步。……国家垄断资本主义是社会主义的最充分的物质准备，是社会主义的前阶，是历史阶梯上的一级，在这一级和叫做社会主义的那一级之间，没有任何中间级。”③ 1920年底，欧洲各国的革命风暴很快过去，工人运动走向了低潮；同时，战时共产主义政策挫伤了工农群众的积极性，严重妨碍了社会生产力的提高，造成了国内经济危机和政治危机，所以，苏俄只能学习德国人的国家资本主义。1921年春，苏俄从战时共产主义政策转变到新经济政策，在对社会主

---

① 《列宁选集》第4卷，人民出版社1995年版，第494页。
② 《列宁选集》第4卷，人民出版社1995年版，第494页。
③ 《列宁选集》第4卷，人民出版社1995年版，第495页。

义生产关系不造成根本性影响的前提下，借助商品经济发展生产力。列宁指出："应当把商品交换提到首要地位，把它作为新经济政策的主要杠杆。如果不在工业和农业之间实行系统的商品交换或产品交换，无产阶级和农民就不可能建立正常的关系，就不可能在从资本主义到社会主义的过渡时期建立十分巩固的经济联盟。"① "粮食税自然意味着农民在完税以后有支配余粮的自由。既然国家还不可能拿出社会主义工厂的产品来交换农民的全部余粮，余粮的买卖自由也就必然意味着资本主义发展的自由。"② "粮食税是从战时共产主义到正常的社会主义产品交换的过渡。经济的极度破坏因1920年的欠收而更加严重，同时大工业又不可能迅速恢复，所以我们迫切需要实行这一过渡。"③ "在一个小农生产者占人口绝大多数的国家里，实行社会主义革命必须通过一系列特殊的过渡办法。"④

当然，列宁的新经济政策也只是在策略层面对社会主义原创理论的突破，他并没有从根本上修正马克思主义的社会主义基本理论。"一是这项政策的采取是有特定条件的，列宁并没有从落后国家建设社会主义的必然性角度提出这一问题；二是这项政策的实行是有时间限制的，一旦工业领域能够用自己的产品同农业产品进行交换，它的使命即告完成。"⑤ 因此，列宁辞世后，1929年斯大林就公开宣布结束新经济政策。但是，新经济政策毕竟是社会主义国家运用商品经济发展社会主义生产力的第一次

---

① 《列宁选集》第4卷，人民出版社1995年版，第533页。
② 《列宁选集》第4卷，人民出版社1995年版，第540页。
③ 《列宁选集》第4卷，人民出版社1995年版，第524页。
④ 《列宁全集》第32卷，人民出版社1985年版，第203页。
⑤ 余金成：《社会主义的东方实践：解读马克思主义基础理论的现代形态》，上海三联书店2005年版，第44页。

成功探索。邓小平说："列宁的思路比较好，搞了个新经济政策。"[①] 邓小平的社会主义市场经济思想，在一定意义上，是继承和借鉴了列宁的新经济政策思想，只不过邓小平把市场经济作为社会主义发展生产力的主要手段，并非权宜之计。

---

① 《邓小平文选》第3卷，人民出版社1995年版，第139页。

第四节　生产关系一定要适应生产力状况
——传统社会主义国家平等实践的经验教训研究

社会主义的最终目标是建立人人平等的理想社会，这个目标充分体现了社会主义的核心价值，也是社会主义吸引千百万人为之奋斗的根本原因。“人的本质不是单个人所固有的抽象物，在其现实性上，它是一切社会关系的总和。”① “生产关系总和起来就构成所谓社会关系，构成所谓社会。”② 那么，人必然以自身在社会关系中的状态来界定自身存在的价值和意义，而平等的社会关系恰好就符合了人与生俱来的期待和追求。社会主义国家发展生产力是手段，建立平等的社会关系才是最终目的。因此，传统社会主义国家在努力发展生产力的同时，追求建立平等的社会关系。由于社会主义阶段的按劳分配与共产主义阶段的按需分配存在差别，急于向共产主义过渡成为传统社会主义国家的共同特征。实践证明，传统的社会主义国家所建立的生产关系大大超越了现实的生产力状况，传统社会主义国家只能在一定程度上建立平等的社会关系，却在一定范围内存在着普遍贫穷的现象。这样的社会主义实践最终导致一些社会主义国家的倾倒。所以，我们要认真总结传统社会主义国家平等实践的经验教训。

---

① 《马克思恩格斯选集》第 1 卷，人民出版社 1995 年版，第 56 页。
② 《马克思恩格斯选集》第 1 卷，人民出版社 1995 年版，第 345 页。

一、从列宁到斯大林的社会主义平等追求

社会主义国家采取的分配原则是“各尽所能，按劳分配”。当初，传统的社会主义国家都是自然经济占统治地位的国家，人们十分熟悉地主剥削农民和资本家剥削工人的形式，这种剥削是典型的不劳动者剥削劳动者的形式，“而一种劳动剥削另一种劳动的经济形式，只是在资本主义发展到较高水平才正式出现”，所以，“从落后生产力基础上开始社会主义建设的人们，在很大程度上是凭直觉或经验理解并接受了按劳分配，把它看做是一面褒奖劳动、反对剥削的伟大旗帜”[①]。但是，由于“各尽所能，按劳分配”原则终究不同于“各尽所能，按需分配”原则，所以，列宁等社会主义实践者并没有打算长期停留在这个带有“旧社会的痕迹”的阶段，面对社会主义社会建立在落后的经济文化基础之上这个现实，他们是不得已才选择了按劳分配的原则。他们时时想突破它，试图尽快跨入共产主义社会高级阶段，建立马克思和恩格斯所期待的按需分配的事实上平等的社会。

马克思认为，共产主义社会第一阶段“是刚刚从资本主义社会中产生出来的，因此它在各方面，在经济、道德和精神方面都还带着它脱胎出来的那个旧社会的痕迹”，所以，分配原则是“他从社会领得一张凭证，证明他提供了多少劳动（扣除他为公共基金而进行的劳动），他根据这张凭证从社会储存中领得一份耗费同等劳动量的消费资料”[②]。列宁把马克思所说的共产主义

① 余金成：《社会主义的东方实践：解读马克思主义基础理论的现代形态》，上海三联书店 2005 年版，第 108 页。

② 《马克思恩格斯选集》第 3 卷，人民出版社 1995 年版，第 304 页

社会第一阶段称为社会主义，而且还把马克思的有关等劳等酬的论述概括为按劳分配。列宁认为，按劳分配包括两点含义：一是不劳动者不得食；二是多劳多得。列宁明确表示赞同马克思的主张，认为按劳分配继续通行着资产阶级权利，理想社会的分配方式必然是从按劳分配发展到按需分配。列宁指出："马克思通过驳斥拉萨尔泛谈一般'平等'和'公平'的含糊不清的小资产阶级言论，指出了共产主义社会的发展进程，说明了这个社会最初只能消灭私人占有生产资料这一'不公平'现象，却不能立即消灭另一不公平现象：'按劳动'（而不是按需要）分配消费品。"① "在共产主义社会的第一阶段（通常称为社会主义），'资产阶级权利'没有完全取消，而只是部分地取消，……但是它在它的另一部分却依然存在，依然是社会各个成员间分配产品和分配劳动的调节者（决定者）。'不劳动者不得食'这个社会主义原则已经实现了；'对等量劳动给予等量产品'这个社会主义原则也已经实现了。但是，这还不是共产主义，还没有消除对不同等的人的不等量（事实上是不等量的）劳动给予等量产品的'资产阶级权利'。"② "从形式上的平等进到事实上的平等，即实现'各尽所能，按需分配'的原则。"③ "我们开始社会主义改造的时候，应该给自己清楚地提出这些改造归根到底所要达到的目的，即建立共产主义社会。共产主义社会不仅仅限于剥夺工厂、土地和生产资料，不仅仅限于严格地计算和监督产品的生产和分配，并且要更进一步实行各尽所能、按需分配的原则。因此，共产党这个名称在科学上是唯一正确的。"④

---

① 《列宁选集》第3卷，人民出版社1995年版，第195页。
② 《列宁选集》第3卷，人民出版社1995年版，第196页。
③ 《列宁选集》第3卷，人民出版社1995年版，第201页。
④ 《列宁选集》第3卷，人民出版社1995年版，第457页。

因此，列宁最初在领导人民走向社会主义道路时，按照马克思和恩格斯的设想去组织社会主义经济，建立国家垄断生产和分配。从1918年下半年到1921年春，苏维埃政府实行了战时共产主义政策，俄国走了一段向共产主义直接过渡的道路。实施战时共产主义政策的客观原因是战争和经济的极端困难，而主观原因就是列宁等社会主义实践者从小生产基地出发，不经过任何阶梯一步跨入共产主义的思想。列宁认为，战时共产主义政策既是保证战争胜利的需要，又是实现共产主义理想的捷径。列宁后来说："我们计划（说我们计划欠周地设想也许较确切）用无产阶级国家直接下命令的办法在一个小农国家里按共产主义原则来调整国家的产品生产和分配。"① 战时共产主义政策主要包括余粮收集制、取消自由贸易、加速工业的国有化和实行普遍劳动义务制。1919年3月16日，人民委员会通过法令，规定全国城乡的合作社一律改组为统一的分配机关——消费公社，全体城乡居民都必须加入消费公社，实行产品和日用必需品的国家统一分配制。国内战争结束后，曾一度免费向居民发放食品和日用品，免收居民的房租、水电、煤气、暖气等费用。由于经济实物化，国家财政、信贷和货币的作用被严重削弱，货币的职能几乎失去意义。为了解决劳力不足的问题，苏维埃政府由自由雇工过渡到普遍劳动义务制。莫斯科—喀山铁路员工中的共产党员和同情分子在1919年春季组织了群众性的共产主义星期六义务劳动。列宁指出，这一创举的重大意义在于工人不计报酬地从事额外工作的共产主义精神，在于工人自觉自愿提高劳动生产率的首创精神。他说："所谓共产主义，是指这样一种制度，在这种制度下，人

① 《列宁选集》第4卷，人民出版社1995年版，第570页。

们习惯于履行社会义务而不需要特殊的强制机构，不拿报酬地为公共利益工作成为普遍现象。”① “‘共产主义的东西’只是在出现星期六义务劳动时，即出现个人为社会进行的大规模的、无报酬的、没有任何权力机关和任何国家规定定额的劳动时，才开始产生。这不是农村中历来就有的邻舍间的帮忙，而是为了全国需要进行的、大规模组织起来的、无报酬的劳动。因此，‘共产主义’这个词不仅用于党的名称，而且用来专指我们生活中真正实现着共产主义的那些经济现象，这样做就更正确。如果说在俄国现有的制度中也有某种共产主义的东西，那就是星期六义务劳动，其他都不过是为巩固社会主义而对资本主义进行的斗争。”② 1920 年 1 月 29 日，人民委员会发布法令，规定所有居民，不论其从事什么工作，都必须定期地履行各种性质的劳动义务。从 1921 年 3 月开始的新经济政策是为形势所迫而实行的，是直接向共产主义过渡失败后的无奈之举，所以，列宁和俄共（布）领袖们认为，新经济政策是不得已而为之，是暂时的退却。短短几年时间后，斯大林就取消新经济政策向战时共产主义政策回归，又开始向共产主义直接而且快速过渡。

1924 年至 1933 年间，斯大林在推进高速工业化和全盘集体化时把一些内容界定为社会主义的本质特征，其中就提出建立“各尽所能，按劳分配”的制度。斯大林在论述社会主义分配原则时，在按劳分配前面加上了各尽所能。显然，斯大林借用马克思的提法，把各尽所能置于按劳分配之前，表明单纯的按劳分配并不是马克思主义所追求的理想社会的分配原则。20 世纪 50 年

① 《列宁选集》第 4 卷，人民出版社 1995 年版，第 91 页。
② 《列宁选集》第 4 卷，人民出版社 1995 年版，第 93 页。

代，苏联社会主义模式的弊端已经日益暴露出来，苏联人民要求改变现状的呼声日益高涨，但是，斯大林压制了党内外出现的改革要求。1952 年，斯大林在《苏联社会主义经济问题》中指出，“从社会主义向共产主义过渡这件事，并不像……想象的那样简单”①。但是，这本书是斯大林对 30 多年社会主义建设的总结，他对先行体制做了充分肯定并上升为基本原则，当时考虑的重点仍然是如何尽快过渡到共产主义。至于斯大林当年和雅罗申柯的分歧只是如何过渡的问题。雅罗申柯认为，只要做到合理地组织生产力，就能获得极丰富的产品并过渡到共产主义，就能从按劳分配的公式过渡到按需分配的公式。斯大林认为，社会生产的不断增长、集体农庄所有制提高到全民所有制水平、社会一切成员得到全面发展是过渡到共产主义的先决条件，“只有把这一切先决条件全部实现之后，才可以希望，劳动将在社会成员心目中，从累赘变成‘生活的第一需要’（马克思语），‘劳动从沉重的负担变成快乐’（恩格斯语），公有制将被社会全体成员看做是社会存在的不可动摇和不可侵犯的基础。只有把这一切先决条件全部实现之后，才可以从社会主义的公式‘各尽所能，按劳分配’，过渡到共产主义的公式‘各尽所能，按需分配’”②。按照斯大林的观点，苏联只要把集体农庄所有制提高到全民所有制的水平，就能够将集体农庄的剩余产品从商品流通系统中排除出去，把它们纳入国家工业和集体农庄之间的产品交换系统，共产主义就不远了。他说：“我们还没有发达的产品交换制度，但是有产品交换的萌芽，即农产品的‘换货’。……这样的制度既缩

① 《斯大林选集》（下），人民出版社 1979 年版，第 592 页。
② 《斯大林文选》（下），人民出版社 1962 年版，第 626 页。

小着商品流通的活动范围，就使社会主义易于过渡到共产主义。”[①] 因此，斯大林在1936年就宣布苏联已经建成了社会主义社会了，从那时起，斯大林的注意力就转到了如何向共产主义过渡的问题上了。

由于斯大林的目标是向共产主义尽快过渡，他的“各尽所能，按劳分配”的提法显然已不是马克思甚至列宁所表达的按劳分配的本来意思了，意味着各尽所能不是按劳分配的结果，而是其前提。这并不同于社会主义实践中人们的一般理解：只有按劳分配，才能使人们各尽所能，按劳分配是各尽所能的先决条件。斯大林的“各尽所能，按劳分配”原则的含义已经类似于马克思的“各尽所能，按需分配”原则了。斯大林的提法包含着这样的意思：其一，各尽所能是社会主义实现更高的劳动生产率所要求的，那么，社会主义社会的劳动者当然不应该按报酬付劳；其二，已经是各尽所能了，就应该忽视人们的劳动能力的差别，不必有差距过大的按劳分配，这是由社会主义追求平等社会关系的原则决定的。因此，按劳分配实际上就变成了按人分配。那么，马克思曾指出按劳分配原则与实际消费品分配不平等的矛盾，在社会主义实践中这一矛盾被近乎绝对平均主义的分配方式所取代。在个人劳动能力差异及其相应报酬差异与平均主义分配方式之间的矛盾中，前者通过意识形态的作用而让位于后者。在平均主义观念的支配下，传统的社会主义国家提倡将个人贡献升华为无偿奉献，按劳分配实际上为差额极小的按份额分配所取代。因此，在列宁逝世后，斯大林在布尔什维克党内关于什么是社会主义、如何建设社会主义的争论中占了上风，他按照自己的

① 《斯大林文选》（下），人民出版社1962年版，第648页。

设计加速向社会主义、共产主义过渡。这一过渡主要是伴随着高速工业化、农业全盘集体化和大清洗运动实现的，三大运动相辅相成，最终催生了一个以高度集权为特征的苏联社会主义模式。1936 年 11 月，斯大林指出，“我们苏联社会已经做到在基本上实现了社会主义，建立了社会主义制度，即实现了马克思主义者又称为共产主义第一阶段或低级阶段的制度。这就是说，我们已经基本上实现了共产主义第一阶段，即社会主义”①。事实上，斯大林已降低了社会主义的标准。列宁强调，社会主义必须达到高度的劳动生产率；社会主义不仅要消灭阶级对抗，而且要消灭阶级差别。由于急于求成的心理最终占了上风，斯大林已有意忽略了社会主义社会是无阶级和国家的社会这样的观念。他进一步把社会主义看成是短暂的过渡时期，苏联要很快进入共产主义。1938 年，斯大林主编的《联共（布）党史简明教程》认为，苏联已进入了完成社会主义建设并逐步过渡到以“各尽所能，按需分配”的共产主义原则为社会生活准则的共产主义时期。在当年的联共（布）十八大上，斯大林认为，苏联在第三个五年计划中进入了新的发展阶段，即完成无产阶级的社会主义社会建设并从社会主义逐渐过渡到共产主义的阶段，他强调“我们还要前进，向共产主义前进。”② 1952 年，苏共十九大再次宣布，苏联已建成了社会主义，党的任务是从社会主义逐渐过渡到共产主义，最后建成共产主义社会。1961 年，赫鲁晓夫在苏共二十二大上提出，苏联将在 20 年内基本建成共产主义，并在新的党纲中对向共产主义过渡进行了详尽的论证和具体的规划，宣称这一

---

① 《斯大林选集》（下），人民出版社 1979 年版，第 399 页。

② 《斯大林选集》（下），人民出版社 1979 年版，第 471 页。

代苏联人将要在共产主义制度下生活。

持续存在了半个世纪并扩大到欧洲、亚洲、拉丁美洲一系列国家的苏联社会主义模式，是在列宁领导的战时共产主义政策以及新经济政策的基础上形成的。虽然列宁与斯大林在如何建设社会主义的具体思路以及政策上存在区别，但从本质上来看，无论是战时共产主义政策、新经济政策，还是斯大林模式，它们都具有逻辑上的一致性，都是列宁和斯大林根据各自对社会主义的理解，探索社会主义建设道路的成果，其本质都是急于从社会主义过渡到共产主义社会。尽管苏联模式已经在许多方面超越了现实的生产力状况，但苏联人仍然不满足于生产关系还停留在他们认定的共产主义第一阶段（社会主义阶段）水平上，所以急于过渡成为必然的选择。历史证明，苏联社会主义模式最大的特点就是高度集权性，运用行政手段对社会经济、文化、日常生活等各个方面进行控制。这样的体制在很大程度上违背了马克思和恩格斯的观点："每个人的自由发展是一切人的自由发展的条件。"①

二、毛泽东的社会主义平等追求

1956 年 2 月，苏联共产党召开的"二十大"不但是苏联历史的转折点，也是国际共产主义运动的转折点。由于赫鲁晓夫在大会上所做的《关于个人崇拜及其后果》的报告第一次公开批评了斯大林，毛泽东认为这次大会揭了斯大林的"盖子"，起到了解放思想的作用。同年，发生了震惊世界的波兰、匈牙利事件。这两个社会主义国家的人民群众对现行的政治、经济制度和

① 《马克思恩格斯选集》第 1 卷，人民出版社 1995 年版，第 294 页。

国家领导人产生了不满，用暴力手段反抗政府。从本质上说，波匈事件反映了人们要求重新认识苏联社会主义模式，从而打破僵化的政治经济体制的愿望。也是在1956年，在毛泽东的大力推动下，中国基本上完成了对农业、手工业和资本主义工商业的社会主义改造。这年9月，中国共产党召开了“八大”，大会的主题是确定如何建设社会主义。从总体上看，当时社会主义阵营的局势是：如何正确认识苏联的经验和苏联社会主义模式，已成为各社会主义国家的共产党、工人党以及普通民众思考的中心问题。

毛泽东就是在这样的历史背景下开始思考中国如何走好社会主义建设的第一步，也就是说，中国将建设一个什么样的社会主义社会和怎样建设社会主义社会。关于苏联社会主义模式，“总觉得不满意，心情不舒畅”①，毛泽东说1955年底，毛泽东就提出了“以苏为鉴”。1956年4月，毛泽东在《论十大关系》中，对苏联社会主义模式进行了反思，强调党的基本方针是要把国内外一切积极因素调动起来，为社会主义事业服务。当然，毛泽东的探索并不是想否定苏联社会主义模式，他是在坚持苏联社会主义模式的前提下，对现行的社会主义政治、经济体制适当地做一些修改，所以，他明确表示，“一九五六年四月的《论十大关系》开始提出我们自己的建设路线，原则和苏联相同，但方法有所不同，有我们自己的一套内容”②。准确地说，毛泽东主要是对斯大林之后，尤其是苏联共产党1956年“二十大”之后的苏联社会主义建设方向存有疑虑。他认为，苏联、东欧出现的问题是对马克思主义的背叛，他想在中国建设更加纯粹的社会主义，

---

① 《毛泽东文集》第8卷，人民出版社1999年版，第117页。

② 《毛泽东文集》第7卷，人民出版社1999年版，第369页。

所以，毛泽东认定，中国必须独立探索本国的社会主义建设道路。那么，毛泽东开始的思考与其说是探索，不如说是毛泽东对经典社会主义的追寻。他决心通过实践马克思和恩格斯的经典理论，用马克思主义的基本原理纠正苏联社会主义模式的一些弊端，为中华民族探索一条建设社会主义的道路。

社会主义社会在落后国家建立以后，传统社会主义实践者关于“什么是社会主义”的理解都参照了马克思主义的社会主义原创理论，他们是按照社会主义原创理论来选择现实策略模式的。因此，1958 年毛泽东号召党内读两本书，即斯大林的《苏联社会主义经济问题》和《马恩列斯论共产主义社会》。马克思曾明确指出，共产主义社会第一阶段实行的按劳分配原则仍然体现着资产阶级的权利；列宁和斯大林对按劳分配原则也一直持有疑虑，所以，斯大林依照马克思的原则在按劳分配的前面加了各尽所能。马克思主义认为，即使在没有阶级、商品、货币的理想社会，虽然按劳分配原则可以鞭策人们各尽所能，在竞相实现个人利益最大化的同时，最终推动社会生产力的迅速发展，但是，其结果是劳动能力强的人得到的利益多，劳动能力差的人自然收入就少了，一部分人先富起来必然伴随着一部分人的贫穷，所以，按劳分配一定不是共产主义的原则，而“各尽所能，按需分配”才是共产主义的原则。“各尽所能，按需分配”原则可以解释为：在共产主义社会，人们可以享受相同的权利，而不必承担相同的义务，只要人们尽力劳动了，就可以获得相同的消费品。“关于工资，最近决定增加一些，主要加在下面，加在工人方面，以便缩小上下两方面的距离”①，沿着这个思路，1956 年毛泽东说了上面一段话。1958 年，他就正式开始考虑限制按劳分配中

① 《毛泽东文集》第 7 卷，人民出版社 1999 年版，第 28 页。

的资产阶级权利问题。

毛泽东担心按劳分配带来人们收入上的差距而导致贫富悬殊、两极分化，甚至产生特权阶层，所以，他不能容忍资产阶级法权的存在。他认为，现在人们争地位、级别，要加班费，脑力劳动者比体力劳动者工资多，这都是资产阶级思想的残余，八级工资制、按劳分配，以及农村的工分制，这跟旧社会差不多，所不同的只是所有制变更了，所以要破除资产阶级法权，用供给制代替工资制。而且，毛泽东还将消费品分配中的资产阶级权利，扩大到政治思想、工作作风、人际关系等方面，把社会生活中由于生产力发展水平的限制而不可避免出现的某些不平等现象，一概斥之为资产阶级法权。那么，毛泽东不希望等到生产力实现大发展之后才提升生产关系的水平。在生产力落后的现状暂时不能改变的情况下，他想到了精神激励，即通过社会舆论机制，使劳动好且又不追求获利多的人得到表扬与肯定，使先进者不计个人得失，乐于奉献，使落后者迎头赶上。他的预期是：由于用崇高的精神激发全社会的劳动热情，人们因此从事一心为公的忘我劳动，所以，能够创造出比资本主义更高的劳动生产率，并建立社会主义者所憧憬的努力劳动、平等消费的社会关系。事实上，精神激励这样的举措必然蕴涵着道德要求，即出力多的人首先从思想上不追求特权。但是，社会主义实践表明：道德意识只能约束一部分人，大多数人则更容易接受物质激励的原则，只凭精神激励原则并没有收到预期的效果。

总之，毛泽东试图在生产力不发达的情况下，通过人为的主观努力，寻求一条消灭社会分工、社会差别的途径。那么，从“三面红旗”、反右倾运动、“四清”运动到“文化大革命”，毛泽东最深刻的思想基础就是试图在中国早日建成经典社会主义所设想的理想社会。“三面红旗”包括总路线、大跃进和人民公社，它是向共产主义进军的旗帜。中共八大二次会议提出的“鼓足干劲，力争上游，多快好省地建设社会主义”的总路线是大跃进的依据和发动的信号。毛泽东说：“我们必须打破常规，尽量采用先进技术，在一个不太长久的历史时期内，把我国建设成为一个社会主义的现代化强国。我们所说的大跃进，就是这个意思。”① 人民公社是一种合政治与经济为一体的、从集体所有制转向全民所有制的理想社会基层单位的组织形式。这种较高的生产关系形式当时是作为现实来看待的，从领袖到普通群众都相信共产主义在中国的实现已经不是什么遥远的事了。当然，脱离实际的“三面红旗”不久就遇到了自然灾害的时候，脆弱的以自然经济为主体的国民经济自然是经不起连续三年的天灾打击的。“三面红旗”的特征是依靠广大人民群众大搞经济。由于毛泽东把战争年代动员人们上前线的办法用到了动员人们搞经济方面来，所以，“三面红旗”给人的印象是又一场大规模的人民战争。毛泽东成功地进行过人民战争，再次采用人民建设的方式，对他来说轻车熟路。“无论是解决军事打击的任务，还是解决经济发展的任务，都必须依靠人这种主体力量。从逻辑上说，动员的人越多，被动员的人积极性越高，所形成的力量就越大，解决问题的速度就越快。就此而言，用动员民众参与的方式，既可适用于进行战争，又可适用于进行建设。毛泽东成功地进行过人民战争，他再次采用人民建设的方式，不能说没有道理。”② 但是，上前线使人们面临着生死考验，在生命意义上人与人是没有区别

① 《毛泽东文集》第8卷，人民出版社1999年版，第341页。

② 余金成：《社会主义的东方实践：解读马克思主义基础理论的现代形态》，上海三联书店2005年版，第55页。

的，这种平等关系是人们都能够理解并愿意接受的；而建设是解决财富增长问题，是为了满足人们不断增长的物质文化需要，人们对建设结果的关注首先是利益分配方式。由于人们的劳动能力客观上存在着差别，而建设取决于人们的劳动能力状况，所以，需要体现互有差别的利益分配原则。不同的利益分配原则，会影响到人们劳动的热情和自觉性。“战争与建设虽然毫无例外地都要求人民群众的参与，但是，双方的动员原则并不一样：前者是生存机制，以人本身的存在为载体，体现出人与人的平等关系；后者是利益机制，以人的劳动活动为载体，体现出人与人的分配差别。”① 因此，虽然经济建设也必须依靠人民的积极性，但经济建设所仰仗的参与热情需要依赖合理的利益分配来实现。

在1958年人民公社运动初期，毛泽东多次谈到，中国共产党在战争年代长期实行供给制，大体过着平均主义的生活，大家工作都很努力，所以，他多次表示，要逐步取消薪金制，实行供给制。在战争年代，为了克服物质困难，中国共产党的军队不仅是战斗队，而且是生产队，毛泽东想把人民军队建设的这个经验推广到社会生活的各个领域，把社会组织都变成亦工亦农亦兵亦商、高度集中统一的准军事共产主义组织。他认为，只有通过这种组织，才能消灭社会分工、阶级、商品、货币，彻底铲除资产阶级法权，实现向共产主义过渡的理想。1958年8月30日，毛泽东在中央政治局扩大会议上指出，人民公社的特点就是一大二公，“大”就是地大物博，人口众多，工农兵学商、农林牧副渔样样俱全，逐步消灭工农差别、城乡差别以及人与人之间的身份

① 余金成：《社会主义的东方实践：解读马克思主义基础理论的现代形态》，上海三联书店2005年版，第56～57页。

差别；“公”就是搞公共食堂、托儿所、缝纫组，实行工资制，去掉资本主义的残余，如自留地等。通过人民公社办公共食堂而实行的平等消费，可以说最典型地代表了毛泽东对共产主义的理解。1966年毛泽东的《五·七指示》是关于人民公社设想的继续发展，这之后兴办的“五七干校”、“五七农场”、“五七工厂”也都是向共产主义过渡的尝试。1959年2月，毛泽东在郑州会议上批评了人民公社运动中急于向共产主义过渡、违背价值规律的做法。毛泽东指出：“社会主义这个阶段，又可能分为两个阶段，第一个阶段是不发达的社会主义，第二个阶段是比较发达的社会主义。后一个阶段可能比前一个阶段需要更长的时间。经过后一阶段，到了物质产品、精神财富都极为丰富和人们的共产主义觉悟极大提高的时候，就可以进入共产主义社会了。”① 列宁用新经济政策很快纠正了战时共产主义政策，人民公社消灭商品经济尝试的失败，也让毛泽东对以往的政策有所反思，他开始注意商品经济问题，强调价值规律的作用，带头读《苏联社会主义经济问题》和《政治经济学（教科书）》。他说：“我怀疑俄国新经济政策结束得早了，只搞了两年就退却转为进攻，到现在社会物资还不充足。”② 但受历史条件的局限，毛泽东与列宁一样也没有从理论上解决社会主义与商品经济一致性的问题。

回顾共产主义运动的历史，笔者认为，列宁等社会主义实践者普遍存在着的急于向共产主义过渡的情绪有其历史根源。1847年，马克思和恩格斯在欧洲革命后就宣布：“让统治阶级在共产主义革命面前发抖吧。无产者在这个革命中失去的只是锁链，他

---

① 《毛泽东文集》第8卷，人民出版社1999年版，第116页。
② 《毛泽东文集》第7卷，人民出版社1999年版，第170页。

们获得的将是整个世界。”[①] 他们那时就已经敲响了资本主义的丧钟，认为人类在 19 世纪就有可能实现共产主义理想。列宁目睹资本主义列强争霸世界惨烈的世界大战，认为帝国主义阶段是资本主义的最后阶段，垂死的资本主义社会即将退出历史舞台。“作为革命者，社会主义者往往急于宣布资本主义的濒于灭亡；而作为建设者，社会主义者又往往急于追求社会主义的迅速建成。”[②] 1936 年，斯大林宣布苏联已经建成了社会主义社会；赫鲁晓夫许诺 20 世纪 70 年代苏联将进入共产主义。在新民主主义革命时期，毛泽东认为，“没有一个新民主主义的联合统一的国家，没有新民主主义的国家经济的发展，没有私人资本主义和合作社经济的发展，没有民族的科学的大众的文化即新民主主义文化的发展，……，要想在殖民地半殖民地的废墟上建立起社会主义社会来，那只是完全的空想。”[③] 但是，在建国以后，他却认为中国可以直接进入社会主义社会。他说：“如果不在今后几十年内，争取彻底改变我国经济和技术远远落后于帝国主义国家的状态，挨打是不可避免的。”[④] 因此，他想在有生之年，改变中国“一穷二白”的面貌，早日建成理想社会。那么，尽管生产力水平极为落后，当时中国社会却不断地向尽快消除三大差别的目标努力，平均主义倾向明显。

① 《马克思恩格斯选集》第 1 卷，人民出版社 1995 年版，第 307 页。

② 余金成：《社会主义的东方实践：解读马克思主义基础理论的现代形态》，上海三联书店 2005 年版，第 51 页。

③ 《毛泽东选集》第 3 卷，人民出版社 1991 年版，第 1060 页。

④ 《毛泽东文集》第 8 卷，人民出版社 1999 年版，第 340 页。

三、传统社会主义国家平等实践的经验教训

马克思主义认为，资本主义制度是一种罪恶的制度，它使少数人剥削和压迫大多数人；社会主义社会是人类理想的社会，它的本质特征是人人平等；资本主义必然灭亡，社会主义必然胜利。马克思主义的唯物史观及其派生的五种社会形态必然依次出现的结论，支持了上述论断。因此，社会主义极大地调动了人们的正义感和使命感，吸引了许许多多的人投身于社会主义运动。但是，历史表明，20 世纪传统社会主义国家的平等实践经历了一个曲折的过程，理想和现实之间存在着巨大的差距，“现在我们虽说也在搞社会主义，但事实上不够格”[①]，邓小平如是说。那么，认真总结 20 世纪传统的社会主义国家平等实践的经验教训就成为现在的社会主义国家继续前行的理论前提。

第一，传统社会主义国家只是在一定程度上建立了平等的社会关系，却在一定范围内存在着普遍贫穷的现象。马克思主义认为，理想社会的生产关系是建立在生产力高度发达的基础上的。但是，由于急于向共产主义过渡，传统的社会主义实践者逐渐地主要是从生产关系层面来理解社会主义，其结果就是：社会主义社会突出了平等目标，却忽视了效率的实现，客观上就在一定程度上形成了平均贫穷的局面。但是，社会主义实践者当时并没有觉察到新的生产关系已经远远超过了现实的生产力水平，他们认为既定的社会主义生产关系完全适应生产力现状。毛泽东在 1957 年曾说：“所谓社会主义生产关系比较旧时代生产关系更能

---

① 《邓小平文选》第 3 卷，人民出版社 1993 年版，第 225 页。

够适合生产力发展的性质，就是指能够容许生产力以旧社会所没有的速度迅速发展，因而生产不断扩大，因而使人民不断增长的需要能够逐步得到满足的这样一种情况。”① 传统社会主义国家的平等实践证明，单凭生产关系领域的努力，根本不可能形成人与人之间的平等关系，除非人们甘心接受共同贫困的局面。邓小平说：“过去搞平均主义，吃‘大锅饭’，实际上是共同落后，共同贫穷，我们就是吃了这个亏。”② 所以，社会主义国家首先要不断提高生产力水平。

第二，传统社会主义国家在平等实践过程中面临着现实与目标的矛盾，这是所有传统社会主义实践者在落后国家建设社会主义时遇到的困惑。由于社会主义革命发生在经济文化落后的国家，所以，传统社会主义实践者不得不凭借经典社会主义理论对“什么是社会主义”进行判断。“什么是社会主义”与“如何建设社会主义”是两个密不可分的问题，二者的关系是后者引出前者，那么，建设社会主义的理论依据必然是经典社会主义。但是，由于社会主义不是在发达国家而是在落后国家率先建设的，理论与现实的巨大差距，使传统社会主义实践者倍感苦恼的是如何实现马克思和恩格斯所设想的社会主义理想目标。在落后国家进行社会主义建设必然使人类社会达到最终目标的时间变得十分漫长，也就必然使社会主义社会的发展过程出现了具有相对独立性质的不同阶段，这是经典社会主义创始者不可能预料到的问题。因此，传统社会主义实践者既要坚持马克思和恩格斯设定的理想目标，又要面对社会主义社会不得不经历的各个独立发展阶

① 《毛泽东文集》第7卷，人民出版社1999年版，第214页。
② 《邓小平文选》第3卷，人民出版社1993年版，第155页。

段的现实，即在各个具体阶段上必然会出现的不同于最终理想社会形态的阶段性社会形态。这里就出现了矛盾：如果只盯着最终目标，必然忽视现实；如果只关注现实，就有可能失去最终目标。传统社会主义实践者面对这种矛盾时他们选择了最终目标。实践证明，这样的选择最终导致世界社会主义运动遭遇了巨大的挫折。事实上，马克思主义公开面世之后，就走上了与工人运动相结合的道路，在实现改造世界的历史使命过程中不断深化和发展。马克思和恩格斯强调指出，自己理论的科学性仅在于作为方法论的唯物辩证法，它是一种历史研究的指南而不是黑格尔式的构造体系的方法。因此，社会主义实践者应该从马克思主义的方法论原则出发去解决实际问题，而不应拘泥于方法论在时代条件下应用成果的社会主义原创理论。但是，“只有当马克思主义的策略理论或逻辑理论在实践中遇到挫折或遭到否定的时候，才有必要用方法论原则来重新审视时代条件，也才有可能去制定新的策略理论或逻辑理论。社会主义者不可能在任何时候、任何情况下，都置马克思主义现成的策略理论或逻辑理论于不顾，只从方法论原则出发去解决问题。就此而言，理论上的发展需要付出实践上失败的代价”①。

第三，社会主义在落后国家率先形成并发展的历史事实证明，人类历史并不是严格按照五种生产方式顺序发展而依次进入原始社会、奴隶社会、封建社会、资本主义社会和社会主义社会的。马克思和恩格斯认为，生产关系只不过是人们发展生产力的社会形式，它取决于生产力的要求。社会主义在落后国家率先形

---

① 余金成：《社会主义的东方实践：解读马克思主义基础理论的现代形态》，上海三联书店2005年版，第60页。

成并发展的历史事实证明，“人作为社会化动物，社会关系的工具意义一开始就存在。人对社会关系的利用，归根结底是对人力的利用”①。也就是说，人类的劳动能力对社会关系具有重要意义。社会主义市场经济既是对马克思主义生产力决定生产关系基本原理的认同，又是强调人的劳动能力对社会关系的巨大作用，显示了生产资料之外人作为劳动者的积极意义。公有制与市场经济相结合的新型运行机制是社会主义命运之所系。实践证明，落后民族不仅在社会主义革命方面走在前面，而且还将担负起创造新型生产方式的历史责任。“马克思的结论在针对人类整体发展的意义上是有效的，即人类必然要依次经历五种生产方式；而具体到某个民族，其发展取决于更为复杂的情况，总是受到特定的政治、经济及文化条件的支配，表现出较为明显的选择性，往往形成某种跳远性质的发展。……社会主义率先由落后民族来建设，就不仅符合客观的历史事实，也符合了主观的理论逻辑。”②但是，传统社会主义实践者在反思自身受挫的原因时，大都从自身落后的经济文化基础上寻找原因，认为落后国家还没有运用社会主义原创理论的社会历史条件，因为经典社会主义理论是马克思和恩格斯为发达国家进行社会主义革命和建设创立的。而且，在长期宣传过程中，人们逐渐形成了孤立把握这些经典社会主义理论原则的倾向，不仅忽视了构建这些原则的初衷，而且对马克思和恩格斯的个别论断进行僵化、教条式理解。由于对马克思主义教条式理解必然影响社会主义事业的发展，因此，社会主义理

---

① 余金成：《社会主义的东方实践：解读马克思主义基础理论的现代形态》，上海三联书店2005年版，第159页。

② 余金成：《社会主义的东方实践：解读马克思主义基础理论的现代形态》，上海三联书店2005年版，第89页。

论必须随着实践的发展而发展。

第四，社会主义国家与资本主义国家客观上在趋同的过程中共同发展，共同影响着人类历史的进程。尽管社会主义国家受到了资本主义世界的敌视和排斥，但从它诞生那天起就已经客观上融入了人类现代化的历史进程。由于社会主义是人类所创造的一种非常具有活力的运行机制，深深地吸引了全体人类的关注，所以，社会主义的存在深刻地影响着资本主义的发展，迫使资本主义社会在生产方式方面作出调整。人类社会正面临着这样的历史性转折：社会主义与资本主义矛盾双方在此之前是以对立形式存在的，现在对立双方有可能正在经历着一个趋同的过程，人类历史将出现一个集中了两种生产方式优势的新的社会形态。自20世纪初以来，社会主义国家在政治、经济、文化领域都取得了巨大成就的同时，其内在的矛盾也显露出来，这种矛盾导致了一些社会主义国家的倾倒。可以说，只有在这个时候，社会主义实践者才开始真正面对历史。社会主义国家开始专心于自己的建设，而且向资本主义国家学习，社会主义世界完成了一次战略重心转移。对于资本主义国家来说，社会主义的存在使它们一直怀有危机感。它们曾预言社会主义制度只是昙花一现，没想到现实的社会主义蓬勃发展了几十年。社会主义中国的存在，使它们打消了通过暴力消灭社会主义势力的幻想。虽然资本主义国家仍在采用种种手段遏制社会主义力量的发展，但它们终究承认了社会主义这个现实，它们把主要精力放在了自己的发展上，资本主义世界也完成了一次战略重心转移。那么，在社会主义国家和资本主义国家都完成了战略重心转移的情况下，两种曾经对立的社会制度完全可能互相取长补短，形成一种崭新的理想社会制度，这种制度将使得人类共同的平等理想目标变为现实。

下篇　人的自由全面发展与人的平等

今天社会主义国家的探索，其目的就是克服苏联社会主义模式的弊端，建立一个既符合马克思主义基本原则又符合本国国情的社会主义社会。在马克思主义关于社会主义社会的基本规定中，关于人的自由全面发展的阐述是马克思和恩格斯的重要思想。依照经典社会主义理论，促进人的自由全面发展是社会主义社会必须遵循的一条基本原则，人的自由全面发展也是理想社会的重要特征之一。那么，现在的社会主义国家关于社会主义建设道路的探索就一定包括如何实现人的自由全面发展这个命题。

邓小平首先提出了“建设有中国特色社会主义”的命题，此命题成为当代中国社会主义建设的主题。邓小平还明确把社会主义的本质概括为解放生产力，发展生产力，消灭剥削，消除两极分化，最终达到共同富裕。邓小平的社会主义本质论是对马克思主义基本理论的再次确认，强调发展生产力的目的是实现社会平等。既然发展生产力是手段，那么，能够促进生产力发展的市场经济也就是手段了。因此，邓小平主张建立社会主义市场经济体制。邓小平的逻辑是：通过市场经济推动生产力的发展，而发展生产力的目的是实现共同富裕。这个逻辑是中国特色社会主义的逻辑，中国特色社会主义的理想目标仍然是马克思和恩格斯的目标，只是实现目标的手段发生了变化。

马克思指出：“全面发展的个人——他们的社会关系作为他们自己的共同的关系，也是服从于他们自己的共同的控制的——不是自然的产物，而是历史的产物。要使这种个性成为可能，能力的发展就要达到一定的程度和全面性，这正是以建立在交换价值基础上的生产为前提的，这种生产才在产生出个人同自己和同别人的普遍异化的同时，也产生出个人关系和个人能力的普遍性和全面性。”① 也就是说，人的自由全面发展就是人类劳动能力的普遍发展。实践证明，社会主义市场经济不但在发展经济方面具有巨大的推动作用，而且在促进人类劳动能力的普遍发展方面也具有巨大作用。在新科技革命背景下，人类在由体力劳动逐渐转向脑力劳动的过程中，将能够利用社会主义市场经济促使人的劳动能力得到普遍发展。新科技革命为人类劳动能力的普遍发展创造着物质条件，而社会主义市场经济为人类劳动能力的普遍发展创造着社会条件。我们可以作出这样的判断：马克思和恩格斯对社会平等的设想，即在每个人自由全面发展基础上实现人们社会地位的平等，将在人类劳动能力普遍发展的历史进程中变为现实。

本篇共分4节。第一节是关于人的自由全面发展的研究意义和研究现状。笔者认为，由于理想社会所追求的每一个人的自由全面发展与社会平等目标之间有着内在联系，所以，研究人的自由全面发展是学术界的重要任务。学术界对人的自由全面发展问题的研究和认识在不断拓展和深化，随着对社会主义认识的不断深化，学界关于人的自由全面发展的研究必将进一步深化。第二

---

① 《马克思恩格斯全集》第46卷（上），人民出版社1979年版，第108～109页。

节通过论述邓小平的“建设有中国特色社会主义”命题，分析了此命题产生的历史背景、基本内涵和现实意义，结合国际共产主义运动的历史，得出了落后国家单独建成社会主义具有必然性的结论。第三节通过论述新科技革命的内涵，以及社会主义市场经济思想产生的过程，揭示了新科技革命是建立社会主义市场经济体制的历史契机，阐述了建立社会主义市场经济体制的历史意义。第四节通过分析人的自由全面发展与理想社会的平等目标的内在关系，论述了人类劳动能力得到全面发展的物质条件和社会条件，并断言所谓社会主义和谐社会一定是每个人都得到了自由全面发展的社会。

第一节　人的自由全面发展研究综述

马克思主义的理想社会所追求的每一个人的自由全面发展与社会平等目标之间有着内在联系，所以，研究人的自由全面发展是学术界的重要任务。随着对社会主义认识的不断深化，学术界对人的自由全面发展问题的研究和认识也在不断拓展和深化，其关注点主要集中于人的自由全面发展在社会主义中的地位、内涵、实现条件及其与中国特色社会主义的关系等方面。学界关于人的自由全面发展的研究必将进一步深化。本书关于人的自由全面发展的理论创新之处在于：第一，由于马克思认为全面发展的个人是历史的产物，要使这种个性成为可能，能力的发展就要达到一定的程度和全面性，所以，人的自由全面发展即人类劳动能力的普遍发展；第二，新科技革命为人类劳动能力的普遍发展创造着物质条件，而社会主义市场经济为人类劳动能力的普遍发展创造着社会条件。

一、人的自由全面发展的研究意义

依照经典社会主义理论，理想社会所追求的每一个人的自由全面发展与社会平等目标之间有着内在联系。所以，研究人的全面发展应该成为学术界的重要任务。江泽民在《庆祝中国共产党成立八十周年大会上的讲话》中指出：“我们建设有中国特色的社会主义的各项事业，我们进行的一切工作，既要着眼于人民现实的物质文化生活需要，同时又要着眼于促进人民素质的提高，也就是要努力促进人的全面发展。”江泽民认为，努力促进人的全面发展是马克思主义关于建设社会主义新社会的本质要求。关于人的自由全面发展本来是经典社会主义的社会目标，但在社会主义实践的某一个历史时期，由于苏联社会主义模式的影响，社会发展的整体意义遮蔽了个体发展的意义。胡锦涛提出的科学发展观的核心是以人为本。“以人为本，就是以最广大人民的根本利益为本。”① “坚持以人为本，就要始终把实现好、维护好、发展好最广大人民的根本利益作为党和国家一切工作的出发点和落脚点，尊重人民主体地位，发挥人民首创精神，保障人民各项权益，走共同富裕道路，促进人的全面发展，做到发展为了人民、发展依靠人民、发展成果由人民共享。”② “以人为本”理念体现了马克思主义历史唯物论的基本原理。中国共产党十六届四中全会提出构建社会主义和谐社会的任务。中国共产党十六届六中全会指出社会和谐是中国特色社会主义社会的本质属性。中国共产党十七大再次强调了构建社会主义和谐社会的重要性。构建社会主义和谐社会成为中国共产党的执政目标。胡锦涛指出，“我们所要建设的社会主义和谐社会，应该是民主法治、公平正义、诚信友爱、充满活力、安定有序、人与自然和谐相处的社会”③。在构建社会主义和谐社会的基本原则中，坚持以人为本，“这是

---

① 《毛泽东思想和中国特色社会主义理论体系概论》（2010 年修订版），高等教育出版社 2010 年版，第 36 页。

② 《毛泽东思想和中国特色社会主义理论体系概论》（2010 年修订版），高等教育出版社 2010 年版，第 36 ～37 页。

③ 《毛泽东思想和中国特色社会主义理论体系概论》（2010 年修订版），高等教育出版社 2010 年版，第 276 页。

构建社会主义和谐社会的根本出发点和落脚点"①。

在新的世纪，江泽民、胡锦涛相继提出的这些新的执政理念，表明"人"成为现实的社会主义的主题，这是一种巨大的历史进步，也是对马克思主义基本理论的重新确认。在全球化时代，"人的根本就是人本身"②的理念已经成为一种普世价值，人的价值和尊严日益得到了全世界的肯定。因此，社会主义实践者不仅关注社会发展，而且关注人本身的发展。社会主义实践者逐步意识到要以人为中心，人是社会发展的唯一目的，而不是实现某种制度的手段。这正如马克思和恩格斯所指出的那样："全部人类历史的第一个前提无疑是有生命的个人的存在。"③"虽然社会的存在不取决于任何个人的存在，但任何社会存在也不能取代个人的存在。人在自然界的主体地位决定了所有个人存在的主体地位。就同为主体而言，人与人之间应该是平等的。"④这种观念上的改变为我们重新审视社会主义的理论与实践创造了良好的社会环境。同时，中国共产党十六大倡导"理论创新"，鼓励学术界探索人类社会发展规律、社会主义建设规律和中国共产党执政规律，提出了深化马克思主义基础理论研究的任务。不论是探索三大规律，还是深化马克思主义基础理论的研究，都需要理论创新。江泽民说："创新是一个民族进步的灵魂，是一个国家兴旺发达的不竭动力，也是一个政党永葆生机的源泉。"⑤"理论

---

① 《毛泽东思想和中国特色社会主义理论体系概论》(2010 年修订版)，高等教育出版社 2010 年版，第 281 页。

② 《马克思恩格斯选集》第 1 卷，人民出版社 1995 年版，第 9 页。

③ 《马克思恩格斯选集》第 1 卷，人民出版社 1995 年版，第 67 页。

④ 余金成：《劳动论纲》，天津社会科学院出版社 1995 年版，第 44 页。

⑤ 《江泽民文选》第 3 卷，人民出版社 2006 年版，第 537 页。

创新，就是要使我们党的基本理论在继承的基础上不断吸取新的实践经验、新的思想而向前发展。”① 胡锦涛指出，“不断取得马克思主义基本原理同中国具体实际相结合的新进展，不断丰富和发展马克思主义”②，“不断开创马克思主义在中国发展的新境界”③。没有理论创新，就不可能开创马克思主义的新境界。在这种背景下，认真研究人的全面发展问题对建设中国特色社会主义，乃至对推动世界社会主义运动的重要作用，不但十分必要，而且成为可能。

二、人的自由全面发展的研究现状

学术界关于人的自由全面发展的研究主要集中于地位、内涵、条件等方面。第一，历史地位研究。有学者指出，人的自由全面发展是社会主义的目的性本质。④ 有学者认为，推进人的自由全面发展是社会主义的本质要求。⑤ 有学者认为，努力促进人的全面发展是社会主义区别于剥削社会的根本标志之一。⑥ 第二，主要内涵研究。有学者认为，发展个人自身属性就是要使个

---

① 江泽民：《论“三个代表”》，中央文献出版社2001年版，第48页。

② 胡锦涛：《在纪念毛泽东同志诞辰110周年座谈会上的讲话》，人民出版社2003年版，第10～11页。

③ 胡锦涛：《在纪念毛泽东同志诞辰110周年座谈会上的讲话》，人民出版社2003年版，第10～11页。

④ 参见武高寿：《试论社会主义的手段性本质和目的性本质》，《山西大学学报（哲学社会科学版）》2000年第2期。

⑤ 参见贾建芳：《社会主义发展理论研究》，中国长安出版社2003版，第183页。

⑥ 参见赵豫林：《试论江泽民对马克思主义人的全面发展理论的继承和发展》，《河南大学学报（社会科学版）》2003年第8期。

人的才能、志趣等方面获得自由运用和发挥。[①] 有学者认为，人的全面发展是人的自由发展的逻辑前提，而人的自由发展是人的全面发展的内在规定。[②] 第三，实现条件研究。有学者认为，人的自由全面发展要经历三个阶段才能实现：第一个阶段是人对人的依赖关系；第二个阶段是人对物的依赖关系；第三个阶段才实现了人的自由全面发展。[③] 第四，初级阶段研究。有学者认为，社会主义初级阶段人的自由全面发展的内涵包括素质、人力资源的开发、创造精神等几个方面。[④]

三、人的自由全面发展研究的理论创新

本书关于人的自由全面发展的理论创新之处包括三个方面：第一，马克思和恩格斯断言，在理想社会每个人将得到自由全面的发展。同时，马克思指出，全面发展的个人是历史的产物，"要使这种个性成为可能，能力的发展就要达到一定的程度和全面性"[⑤]。也就是说，人的自由全面发展即人类劳动能力的普遍发展。根据马克思主义的人的自由全面发展理论，劳动力决定劳动关系（劳动关系是社会关系的核心），人类只有在劳动能力方

---

① 参见史晓燕：《简析马克思主义"人的全面发展"概念之内涵》，《河北大学学报（哲学社会科学版）》2001 年第 1 期。

② 参见何玲玲：《"人的全面而自由的发展"理论探讨——澄清并还原马克思恩格斯人的远景发展思想》，《社会主义研究》2007 年第 4 期。

③ 参见贾建芳：《马克思恩格斯的社会和谐思想》，《马克思主义研究》2005 年第 3 期。

④ 参见李璞玉：《试论中国化马克思主义的人的全面发展理论》，《马克思主义与现实》2008 年第 1 期。

⑤ 《马克思恩格斯全集》第 46 卷（上），人民出版社 1979 年版，第 108 页。

面处于平等的状态，才能实现真正意义的平等；反之，人类只要在劳动能力方面处于不平等状态，就永远无法实现真正意义的平等，不管所处的社会制度是社会主义还是资本主义。实践证明，平等不仅是一种权利，还是一种能力；它不仅涉及消费领域，还涉及生产领域，平等意味着人们能够同等地参与社会活动。人类文明发展的过程是从划分人们在劳动能力方面的差别并给予他们不平等的社会地位开始的，而它的进一步发展则必然是逐步消除人们在劳动能力方面的差别。人类所梦寐以求的社会平等局面，只能是以人们的劳动能力的普遍发展为基础。

第二，新科技革命为人类劳动能力的普遍发展创造着物质条件，而社会主义市场经济为人类劳动能力的普遍发展创造着社会条件。在知识经济时代，人类劳动从以体力劳动为主转向以脑力劳动为主，劳动交换关系以信息交换为主，而信息交换就是智能交换。智能交换突破了单纯商品交换的局限，凸显了智力因素在交换中的决定作用，而智力活动所体现的创造性，为人们平等的交换能力创造了必要条件。本来市场经济具有双重机制：一方面竞争造成两极分化，另一方面竞争也可能推动劳动者能力的趋近。资本主义社会制度只是使前者变为现实，而社会主义社会制度使后者成为可能。社会主义市场经济可以使得劳动者因素（知识经济时代提高劳动生产率起主要作用的因素）得到根本性的改变。由于实行社会主义公有制，社会主义国家能够保证每个人获得平等的受教育权利，提升每个人的劳动能力。在知识经济时代，劳动者劳动能力的普遍提高必须通过教育这条途径才能完成。不平等的教育造成的结果是不平等的劳动能力，平等的教育可以使整个社会的劳动能力普遍发展，可以创造出人本身平等的局面。恩格斯曾指出：“教育将使他们摆脱现在这种分工给每个人造成的片面性。”① 所以，公平教育是实现社会主义平等理想的重要前提。

第三，中国特色社会主义时期的社会主义市场经济存在着多种经济成分，不可能实行统一的分配原则，只能实行按劳分配为主体、多种分配方式并存的分配制度，劳动、资本、技术和管理等生产要素都可根据其贡献获得报酬。那么，这种分配制度既承认资本的权利，也承认劳动的权利，这是社会主义初级阶段的中国特色社会主义制度的显著特征。

---

① 《马克思恩格斯选集》第1卷，人民出版社1995年版，第243页。

第二节 落后国家单独建成社会主义的必然性
——邓小平的“建设有中国特色社会主义”命题研究

由于传统的社会主义建设模式存在着不足，现在多数社会主义国家都进入了改革时期，不同程度地探索适合本国国情的社会主义建设道路。中国改革开放的总设计师邓小平认真审视了现实的社会主义，纠正了“左”的社会主义建设思想，提出了“建设有中国特色社会主义”命题，推动中国走上了本国特色的社会主义道路。邓小平的社会主义本质论重新确认了马克思主义关于社会主义社会的基本规定，社会主义市场经济思想显示了中国特色社会主义理论体系的创造性。中国特色社会主义的理论体系、道路和制度是中国改革开放最重要的成就，预示着中国的社会主义实践者将探索一条落后国家建设社会主义的新道路，也将证明社会主义在一个落后国家能够单独建成。

一、邓小平“建设有中国特色社会主义”命题与落后国家单独建成社会主义的历史结论

社会主义的实践证明，落后国家建设社会主义不能完全走经典社会主义所设定的道路，邓小平的“建设有中国特色社会主义”命题就是落后国家重新选择社会主义建设道路的产物。邓小平指出：“把马克思主义的普遍真理同我国的具体实际结合起来，

走自己的道路，建设有中国特色的社会主义，这就是我们总结长期历史经验得出的基本结论。”① 这个基本结论实际上明确肯定了落后国家可以单独建成社会主义，这是邓小平对社会主义实践者从十月革命开始就遇到的历史难题的回答。

按照马克思和恩格斯的观点，无产阶级只有在世界历史意义上才能存在，社会主义只有作为世界历史性的存在才有可能实现。马克思指出：“劳动的解放既不是一个地方的问题，也不是一个国家的问题，而是涉及存在现代社会的一切国家的社会问题。”② 因此，长期以来，人们遵奉着马克思和恩格斯提出的“全世界无产者，联合起来！”的国际主义战略口号，把社会主义事业视为各国无产阶级共同的事业，必然否定社会主义基本理论必须与各国实际相结合的认识。当年社会主义阵营内所有社会主义国家的历史就证明了这点。当南斯拉夫想走自己的路时，受到了几乎所有社会主义国家的批判，甚至苏联对波兰、匈牙利内政的武装干涉也被说成是为了维护社会主义的纯洁性。

列宁的设想是经济文化落后的俄国在率先取得社会主义革命胜利之后，等待发达国家爆发无产阶级革命，最终形成双方共同建设社会主义的局面。由于发达国家的革命没能成功，列宁的设想就转变成为经济文化落后的国家能否单独建成社会主义的问题。尽管经过几十年的艰苦奋斗，苏联社会经济取得了很大的发展，苏联已经成为世界上两个超级大国之一，但苏联的社会主义者仍然热切期待着西方国家能够很快走上社会主义道路，他们在战略思路上始终坚持同世界上所有的国家共同建设社会主义的目

---

① 《邓小平文选》第3卷，人民出版社1993年版，第3页。

② 《马克思恩格斯全集》第2卷，人民出版社1957年版，第609页。

标，努力推动国际共产主义运动。与此同时，资本主义国家形成了一场新型科技革命，在这场革命的推动下，资本主义国家的社会生产力得到了巨大发展，社会关系得到了极大改善，资本主义国家引领着世界经济社会发展的方向。苏联虽然也是个超级大国，但它选择了同资本主义国家对抗的道路，在经济建设模式上与资本主义相对立，这就严重影响了国内经济建设的基本格局，丧失了抓住新型科技革命带来的更新生产力水平的良机。因此，戈尔巴乔夫的政治失误只是苏联解体的原因之一，导致苏联解体的宏观条件是：苏联的社会主义者局限于经典社会主义基本原理，实际上否定了经济文化落后的国家可以单独建成社会主义，因而导致在制定一系列重大策略时出现了失误。由于中苏两国关系破裂，毛泽东虽然开始反思苏联社会主义模式，开始探索中国自己的社会主义建设道路，但是，由于毛泽东对经典社会主义理论的坚持，再加上他所面临的特殊的国内外形势，使他也不可能从根本上告别列宁关于落后国家进行社会主义建设的总体战略构想，也不可能从根本上放弃列宁的落后国家与发达国家共同建设社会主义的思路。所以，在新的历史时期，社会主义者要重新认识落后国家的社会主义建设道路，也要有突破经典社会主义理论限制的勇气，所以，邓小平提出的“解放思想，事实求是”就成为社会主义者通过改革探索社会主义发展新道路的指导思想。邓小平提出的“建设有中国特色社会主义”命题表明，中国的改革不可以用经典社会主义的理论来衡量，落后国家是可以单独建成社会主义的。与“建设有中国特色社会主义”命题相适应，邓小平的社会主义初级阶段论和关于中国现实的社会主义属于“不够格”的社会主义的判断，使社会主义实践者避免了与经典社会主义理论的正面冲突，可以在经典社会主义理论规范以外独立地探索适合中国国情的社会主义建设道路。

“建设有中国特色社会主义”命题不仅是邓小平对国际共产主义运动和中国社会主义实践反思的产物，也是对时代主题准确判断的产物。列宁提出的时代命题是“帝国主义和无产阶级革命的时代”，这个时代命题与列宁所设想的落后国家与发达国家共同建设社会主义的战略思路是完全一致的。列宁指出：“即首先考虑到各个‘时代’的不同的基本特征（而不是个别国家的个别历史事件），我们才能够正确地制定自己的策略；只有了解了某一时代的基本特征，才能在这一基础上去考虑这个国家或那个国家的更具体的特点。”① 如果社会主义国家处于帝国主义和无产阶级革命的时代，它的任务必然是努力支持发达国家无产阶级的革命行动。在社会主义国家的大力支持下，发达国家的无产阶级通过革命推翻资产阶级的统治，建立社会主义社会，到那时，落后的社会主义国家将与发达的社会主义国家共同建设社会主义，这是以往的社会主义实践者共同憧憬的未来景象。邓小平根据特定的国际形势，提出和平与发展上升为时代的主题。他指出：“现在世界上真正大的问题，带全球性的战略问题，一个是和平问题，一个是经济问题或者说发展问题。和平问题是东西问题，发展问题是南北问题。概括起来，就是东西南北四个字。南北问题是核心问题。”② 他肯定了时代主题的转变，使社会主义国家面临的任务由原来的促进世界社会主义革命，转变为探索出一条落后国家单独建成社会主义的道路。和平问题是“东西问题”，即社会主义国家和资本主义国家的关系问题。和平上升为

---

① 《列宁全集》第26卷，人民出版社1988年版，第143页。

② 《邓小平文选》第3卷，人民出版社1993年版，第96页。

时代主题，形式上是社会主义国家与资本主义国家长期对峙的结果，而究其实质则是苏联与美国这两个世界上超级大国长期军备竞赛的产物。可以说，和平局面是社会主义阵营与资本主义阵营长期冷战发展到双方都不能使用武力手段征服对方换来的。和平主题对于中国的社会主义者来说，还意味着中国将根据本国的实际探索自己的发展道路。邓小平指出："处理国与国之间的关系，和平共处五项原则是最好的方式。其他方式，如'大家庭'方式，'集团政治'方式，'势力范围'方式，都会带来矛盾，激化国际局势。总结国际关系的实践，最具有强大生命力的就是和平共处五项原则。"① 发展问题是"南北问题"，即由南北经济发展不平衡所导致的发展中国家与发达国家的关系问题。邓小平认为"南北问题"的实质是发展，他指出，"南北问题不解决，就会对世界经济的发展带来障碍"②。发展主题对于中国的社会主义者来说，不但意味着国家的发展，还意味着社会主义制度优越性的显示。社会主义者的当务之急是大力发展社会生产力，创造出高于资本主义的劳动生产率，在改变国家经济落后状况、提高人民群众生活水平的同时，向世界展示社会主义制度的比较优势。邓小平指出："社会主义阶段的最根本任务就是发展生产力，社会主义的优越性归根结底要体现在它的生产力比资本主义发展更快一些、更高一些，并且在发展生产力的基础上不断改善人民的物质文化生活。"③

邓小平认为，在"一个中心，两个基本点"的基本路线指引下，按照"三步走"的发展战略，到21世纪中叶中国的人均

---

① 《邓小平文选》第3卷，人民出版社1993年版，第96页。
② 《邓小平文选》第3卷，人民出版社1993年版，第56页。
③ 《邓小平文选》第3卷，人民出版社1993年版，第63页。

国民生产总值将赶上中等发达国家，综合国力将位于世界前列。如果能够实现这个目标，就将表明中国在经济文化落后的基础上能够单独建成社会主义。列宁的历史性功绩在于促成了社会主义在经济文化落后国家的诞生，而邓小平的历史性功绩在于确定了经济文化落后国家首先单独建成社会主义的理论。也就是说，“建设有中国特色社会主义”命题把落后国家的社会主义建设与世界社会主义运动分离开，从而也把落后国家率先建成社会主义的目标明确下来。

从总体上说，邓小平建设有中国特色社会主义理论与马克思主义是一脉相承的社会主义理论，二者都依靠共同的方法论原则，即唯物辩证法。同时，邓小平直接运用唯物辩证法考察中国的现实，形成了具有中国特色的社会主义理论。“马克思主义的发展可以在两种意义上进行：一是策略层面；一是逻辑论证层面的。两种发展的区别显而易见：策略理论的发展仅仅源于政治经济形势的变化，所调整的是战略模式和策略步骤，如俄国十月革命向中国‘农村包围城市’的转变，一般社会主义建设向社会主义初级阶段建设的转变；而逻辑论证的发展源于时代条件的根本性变化，所调整的是关于社会主义必然性的理解，以及与此相关的关于社会主义历史地位、社会主义与资本主义的关系、社会主义的目标模式等一系列基本理论问题。”① 事实上，马克思主义与空想社会主义的本质区别就在于：空想社会主义是从人们头脑中设想的关于理想社会的蓝图以及实现理想社会的策略，而马克思主义是从社会物质生产所呈现的客观要求中去构建新社会。

---

① 余金成：《社会主义的东方实践：解读马克思主义基础理论的现代形态》，上海三联书店2005年版，第74页。

马克思主义与实践的这种紧密联系就决定了它必然具有开放性，决定了它关于人类理想社会的设想随着人类实践的发展必然要作出相应的调整。邓小平理论的确立已要求社会主义实践者从遵从经典作家关于发达国家率先建设社会主义的必然性理论，转变到研究落后国家率先建成社会主义的必然性理论，这样的转变直接关系到现实的社会主义的成败问题。

二、邓小平社会主义本质论的基本精神是追求建立平等的社会关系

“如何建设社会主义”和“什么是社会主义”是两个相关的问题，后者是前者的理想目标，前者是后者的手段。“建设有中国特色社会主义”并非离开经典社会主义的目标，只是经济文化落后国家达到理想社会目标的特殊道路。邓小平鉴于苏联社会主义模式的弊端，以及人们教条式地理解和运用经典社会主义理论的思维惯性，他想给“什么是社会主义”这个问题以明确的答案，而且他通过社会主义本质论来解答“什么是社会主义”，把对社会主义的认识提高到了新的水平。邓小平指出：“社会主义是一个很好的名词，但是如果搞不好，不能正确理解，不能采取正确的政策，那就体现不出社会主义的本质。”① “什么叫社会主义，什么叫马克思主义？我们过去对这个问题的认识不是完全清醒的。马克思主义最注重发展生产力。我们讲社会主义是共产主义的初级阶段，共产主义的高级阶段要实行各尽所能、按需分配，这就要求社会生产力高度发展，社会物质财富极大丰富。所

① 《邓小平文选》第2卷，人民出版社1994年版，第313页。

以社会主义阶段的最根本任务就是发展生产力，社会主义的优越性归根到底要体现在它的生产力比资本主义发展得更快一些、更高一些，并且在发展生产力的基础上不断改善人民的物质文化生活。”① “总之，一个公有制占主体，一个共同富裕，这是我们所必须坚持的社会主义的根本原则。我们就是要坚决执行和实现这些社会主义的原则。”② “社会主义与资本主义不同的特点就是共同富裕，不搞两极分化。”③ “社会主义有两个非常重要的方面：一是以公有制为主体，二是不搞两极分化。”④ “在改革中，我们始终坚持两条根本原则，一是以社会主义公有制经济为主体，一是共同富裕。”⑤ “社会主义原则，第一是发展生产，第二是共同致富。”⑥ “搞社会主义，一定要使生产力发达，贫穷不是社会主义。我们坚持社会主义，要建设对资本主义具有优越性的社会主义，首先必须摆脱贫穷。现在虽说我们也在搞社会主义，但事实上不够格。”⑦ “贫穷不是社会主义，发展太慢也不是社会主义。否则社会主义有什么优越性呢？社会主义发展生产力，成果是属于人民的。就是说，在我们的发展过程中不会产生资产阶级，因为我们的分配原则是按劳分配。当然分配中还会有差距，但我们的目的是共同富裕。”⑧ “共同致富，我们从改革一开始就讲，将来总有一天要成为中心课题。社会主义不是少数人富起来、大多

---

① 《邓小平文选》第3卷，人民出版社1993年版，第63页。
② 《邓小平文选》第3卷，人民出版社1993年版，第111页。
③ 《邓小平文选》第3卷，人民出版社1993年版，第123页。
④ 《邓小平文选》第3卷，人民出版社1993年版，第138页。
⑤ 《邓小平文选》第3卷，人民出版社1993年版，第142页。
⑥ 《邓小平文选》第3卷，人民出版社1993年版，第172页。
⑦ 《邓小平文选》第3卷，人民出版社1993年版，第225页。
⑧ 《邓小平文选》第3卷，人民出版社1993年版，第255页。

数人穷，不是那个样子。社会主义最大的优越性就是共同富裕，这是体现社会主义本质的一个东西。”①

1992 年，邓小平在南方谈话中根据自己十多年来对中国特色社会主义基本问题的思考，对人们关注的社会主义若干问题集中进行了阐述，在这些阐述中，就包括关于社会主义本质的概括。邓小平指出：“社会主义的本质，是解放生产力，发展生产力，消灭剥削，消除两极分化，最终达到共同富裕。”② 邓小平社会主义本质论的意义在于，尽管马克思主义经典作家关于社会主义的本质早有论断，但是邓小平第一次明确提出了“社会主义本质”这个概念。邓小平把人们对社会主义的认识，提高到了“本质”的高度。邓小平的社会主义本质论使人们开始通过“本质”的视角研究社会主义，这就极大地提高了人们认识社会主义的水平。关于邓小平的社会主义本质论可以从如下两个方面来理解。

第一，邓小平对社会主义本质的界定回到了经典社会主义的社会目标。也就是说，邓小平的社会主义本质论重新回归到了马克思主义的基本原则，重申了马克思主义关于社会主义社会的基本规定。马克思主义的基本原则强调生产力决定生产关系，即人类平等的社会关系建立在社会生产力高度发达的基础之上。邓小平的社会主义本质论从生产力与生产关系两个方面对社会主义的本质作了界定。列宁指出：“只有把社会关系归结于生产关系，把生产关系归结于生产力的水平，才能有可靠的根据把社会形态的发展看做自然历史过程。”③ 由于生产力决定生产关系是马克

① 《邓小平文选》第 3 卷，人民出版社 1993 年版，第 364 页。
② 《邓小平文选》第 3 卷，人民出版社 1994 年版，第 373 页。
③ 《列宁选集》第 1 卷，人民出版社 1995 年版，第 8 ～9 页。

思主义唯物史观的基本原理，邓小平坚持马克思主义唯物史观，强调社会主义生产关系必须建立在一定的生产力发展水平之上。众所周知，马克思主义非常重视社会生产力的发展，认为生产力是社会变革和社会发展的根本依据和最终决定力量，理想社会是建立在生产力高度发达的基础上的，是以人类社会生产力的一定发展程度为前提的，所以，理想社会不是道德说教的结果，而是生产力发展的必然结果。那么，邓小平在界定社会主义本质时，强调发展生产力的极端重要性，这就从根本上避免了人们把社会主义仅仅看成是一种抽象的真理和正义，仅仅以道德标准来谈论和衡量社会主义的倾向。同时，随着生产力的发展，必然要求逐步建立消灭剥削、消除两极分化的生产关系，人类最终进入共同富裕的理想社会。马克思主义理想社会的最主要特征就是“各尽所能，按需分配”，这个特征充分表达了人类完全平等的美好愿望。邓小平多次讲到了共产主义高级阶段按需分配的意义，并把它同实现人民共同富裕的目标联系起来。“共同富裕”这个词形象地表达了人类平等的美好愿望，通过“共同”明确提出了公平原则，又通过“富裕”明确提出了发展生产力的根本要求，因而它是生产力和生产关系的高度统一。

第二，邓小平的社会主义本质论为建立社会主义市场经济体制铺设了道路。在南方谈话中，邓小平指出，“计划多一点还是市场多一点，不是社会主义与资本主义的本质区别。计划经济不等于社会主义，资本主义也有计划；市场经济不等于资本主义，社会主义也有市场。计划和市场都是经济手段”①。建立社会主义市场经济体制是社会主义本质理论的实践展开，社会主义本质

---

① 《邓小平文选》第3卷，人民出版社1993年版，第373页。

理论是建立社会主义市场经济体制的目标模式。也就是说，社会主义国家选择市场经济作为发展社会经济的手段，并不妨碍实现社会主义的理想目标，反而可以促进社会生产力的发展，为建成理想社会奠定稳固的物质基础。人们现在普遍认识到，市场经济是以市场作为配置资源基础性手段的一种经济形式，也就是说，它只是一种配置资源的方式、方法、工具，而工具是没有阶级性的，与价值无关，谁都可以用。因此，邓小平用市场经济“手段论”来分析社会主义与市场经济相结合的必然性。他指出，建立社会主义市场经济体制有利于解放和发展生产力，有利于创造更多的社会财富，有利于人民生活水平的提高；虽然市场经济自身有与生俱来的缺陷，放任自流的发展会出现两极分化的现象，但由于政权掌握在中国共产党手中，不会出现更大的问题。邓小平的社会主义本质论是中国特色社会主义理论的重要组成部分，它与社会主义市场经济论、社会主义初级阶段论共同构成中国特色社会主义理论，而中国特色社会主义理论是落后国家建成社会主义的理论基础。因此，邓小平提出的“建设有中国特色社会主义”命题肯定了落后国家可以单独建成社会主义，这是与传统社会主义战略模式的不同之处。

第三节　新型科技革命与经济体制的转变
——建立社会主义市场经济体制的历史契机研究

中国特色社会主义建设道路是社会主义经典理论与社会主义实践相结合的产物，建立社会主义市场经济体制就是这条新道路的最重要的特征。依照邓小平理论，理想社会的目标需要通过市场经济来实现。马克思和恩格斯依据工业革命创造的以蒸汽机为标志的大机器生产方式，预言共产主义社会即将实现；邓小平依据新科技革命创造的以电子计算机为标志的大机器生产方式，设想通过建立社会主义市场经济体制，推动中国社会经济的快速发展，最终实现共同富裕的理想目标。邓小平用“以经济建设为中心”取代了“以阶级斗争为纲”，回答了“如何建设社会主义”的问题，又顺应“以经济建设为中心”的要求，肯定了社会主义目标与市场体制的统一。新科技革命是社会主义国家经济体制转变的历史契机。在新科技革命的历史背景下，邓小平突破前人成说，运用市场方式来发展社会主义，对市场经济给予肯定，可以说，这是邓小平在马克思主义发展史上最重要的理论贡献。

一、新型科技革命是建立社会主义市场经济体制的历史契机

社会主义与市场体制的结合是社会主义发展史上的一次具有

质的意义的变化，是人类经济发展史上的一次革命性转变。这种变化的历史契机是当代以微电子技术为先导的新型科技革命提供的。马克思主义的生命力不是存在于书本之中，而是存在于社会实践中，实际生活的不断变化，要求社会主义实践者必须以当时当地具体的历史条件为转移运用马克思主义的基本原理。邓小平指出："世界形势日新月异，特别是现代科学技术发展很快。现在的一年抵得上过去古老社会几十年、上百年甚至更长的时间。不以新的思想、观点去继承和发展马克思主义，不是真正的马克思主义者。"① 世界各国都在利用新科技革命提供的良好契机，寻求适合本国和本民族的社会经济发展之路。第一次科技革命促使社会主义由空想变为科学，而这次新的科技革命对经典社会主义理论形成了巨大的冲击，这种冲击首先集中在关于社会主义能不能选择商品经济方式发展的结论上。"根据马克思的原则，一定物质生产资料将决定着一定的社会形态。以蒸汽机技术为代表的大机器构成资本主义生产方式的物质基础，并护佑着资本主义度过了一段惊涛骇浪的时期。现如今，资本主义已经使它演变成以电子计算机为代表的新型大机器生产方式了。既然资本主义生产力已经超越了蒸汽机技术的水平，我们就更无须把它当做社会主义生产方式的物质基础了。社会主义如果不是以最先进的生产资料为前提，又将如何创造出超越资本主义的劳动生产率呢？即便我们暂时不说'超越'云云的话，却不能回避以人类最先进的科学技术为前提去思考社会主义的命运，否则，社会主义优越性又从何谈起呢？"②

---

① 《邓小平文选》第3卷，人民出版社1993年版，第291～292页。

② 余金成：《社会主义的东方实践：解读马克思主义基础理论的现代形态》，上海三联书店2005年版，第123页。

从18世纪60年代至19世纪30年代以蒸汽机广泛使用为特征的第一次工业革命和19世纪末20世纪初以电力作为新能源用于生产为代表的第二次工业革命，它们所创造的大机器生产方式以其特有的高效率，曾经逐步征服了资本主义社会一切生产领域。现在建立在前两次工业革命基础之上的性质完全不同的工业革命，即以微电子为先导，以核能、电子计算机和自动化技术为主要标志的的新型科技革命，已在资本主义国家兴起了。新科技革命萌发于20世纪40年代，经过50年代的发展，从美国逐步扩展到欧洲和日本，在60年代至70年代达到高潮，其巨大的影响力延续到今天。

新科技革命的起因，从宏观上判断，既是大机器生产方式发展到特定阶段的结果，又是大机器生产方式进一步发展的需要。在近200年的时间里，人类社会的知识总量是以几何倍数的速度发展和增值，而在第二次世界大战结束以来，人类知识的增长不仅数量极大，而且质量有了巨大变化，人类社会进入了前所未有的知识总量在质与量、深度与广度等方面迅猛扩张、迅速飞跃的时期。有人估计，人类社会的知识总量有90%是近50多年生产创造出来的，所以这个时代被称为“知识爆炸”的时代。可以肯定地说，这场新科技革命与脑力劳动取得社会规模的发展有关。在这个时期，自然科学本身有了很大的进步，科学家们提出了一系列新的科学技术理论，这些理论导致了技术与生产的进一步发展。例如，申农的信息论（1948年）、维纳的控制论（1948年）和贝塔朗菲的系统论（1968年）导致了现代通信编码技术、自动化技术和系统工程的确立和广泛应用。

从政治的角度看，社会主义国家与资本主义国家的对抗也客观上对新科技革命的爆发起到了激励作用。在20世纪初，电子二极管和电子三极管被广泛应用于无线电和电子仪器当中。在巴丁布拉顿和肖克莱制成半导体二极管之后，晶体管迅速代替了电子管，电子技术开始被广泛应用，促进了世界各国建立电子工业。1946年，世界上第一台电子计算机被研制成功了。在半导体技术和微电子技术的推动下，人类新型电子技术迅速经历了晶体管、集成电路和大规模集成电路时代，进入超大规模并行处理时代。新型电子技术渗透到各个工业部门以及军事、教育、文化等一切社会领域，对人类进步起到了巨大推动作用，成为新科技革命的标志，并推动人类进入信息时代。

新科技革命浪潮是人类历史上规模空前、影响深远的一次科学技术上的重大变革，它不仅在个别科学理论和生产技术上有所突破，而且几乎在各个科学和技术领域都发生了深刻的变化，并迅速引起了生产力的迅速发展，大大加快了人类社会经济发展的速度。这次科技革命发生后，许多新兴的工业部门相继崛起，如高分子合成工业、核工业、电子工业、半导体工业、航天工业等，特别是电子计算机研制成功以后其不断地更新换代，更是加速了生产的机械化、电气化，以及通讯技术的发展。新科技革命浪潮使当今世界发生了深刻的变化，给人类历史的发展带来了空前的影响。实践证明，随着新型科技革命的发展，人类的生产领域和社会关系领域都发生了深刻变化。

第一，这场新科技革命使社会生产力的增长点历史性地转移到了科学技术领域。知识与经济无论在哪个时代都是相互渗透的，只不过不同时代渗透的程度不同而已。今天，经济增长比任何时候都更加依赖于知识的生产、扩散和应用，知识作为人力资源和技术中的重要成分，其作用日益明显。一个区别于农业经济、工业经济的新经济形态，即以知识为基础的经济正在兴起。

这是人类社会发展的又一次突破性进展。现代经济是知识经济已成为人们的共识。知识经济是指建立在知识和信息的生产、分配和使用之上的经济。马克思主义认为，劳动资料是确定社会经济形态的根本标志，“各种经济时代的区别，不在于生产什么，而在于怎样生产，用什么劳动资料生产”①。因此，机器是工业经济特有的劳动资料，而电子计算机是知识经济特有的劳动资料。在知识经济时代，电子计算机工业与通信工业成为知识经济的主导产业。农业经济是劳动密集型经济，工业经济是资本密集型经济，知识经济是知识密集型经济，各种生产要素所占比重和所起作用不同。知识形态的生产设备、工艺技术、管理手段，作为精神产品，具有天然的共产主义品格：所有人运用与一个人运用一样，都不会破坏它本身的使用价值。那么，知识经济时代起决定作用的知识具有人类共有性和共享性，知识的生产和传播具有公共性，比如互联网，所以，公有制是未来知识经济的主体。当今人类对知识产权的保护，客观上适应了发展知识经济的要求，但从长远的观点看，当不同民族、不同劳动者都具备了创新的劳动能力的时候，这种保护将变得没有必要。在知识经济时代，由于国与国之间、企业与企业之间的竞争将从主要追求占有厂房、设备和劳动力转化为着重追求占有更多的科学技术，那么，随着物质生产资料作用的弱化，它对人们劳动行为的制约也将减少，从而将有更多的人获得发展自身劳动能力的机会。

第二，这场新科技革命使教育正在变成一种基础性的产业。知识经济注重的是知识的生产、流通、交换与消费，人们将会像农业时代追求土地、工业时代追求资本那样去追求知识。在工业

---

① 《马克思恩格斯选集》第2卷，人民出版社1995年版，第179页。

经济时代，体力劳动占据核心地位，在知识经济时代，发展生产主要依靠人脑的思维和创新，人才是最重要的资源。随着各种人才及无形资产投入的增加，体力劳动与有形资本的投入不断减少，科学与教育将成为最重要的产业。因此，学习在知识经济时代有了特别的意义，教育将成为主导产业。现代社会信息量的猛增，知识老化周期的加速，使终身教育变得越来越有必要；而知识传播手段的进步，使教育变得越来越普及。随着大机器科技含量的增加，社会财富将得到不断积累，教育普及水平也会随着继续稳步提高。这意味着，劳动者缩小彼此之间的能力差距，不仅是必要的，也是可能的。而且，在市场经济条件下，竞争所造成的生存压力也必然会转化成一种学习的动力。这在客观上会加快劳动者的劳动能力普遍发展的进程，使市场经济推动社会平等的作用越来越显露出来。普及教育的结果是：一方面，体力劳动者的知识能力将得到普遍提高；另一方面，脑力劳动者的队伍将不断扩大，水平将不断提高，脑力劳动在社会总劳动中占据的比例将越来越高，所提供的科技将越来越新，导致生产资料的更新速度将加快。

第三，这场新科技革命给人类物质生产注入了前所未有的巨大动力，它不仅改变着资本主义国家的面貌，也改变着社会主义国家的面貌，进而改变着社会主义国家与资本主义国家的关系。在这场新科技革命中，资本主义国家利用自身丰厚的经济文化基础，居于新科技革命的潮头。资本主义国家充分利用新科技革命带来的历史机遇，在 20 世纪 60 年代至 70 年代迅速革新了生产力，并因此缓和了国内的社会矛盾。资本主义国家社会经济的快速发展，客观上也映衬出社会主义国家的经济困难，使社会主义国家和资本主义国家的经济差距重新拉大，迫使社会主义国家走上改革之路。同时，社会主义国家和资本主义国家都掌握了核武器，这种武器所具备的毁灭能力，使双方的暴力对抗走进了死胡同，所以，无论是资本主义国家还是社会主义国家都不能再企图单纯运用暴力来改变对方的社会制度。社会主义制度与资本主义制度以这种方式共同存在发展，不但大大超出了经典社会主义创始者的预料，也出乎传统社会主义实践者的想象。面对新科技革命带来的两种制度关系的新变化，马克思主义不可能不对此作出反应，邓小平理论就是针对这种新变化而出现的马克思主义的发展形态。

二、建立社会主义市场经济体制的历史意义

邓小平关于社会主义市场经济的理论，从20世纪70年代末开始酝酿，到90年代初正式确认，贯穿了中国改革开放的全过程。1979年初，邓小平提出社会主义也可以搞市场经济。1979年6月，全国人大五届二次会议的《政府工作报告》提出，要逐步建立起计划调节与市场调节相结合的体制，以计划调节为主，同时充分认识市场调节的作用。1981年6月，中国共产党十一届六中全会通过的《关于建国以来党的若干历史问题的决议》指出，必须在公有制基础上实行计划经济，同时发挥市场调节的辅助作用。1981年11月，全国人大五届四次会议的《政府工作报告》指出，“正确认识和处理计划经济和市场调节的关系，是改革中的一个关键问题”。1982年，中国共产党十二大把上述思想概括为“计划经济为主，市场调节为辅”，并认为这是经济改革的一个基本方面。1984年10月，中国共产党十二届三中全会通过的《中共中央关于经济体制改革的决定》突破了把计划经

济同商品经济对立起来的传统观念，指出中国的社会主义经济是公有制基础上的有计划的商品经济，这标志着关于社会主义市场经济问题认识的一次重大突破，大大拓展了经济理论探讨和经济体制改革实践的视野，为中国的经济体制改革注入了商品经济的活力。邓小平说："我说我的印象是写出了一个政治经济学的初稿，是马克思主义基本原理和中国社会主义实践相结合的政治经济学，我是这么个评价的。"① 1987 年 10 月，中国共产党十三大关于计划经济与市场经济的认识有了进一步的深化和提高，大会报告把有计划的商品经济体制，概括为计划与商品内在统一的新体制。1992 年初，邓小平在南方谈话中关于社会主义市场经济问题作了结论性的表述，"计划多一点还是市场多一点，不是社会主义与资本主义的本质区别。计划经济不等于社会主义，资本主义也有计划；市场经济不等于资本主义，社会主义也有市场。计划和市场都是经济手段。"② 根据邓小平关于社会主义也可以搞市场经济的论述，江泽民在中央党校的讲话中提出把"社会主义市场经济体制"作为中国要建立的新经济体制。1992 年，中国共产党十四大正式宣布建立社会主义市场经济体制。中国共产党十四届三中全会通过的《中共中央关于建立社会主义市场经济若干问题的决议》，进一步勾画了建立社会主义市场经济体制的蓝图和基本框架。1995 年 9 月，中国共产党十四届五中全会通过的《中共中央关于制定国民经济和社会发展的"九五计划"和 2010 年远景目标的建议》指出，"今后 15 年是承前启后、继往开来的重要时期。我们将在这一时期内建立起比较完善的市场

① 《邓小平文选》第 3 卷，人民出版社 1993 年版，第 83 页。
② 《邓小平文选》第 3 卷，人民出版社 1993 年版，第 373 页。

经济体制”。

关于社会主义市场经济与理想社会目标的关系，邓小平指出，“我们的政策是让一部分人、一部分地区先富起来，以带动和帮助落后的地区，先进地区帮助落后地区是一个义务。我们坚持走社会主义道路，根本目标是实现共同富裕，然而平均发展是不可能的。过去搞平均主义，吃‘大锅饭’，实际上是共同落后，共同贫穷，我们就是吃了这个亏”①。因此，社会主义经济制度从公有制基础上的计划经济转变到公有制为主体、多种经济成分并存的市场经济表明，当代的社会主义国家在解决自身建设任务时，既没有条件完全遵循马克思和恩格斯的指示，也没有可能完全照搬资本主义的有效发展方式，而只能在时代条件和本国实际允许的前提下探索前进。这种转变是现实的社会主义制度成长过程中的新的质变，经历过这样的质变，现实的社会主义将走向成熟。

邓小平理论作为一种理论体系涉及政治、经济和文化等各个方面，包含了一系列具有创新意义的结论，但是，其中社会主义市场经济理论的形成、社会主义经济体制改革目标的确定才是邓小平理论形成的标志。邓小平关于社会主义市场经济的论述与邓小平理论中的其他基本结论存在着逻辑的一致性：社会主义初级阶段理论是建立社会主义市场经济体制的逻辑切入点；中国共产党在社会主义初级阶段的基本路线既为引出社会主义市场经济体制提供了依据，又为它的存在规范了前提；物质文明与精神文明协调发展的理论既是社会主义市场经济体制建立的必然结果，又是它的基本特征；社会主义本质理论是建立社会主义市场经济体

① 《邓小平文选》第3卷，人民出版社1993年版，第155页。

制的目标模式。[1] 到目前为止，在社会主义运动史上发生过三次巨大的理论变革：第一次是由马克思和恩格斯完成的。他们一改前人在头脑中建构理想社会的窠臼，把目光集中到“人民自己进行的社会运动”上，发现了无产阶级这一革命力量；并通过唯物史观和剩余价值理论的创立，揭示了无产阶级用社会主义代替资本主义的历史使命，从而使社会主义从一种理论变成了一种运动。第二次是由列宁和斯大林完成的。他们一改前人关于社会主义必须在发达国家同时胜利的定论，把希望首先放在落后的俄国，发动了十月社会主义革命；并利用无产阶级政权的力量，初步建立了社会主义社会的物质基础，从而使社会主义运动变成了一种社会制度。第三次是邓小平在毛泽东探索的基础上完成的。他一改前人关于社会主义只能采用计划经济的传统观念，把社会主义公有制同市场体制结合起来，为建设有中国特色的社会主义奠定了新的理论基础；并通过实行联产承包、建立经济特区、发展民营经济等成功实践，为落后国家建设社会主义开辟了一条崭新的道路。这三次变革是社会主义运动史上的三座里程碑，第三座里程碑上最深刻的碑文是“社会主义市场经济”这八个大字，它不仅表明社会主义建设方式的转变，也要求发展社会主义的基本理论。在一定意义上，这是自马克思主义诞生以来，社会主义思想史上所面临的最大一次理论变革。[2]

---

① 参见余金成：《社会主义的东方实践：解读马克思主义基础理论的现代形态》，上海三联书店2005年版，第90～91页。

② 参见余金成：《社会主义的东方实践：解读马克思主义基础理论的现代形态》，上海三联书店2005年版，第91～92页。

第四节　人的自由全面发展的物质与社会条件
——人类劳动能力的普遍发展与平等目标的关系研究

马克思指出："全面发展的个人——他们的社会关系作为他们自己的共同的关系，也是服从于他们自己的共同的控制的——不是自然的产物，而是历史的产物。要使这种个性成为可能，能力的发展就要达到一定的程度和全面性，这正是以建立在交换价值基础上的生产为前提的，这种生产才在产生出个人同自己和同别人的普遍异化的同时，也产生出个人关系和个人能力的普遍性和全面性。"① 马克思主义认为，人类建立平等的社会关系，归根结底取决于人类劳动能力的普遍发展。当代新科技革命正在创造人类劳动能力普遍发展的物质条件，而社会主义市场经济体制正在创造人类劳动能力普遍发展的社会条件。马克思主义的理想社会是"自由人联合体"，人的平等是以自由为尺度的，人越是自由，人越是平等，自由是平等的内容，平等是自由的形式。马克思和恩格斯在19世纪通过考察以蒸汽机技术为标志的工业革命，发现工业革命具有促进社会平等的意义，因为大机器淡化了劳动者体力方面的差距，使劳动者在体力劳动意义上趋于平等。20世纪中叶至今的以微电子技术为标志的新科技革命使得人类劳动方式逐渐从以体力劳动为主转向以脑力劳动为主，因为知识

① 《马克思恩格斯全集》第46卷（上），人民出版社1979年版，第108～109页

经济时代脑力劳动能力有望被普遍提升，将使劳动者在脑力劳动意义上趋于平等。脑力劳动能力的提升主要依靠教育，教育是现代社会发展进步的重要推动器。在社会主义国家，教育能够发挥普遍提升人们脑力劳动能力的作用：在客观条件上，网络的出现极大地改善了人们受教育的条件，使人们可以突破时空的限制，用较少的费用获得最好的教育；在主观条件上，国家能够利用政治权力保证人们拥有平等的受教育权。劳动者在脑力方面差距的逐渐被弥平为人类劳动能力的普遍发展奠定了物质基础，毫无疑问，较之体力方面的社会平等，脑力方面的社会平等更具有重要意义。市场经济的竞争特征不但形成优胜劣汰的局面，也能够形成促劣变优的局面。社会主义国家利用公有制的制度优势，能够通过市场经济促使人类普遍提高自己的劳动能力。因此，在新科技革命方兴未艾的时代背景下，邓小平选择建立社会主义市场经济体制符合生产力决定生产关系定律，也找到了落后国家社会主义建设的新道路。循着这条道路，人类有望实现平等的理想目标。

一、马克思和恩格斯为什么否定商品经济

马克思恩格斯曾客观评价过商品经济在人类发展中的积极作用。他们指出："资产阶级在它的不到一百年的阶级统治中所创造的生产力，比过去一切世代创造的全部生产力还要多，还要大。自然力的征服，机器的采用，化学在工业和农业中的应用，轮船的行驶，铁路的通行，电报的使用，整个整个大陆的开垦，河川的通航，仿佛用法术从地下呼唤出来的大量人口，——过去

哪一个世纪能够料想到在社会劳动里蕴藏有这样的生产力呢？”①但是，他们还是断然否定了未来理想社会运用商品经济方式的可能性，他们的结论根系于整个经典社会主义理论体系。

马克思和恩格斯否定商品经济的理由：一是商品生产所伴随的无政府状态会导致经济危机，而经济危机会导致生产力的极大浪费；二是商品经济所形成的优胜劣汰机制会带来社会成员的两极分化。商品经济带来的两大危害，前者危害是针对生产力说的，后者危害是针对生产关系说的。因此，马克思和恩格斯明确指出，商品经济带来的两极分化的社会后果，使人类社会关系处于对抗、不平等状态，社会成员由资产者和无产者两部分构成。他们说：“我们的时代，资产阶级时代，却有一个特点：整个社会日益分裂为两大敌对的阵营，分裂为两大相互直接对立的阶级：资产阶级和无产阶级。”② 由于无产阶级因为丧失了生产资料而不得不忍受资产阶级的剥削，那么，市场所提供的平等而自由的竞争条件就被彻底破坏了。关于资本主义生产条件下平等、自由的真实状况，马克思指出，“劳动力的买和卖是在流通领域或商品交换领域的界限以内进行的，这个领域确实是天赋人权的真正乐园。那里占统治地位的只是自由、平等、所有权和边沁。自由！因为商品例如劳动力的买者和卖者，只取决于自己的自由意志。他们是作为自由的、在法律上平等的人缔结契约的。契约是他们的意志借以得到共同的法律表现的最后结果。平等！因为他们彼此只是作为商品占有者发生关系，用等价物交换等价物。所有权！因为他们都只支配自己的东西。边沁！因为双方都只顾

---

① 《马克思恩格斯选集》第1卷，人民出版社1995年版，第277页。

② 《马克思恩格斯选集》第1卷，人民出版社1995年版，第273页。

自己。使他们连在一起并发生关系的唯一力量，是他们的利己心，是他们的特殊利益，是他们的私人利益。正因为人人只顾自己，谁也不管别人，所以大家都是在事物的预定的和谐下，或者说，在全能的神的保佑下，完成着互惠互利、共同有益、全体有利的事业。一离开这个简单流通领域或商品交换领域，……就会看到，我们的剧中人的面貌已经起了某些变化。原来的货币占有者作为资本家，昂首前行；劳动力占有者作为他的工人，尾随于后。一个笑容满面，雄心勃勃；一个战战兢兢，畏缩不前，像在市场上出卖了自己的皮一样，只有一个前途——让人家来鞣”①。

社会两极分化的局面是私有制市场经济造成的，是市场经济所具有的竞争机制造成的。“在人们能力存在着差别的情况下，即使从同一个起点开展完全公平的竞争，也会逐步形成劳动者之间的经济收入差距；这种收入差距一开始很可能仅仅局限在生活消费水平的差异上，但积累起来，就会使劳动能力强者将一部分消费品转变成生产资料；在进一步的发展中，有的劳动者的生产资料会越来越多，而有的劳动者则完全失去生产资料。”② 马克思指出：“最初，在我们看来，所有权似乎是以自己的劳动为基础的。至少我们应当承认这样的假定，因为互相对立的仅仅是权利平等的商品占有者，占有别人商品的手段只能是让渡自己的商品，而自己的商品又只能是由劳动创造的。现在，所有权对于资本家来说，表现为占有别人无酬劳动的权利，而对于工人来说，则表现为不能占有自己的产品。所有权和劳动的分离，成了似乎是一个以它们的同一性为出发点的规律的必然结果。”③ 恩格斯

① 《马克思恩格斯选集》第2卷，人民出版社1995年版，第176页。
② 余金成：《劳动论纲》，天津社会科学院出版社1995年版，第187页。
③ 《马克思恩格斯选集》第2卷，人民出版社1995年版，第237页。

指出："即使我们排除任何掠夺、任何暴力行为和任何欺骗的可能性，即使假定一切私有财产起初都基于占有者自己的劳动，而且在往后的全部进程中，都只是相等的价值和相等的价值进行交换，那么，在生产和交换进一步发展中也必然要产生现代资本主义的生产方式，出现生产资料和生活资料被一个人数很少的阶级所垄断，而另一个构成人口绝大多数的阶级被降低到没有财产的无产者的地位，出现狂热生产和商业危机的周期交替，出现整个现在的生产无政府状态。全部过程都为纯经济原因所说明，而毫不需要掠夺、暴力、国家或任何政治干预。"①

马克思特别强调："不论资本主义占有方式好像同最初的商品生产规律如何矛盾，但这种占有方式的产生决不是由于这些规律遭到违反，相反的，是由于这些规律得到应用。"② 马克思认为，货币最初转化为资本完全符合商品生产规律以及由此产生的所有权，因为资本交换了劳动力这种特殊商品，这种特殊商品具有独特的使用价值，它能提供劳动，也就是能创造价值。马克思指出："契约的一方出卖自己的劳动力，他方购买劳动力。前者取得自己商品的价值，从而把这种商品的使用价值即劳动让渡给后者。后者就借助于现在也归他所有的劳动，把已经归他所有的生产资料转化为一种新产品，这个产品在法律上也归他所有。"③ 马克思的结论：一是资本主义生产的占有方式与商品生产的经济规律是完全一致的，也就是说，执行职能的资本通过购买雇佣工人的劳动力而使用其劳动并无偿占有后者创造的剩余价值，与商品生产所要求的等价交换是完全一致的；二是一般商品生产的发

---

① 《马克思恩格斯选集》第3卷，人民出版社1995年版，第506页。
② 《马克思恩格斯全集》第23卷，人民出版社1972年版，第640页。
③ 《马克思恩格斯全集》第23卷，人民出版社1972年版，第641页。

展，必然导致雇佣劳动的出现，使其具有资本主义商品生产的性质。

总而言之，马克思和恩格斯否定社会主义社会可以运用商品经济方式来发展的深层次原因是：在商品生产的最初阶段，劳动与占有权是一致的，这种占有权直接表现为劳动者对自己劳动产品的占有权，在此基础上进行的商品交换是劳动与劳动之间的平等交换；但是，商品经济的优胜劣汰竞争机制，将逐步使劳动能力强的人拥有更多的占有权，而劳动能力弱的人则减少甚至丧失了占有权，一旦劳动能力强的人把自己的占有权分解为消费资料占有权和生产资料占有权，并使生产资料占有权与雇佣劳动现象结合在一起，就会导致对雇佣劳动者的剥削。也就是说，商品生产达到一定的发展程度，就必然转变为资本主义的生产，资本主义商品生产所导致的普遍雇佣劳动现象的出现，意味着资本主义社会标榜的平等竞争实际上就不复存在了，雇佣劳动者随时面临着失业的危险，被剥夺了劳动权的雇佣劳动者自然就失去了生存权和发展权。

商品经济或市场经济以竞争为特征的运行机制本来就具有两重性：一方面，鼓励人们各尽所能，并促劣变优，使劳动者能力趋于同等；另一方面，优胜劣汰，把劳动者分为三六九等，并迫使一部分人在能力上依附另一部分人，也迫使一部分人闲置自身的能力。在以私有制为主体的市场经济条件下，前一种趋势因市场竞争往往自发形成的所谓马太效应而没有变成现实，社会主要显示的是后一种趋势，这就是资本主义社会关系长期滞留在两极分化状态的原因。因此，在市场竞争机制的条件下，面对社会群体在劳动能力上客观存在着的强弱不等的事实，社会如果采用按劳分配的原则，就必然会导致最终的利益分配不平等的结果。市场经济作为一种经济运行机制，它既是资源配置方式，又是利益分配原则；它既体现为生产力，又体现为生产关系。那么，在资本主义社会，市场经济在推动社会生产力发展的同时，按照自身固有的每日每时张扬优胜劣汰的利益机制，自发地产生种种消极现象和社会问题，生成以金钱为核心的精神追求倾向。正因为如此，今天的社会主义实践者面临的问题是：在运用市场体制让一部分人先富起来后，是否能够利用市场体制进一步实现共同富裕的目标。邓小平肯定社会主义社会可以采用市场经济方式发展是基于两个判断：一是新科技革命使人类进入知识经济时代，和平与发展上升为时代的主题；二是社会主义社会在所有制方面坚持以公有制为主体。中国特色社会主义经济制度的建立，以及取得的初步成就，表明社会主义社会可以采用市场经济的方式发展，但社会主义社会的劳动者能否得到全面发展，将成为检验社会主义市场经济最终成效的试金石，因为人们的劳动能力最终决定人与人之间的社会关系的状况。如果社会主义市场经济解决了人类劳动能力普遍发展的问题，就不会出现马克思和恩格斯所担心的社会两极分化的后果，就证明社会主义实践者选择市场经济作为发展方式是正确的。

二、人类劳动能力普遍发展与平等的关系

马克思指出："全面发展的个人——他们的社会关系作为他们自己的共同的关系，也是服从于他们自己的共同的控制的——不是自然的产物，而是历史的产物。要使这种个性成为可能，能力的发展就要达到一定的程度和全面性，这正是以建立在交换价值基础上的生产为前提的，这种生产才在产生出个人同自己和同

别人的普遍异化的同时，也产生出个人关系和个人能力的普遍性和全面性。”① 马克思主义认为，社会平等的前提是人类劳动能力的普遍发展。那么，随着人类劳动方式从以体力劳动为主转向以脑力劳动为主，人类劳动能力的普遍发展实际上就是人类智力的普遍提高。社会关系实质上是劳动关系（分工关系），即人与人之间劳动能力的交换关系，而交换关系总要遵循某种意义的平等原则。劳动能力趋于接近的劳动者，由于在劳动分工方面具有了自主性，他们之间才能进行平等的能力交换，才能形成平等的社会关系，所以，人们的劳动能力状况决定着他们的社会关系状况。人类劳动能力的普遍发展就是每个人得到了自由全面的发展。马克思主义认为，人的自由全面发展既是平等的理想社会的前提条件，也是理想社会的重要特征，每一个人的自由全面发展与社会平等目标之间有着内在联系。具体说，经济地位的平等是人类理想社会实现平等的第一步，社会地位的平等是人类理想社会实现平等的第二步，而人类劳动能力得到了普遍发展就标志着人们的社会地位实现了平等。

劳动是指人类创造物质或精神财富的活动，劳动分为体力劳动和脑力劳动两种。马克思指出：“劳动首先是人和自然之间的过程，是人以自身的活动来中介、调整和控制人和自然界之间的物质变换的过程。”②恩格斯指出：“它是一切人类生活的第一个基本条件，而且达到这样的程度，以致我们在某种意义上不得不说：劳动创造了人本身。”③ “人类社会区别于猿群的特征在我们

① 《马克思恩格斯全集》第46卷（上），人民出版社1979年版，第108～109页。

② 《马克思恩格斯选集》第2卷，人民出版社1995年版，第177页。

③ 《马克思恩格斯选集》第4卷，人民出版社1995年版，第373～374页。

看来又是什么呢？是劳动。”① 人与劳动的相辅相成表现了人与劳动之间的一致性。正是在劳动中人的本质才得以反映，人才成为人，人的意识也由此产生。劳动是人与动物的本质区别，是人区别于动物的本质性活动。也就是说，劳动是人的生命存在和全部社会生活的基础和源泉，它决定了人和人类社会的产生。马克思说：“任何一个民族，如果停止劳动，不用说一年，就是几个星期，也要灭亡，这是每一个小孩都知道的。”② 劳动能力是指人用来生产物质资料的体力和脑力的总和，即劳动力。劳动能力是人作为生命机体所具有的物质力（精神力不过是其特殊表现形式）。马克思指出：“我们把劳动力或劳动能力，理解为人的身体即活的人体中存在的、每当人生产某种使用价值时就运用的体力和智力的总和。”③ 那么，人的发展实质上就是人的劳动能力的发展。劳动与劳动能力的关系是：劳动是劳动能力的表现，劳动能力是内容，劳动是形式。也就是说，劳动能力通过劳动得以确认，而劳动总体现为一定水平的劳动能力。因此，我们要从人本身的能力（生产资料不过是这种能力的物化形态）的发展角度来认识人类生产力的发展和人类社会关系的进步。

人与人之间的差别，从劳动能力的角度来衡量，主要是体力与脑力、体力与体力、脑力与脑力之间的差别。工业革命以来，随着大机器生产方式的建立，以及知识经济的蓬勃发展，人类劳动方式从以体力劳动为主转向以脑力劳动为主，人们体力方面的差别将逐渐失去意义，构成人们劳动能力的基本差别的只能是脑力与脑力的差别，或者说是智力与智力的差别。体力是人体所具

① 《马克思恩格斯选集》第4卷，人民出版社1995年版，第378页。
② 《马克思恩格斯选集》第4卷，人民出版社1972年版，第368页。
③ 《马克思恩格斯选集》第2卷，人民出版社1995年版，第172页。

有的自然力，脑力是精神方面的生产力。脑力在劳动过程中的运用主要表现为创造力。人们创造能力的形成受知识水平、心理素质、社会环境等多种因素的影响。人与人在创造能力方面的差别主要表现为人们在运用脑力从事劳动时存在着的记忆力、反应力、耐久力等的素质的差别。因此，脑力的差别就是创造能力的差别，而创造能力的差别造成了人们劳动能力的不同。

人们的劳动能力的形成，主要取决于两种因素：一是先天的素质；二是受教育的程度。从遗传学的角度讲，人的天赋差别是客观存在的，每个人的天赋条件有着较大的差别。哈耶克说："不论环境如何重要，我们都不应当忽视这样一个事实，即个人生来就极为不同，或者说，人人生而不同。"① 受遗传因素的影响，人与人之间的智力因素和非智力都有明显的差异，并导致能力上的差别及获得的回报的差异。米德说："人们的智力水平存在着一定的遗传成分，从而影响人们获得收入的能力。但是，还存在其他特征也具有遗传成分，并且很可能对人们获得收入的能力产生很大的影响……人的体力和健康状况具有遗传性，这是不言自明的；除此以外，还有其他密切相关的身体差异，也具有一定的遗传成分。举例来说，正是某些遗传因素影响了费希尔·戴斯考先生和珍妮特·贝克小姐的声带，这恰好有助于解释他们获得收入的能力很高。人们的某些性格特征，也具有获得收入的潜在能力。"② 当然，虽然天赋条件的确重要，但天赋差别并不是造成人类劳动能力等级差别的根本原因。从古至今，那些具有特

---

① （英）弗里得里希·冯·哈耶克：《自由秩序原理》（上），三联书店 1997 年版，第 104 页。

② （英）詹姆斯·E. 米德：《效率、公平与产权》，北京经济学院出版社 1992 年版，第 78 页。

殊天赋的人，一方面在某些方面表现出超过常人的特殊能力，另一方面他们往往又表现出在某些方面的相对低能，甚至病态。而且，人类学家的研究成果表明，任何人种、民族在生理解剖构造方面都是一样的。马克思指出：从天赋差别上讲，"搬运夫和哲学家之间的差别要比家犬和猎犬之间的差别小得多"①。与天赋条件相比，后天受教育的条件对于人们的劳动能力的形成则起着主要的作用。这里的教育条件从广义上理解是指以社会关系的总和为内容的特定文化环境。教育对于人的劳动能力的形成产生直接的、主要的影响，而且，这种影响随着人类社会现代化进程的不断深入而愈加重要。第一，教育对于人的基本素质的培育是至关重要的。罗尔斯说："教育的一个作用是使一个人欣赏他的社会的文化，介入社会的事务，从而以这种方式提供给每一个人以一种对自我价值的确信。"② 第二，教育也是人们获得特有的劳动技能的最重要的途径。在现代社会之前，教育不带有大众化色彩，教育基本上是与劳动领域相脱节的，劳动者只是依靠师傅带徒弟的方式获得生产经验和劳动技能。现代大工业兴起之后，生产的规模迅速扩大，劳动的复杂程度日益加深，这就要求劳动者必须具备特定的专业知识和劳动技能，而社会成员的劳动技能的形成就需要通过教育来完成。因此，一般而言，受教育程度与他的劳动能力成正比。

由于人们的劳动能力决定着人们的劳动关系，而劳动关系又是社会关系的核心，或者说，劳动关系是一种最基本的社会关系，那么，劳动能力最终决定着社会关系。劳动关系是人们在劳

① 《马克思恩格斯选集》第1卷，人民出版社1995年版，第158页。

② （美）约翰·罗尔斯：《正义论》，中国社会科学出版社1988年版，第96页

动中所形成的关系，这是一种人与人之间的分工关系，或者说是一种能力交换关系。劳动能力趋于接近的劳动者才能进行平等的能力交换，平等的能力交换才能形成平等的社会关系。所以，人与人之间能否建立平等的社会关系取决于人类劳动能力能否得到普遍的发展。既然平等是以人类劳动能力的普遍发展为基础的，人们的能力状况决定着他们的社会关系状况，那么，当实现了人类劳动能力普遍发展的时候，人类社会就从以劳动为尺度实现公平的时代进入以劳动者为尺度实现公平的时代。这个时代就是在人们自由全面地发展个性化能力基础上实现人们的社会地位平等的理想时代。在人类劳动能力得到普遍发展的理想社会，社会主义的目标模式就能够从对不同等的劳动者实行不平等的权利变为对同等的劳动者实行平等的权利。社会主义目标模式的转变将对社会主义事业具有重要意义。第一，如果人类劳动能力不能够得到普遍发展，社会主义理想社会最终也只能“对不同等的劳动者实行不平等的权利”。那么，社会主义的最终目标就不应该是建立以劳动为尺度的社会平等，而应该建立以人为尺度的社会平等，即用“各尽所能，按需分配”代替等劳等酬。但是，由于物质财富的增长，从逻辑上分析，是难以满足按需分配的分配模式，这就意味着社会主义实践者不能期待通过自发的经济过程来实现“各尽所能，按需分配”的局面，而必须建立强有力的社会道德约束机制，而强大的社会道德约束机制需要政治权力的长期支撑。在这种情况下，社会主义不可能充分利用市场经济这一组织形式，它不仅现在要运用政治权力构建市场经济所需要的法制体系，而且将来要运用政治权力平抑市场自发运行所带来的社会不公。这样，社会主义必然只把运用市场作为一种策略，只是选择性地采取市场机制，有保留地进入市场。那么，社会主义实践者就难以在市场经济条件下解决由部分先富向共同富裕发展的问题。第二，如果人类劳动能力能够得到普遍发展，社会主义实践者将明确认定“对同等的劳动者实行平等的权利”这一目标。这意味着社会主义对市场经济体制的选择已不仅仅是一种策略，而是一种战略；建立社会主义市场体制已不仅仅是一种为了解决经济问题而采取的权宜之计，而是为了完成消除人类劳动能力的差别的历史任务的必然要求。在这种情况下，社会主义的道德建设将不再是封堵经济过程自发潮头的一道堤坝，而是对经济和谐发展的一种必要保证。那时，社会主义就可以通过“按劳分配”的深化逐步抵达“各尽所能，按需分配”的目标。[①]

在知识经济时代，人类劳动方式正在从体力劳动向脑力劳动转变。消除脑力劳动与体力劳动差别的途径只能是体力劳动向脑力劳动的历史性转移。人类虽然不能从绝对意义上消除体力劳动的现象，但是，随着这种历史性的转移，正在消除一个固定的体力劳动者阶层。关于脑力劳动的差别，微电子技术正在消弥人脑在记忆、反应和耐久性等方面的差别，脑力之间的差别也有望被消除。当然，人类劳动能力的普遍发展并不意味着人类个体之间就变得没有差别。但这种差别的状态是，获得全面发展条件的个体之间的差别只会形成不同的能力形式，却不会形成能力水平的悬殊。“这种劳动能力本质同等、形式多样的局面，决不是人类发展远景中一种无奈的苟且，而是一种如愿的期待。人的能力是在发展与自然界关系的实践中对自身素质逐步改造的结果。它是一个双向的运动：既是发展文化水平，改造自然性，从而否定自然性的过程；又是运用文化成果弘扬自然性，从而肯定自然性的

---

① 参见余金成：《劳动论纲》，天津社会科学院 1995 年版，第 235 ～236 页

过程。从社会角度认识，各种能力素质都是人的自然性的表现，对人类都是同等重要的；而能力素质的诸多形式，只能相互补充，它们彼此统一才构成人类本身，才构成人类改造自然界的力量体系。从个人角度认识，各种能力素质的发展状态，在允许自由发展的社会，只取决于个人生命体的特殊性；其中能力的结构方式，恰恰表现为个人实现需要的方式，也是使他感受到生命自由的存在方式。”①

新科技革命创造了人类劳动能力普遍发展的物质条件，公有制市场经济正在创造着社会条件。现实的社会主义正在完成这样的历史性任务：一是利用公有制的条件去制约因劳动力差别而客观形成的收入差距，使其不致引起剥削现象的再生；二是利用市场机制对劳动力生产的强劲激励作用，使劳动者在能力趋于平等的基础上达到共同富裕的目标。也就是说，社会主义在利用市场竞争机制所造成的各尽所能局面解决效率问题的同时，还利用公有制条件影响劳动力生产过程以解决社会公平问题。完成这样的历史性任务是公有制市场经济取代私有制市场经济一个根本原因，也是社会主义必然赶超资本主义的一次历史契机。

劳动能力生产则必须从人口生产延伸至教育环节，教育是劳动能力生产的唯一途径。但是，在传统计划体制中，人们都视教育为非生产性劳动，教育没有受到重视。今天，虽然人们已经认识到教育的重要性，但社会并没有完全真正建立推动教育事业的长效机制。事实上，社会主义国家面临的发展机遇，恰恰根植于对教育战略地位的再认识之中。资本主义的劳动生产率最终将被社会主义的劳动生产率所赶超，就是因为以私有制为基础的资本

① 余金成：《劳动论纲》，天津社会科学院1995年版，第234～235页。

主义，因为其劳动能力生产只能伴随着物质生产的直接需要而自发地进行，而公有制条件下的劳动能力生产有可能取得某种程度的加速发展。公有制市场经济不同于私有制市场经济的地方主要表现在两个方面："一是在分配方面能把生产资料的效益平等地分配给全体劳动者，从而有效地防止了社会两极分化；二是在生产方面能够为全体劳动者的劳动力生产提供尽可能的平等条件，从而有力地推动了共同富裕。"① 也就是说，市场机制在拉开劳动者收入差距的同时，社会主义运用公有制的生产条件，占据教育这个经济发展的战略制高点，又缩小劳动者之间的能力差距；伴随着劳动能力的日益接近，人们的收入差距将逐步缩小，直到共同富裕。

三、新型科技革命和社会主义市场经济体制为人类劳动能力的普遍发展创造着物质条件和社会条件

社会关系实质上是劳动关系，劳动关系是分工关系，而分工关系就是交换关系。这种交换关系开始主要表现为物质产品的交换关系，进而将表现为精神产品的交换关系。由于社会关系是一种交换关系，那么，交换关系就必然遵循着等价交换的原则。人们的劳动能力越趋于接近，人们的交换范围就越普遍。马克思关于人的自由全面发展思想就表达了个人与个人之间所建立的普遍关系。普遍性关系是以普遍的分工和交换为基础的，个人关系的普遍性发展将为人与人之间的平等关系奠定基础。但是在马克思所处的时代，人类社会并不具备个人关系普遍性发展的物质条

---

① 余金成：《劳动论纲》，天津社会科学院出版社1995年版，第237～238页

件。人类社会关系的进步需要新的物质条件。历史已经为社会主义提供了新的契机，这个契机就是新科技革命。新科技革命为真正解决人与人之间的平等问题正在创造着物质条件。

随着交往范围的扩大，人们面临着日益增加的信息要素。为了使这些如潮水般涌来的信息有序化，在理论上，人们形成了系统论、控制论和信息论；在技术手段上，则形成了一场以微电子技术为先导的新型产业革命。新型科技革命使人类社会进入了信息时代或知识经济时代，信息时代的显著特征就是知识的急剧膨胀和迅速传播。在知识经济时代，原来的以物质交换为基础的社会关系发生了巨大变化。知识不仅是生产过程中的加速器，而且正日益地取代有形物质的地位。“知识经济”是对“以知识为基础的经济”的简称，是对人类社会发展进程中已经出现的新的经济形态的概括。知识经济是以现代科学技术为核心的，主要建立在知识和信息的生产、分配、使用和消费基础之上的经济。知识经济源自以信息技术等高技术及其产业迅猛发展为标志的科技革命，而知识经济的发展又给这场科技革命注入了活力。知识和信息概念表达了同一个意思，可以说，知识就是信息，知识具有信息创新的性质。如果再细分，信息分为感觉信息和知觉信息，知识主要指知觉信息。知识“这类信息往往采取符号形式出现，如语言、文字、宗教、艺术等。符号信息不能脱离物质载体，但本质上是精神的，是人类对客观物质世界规律认识的成果”①。当然，知识仍然是人类劳动的产物，只是指脑力劳动的产品，它强调的是人类的精神生产，知识真正体现人类自身的力量。

新科技革命使人类社会的生产力迅速提高，社会财富日益增

① 余金成：《劳动论纲》，天津社会科学院出版社 1995 年版，第 131 页。

多，这就为人类在温饱问题得以基本解决的条件下全面发展自己的能力提供了可能性。更为重要的是，新科技革命极大地改变了人类的劳动状况。在知识经济时代，人类历史性地由体力劳动开始转向脑力劳动，脑力劳动正在成为主要的人类劳动。脑力劳动的萌芽是人类劳动的真正开始，脑力劳动的发展状况构成了人类劳动发展的基本尺度。那么，劳动能力的生产就不再只是同生命生产相联系，而且还与能力生产相联系。在以脑力劳动为主的情况下，人类的交换关系有望由按劳动价值的交换关系变为按劳动智能的交换关系，即个体之间劳动能力的交换关系。“信息经济所体现的劳动智能交换将在很大程度上改变人类社会关系的性质。马克思主义的创始人当年囿于历史条件，无法准确预料到信息经济的出现。但他们关于理想社会的设想，在原则上与信息经济的发展趋势是相契合的。”[①] 人类劳动方式有两种：一种是脑力劳动或智力劳动，另一种是体力劳动。体力劳动是主要靠体力进行的劳动，而脑力劳动的内容主要是接受、研究和处理信息，即脑力劳动是以消耗脑力为主的劳动。“不论历史上和现实中劳动力的支出形式有多么的不同，也不论劳动支出的不同形式所占据的比重怎样，真正能够体现人类劳动本质的只能是脑力劳动。脑力是人这种生命机体唯一能够体现人性的物质力，是同其他生物相区别并超越它们的根本标志，也是使人类得以成为自然界主体的真实原因。人类的一切发展以至人类劳动的一切发展，归根结底都表现为人的智力发展。”[②] 脑力在人类生命存在中起着关键作用。脑力是自然界中唯一一种可以支配其他自然力的力量，

① 余金成：《劳动论纲》，天津社会科学院出版社 1995 年版，第 127 页。

② 余金成：《劳动论纲》，天津社会科学院出版社 1995 年版，第 13 ～ 14 页。

是最富变化、最具灵活性、最有潜能、最为强大的力量。脑力成果具有两个重要的特点：一是脑力成果可以在社会范围内复制。这意味着，人类个体的脑力经过复制可以扩展成为所有社会成员的能力，而且，这种复制是特定精神产品的传播，既不会使它的创造者失去该产品的生产能力，也不会使这种生产能力受到损耗。二是脑力成果可以依靠历史无限地积累。这意味着，人类能够从前人遗留的文化系列中获得教益，它使每一代人都能以前人的脑力劳动成果为基础，站在一个新的文化起点上去从事改造自然界的创造性劳动，这是人类高于其他任何生物的真正秘密。①

从生产角度把握人类历史的发展，人类历史就是人类能力的发展史。但是，在人类历史的特定时期，生产活动并没有完全显示出生产活动取决于劳动者的劳动能力这个特征，或者说，人们不可能从劳动能力本身去解决发展所面临的现实问题。“在自然经济条件下，当人类劳动力的生产主要同生命生产相联系时，当脑力劳动脱离了直接的物质生产过程时，劳动力通常被看做是一种常量，劳动者也通常被看做是体力劳动者。这时，要分析人类发展的条件，往往是从劳动者这种主体要素以外寻找原因。人们看到，与大体稳定的劳动力相比较，出现显著变化的是生产资料的技术水平，正是后者蕴涵着劳动生产率进步的因素。”② 因此，推动人类进步的方法既不是提高人们的劳动能力，也不可能是根本改变具有强大历史惯性的生产资料状况，而只能是改善劳动者与客观劳动条件相结合的方式。马克思时代的资本主义处于由自然经济残留成分尚多的状态向完全的市场经济过渡的阶段，在这

① 参见余金成：《劳动论纲》，天津社会科学院出版社 1995 年版，第 14 ～ 15 页。

② 余金成：《劳动论纲》，天津社会科学院出版社 1995 年版，第 96 ～ 97 页。

个资本主义发展的初级阶段，马克思和恩格斯关于社会主义的设想就只能是通过实行生产资料公有制来实现理想社会。马克思和恩格斯从资本主义的现实出发，认为资本主义的社会危机源于生产社会化和生产资料私人占有之间的矛盾，要克服这一矛盾，必须实行生产资料公有制；建立在公有制基础之上的计划经济可以避免资本主义生产方式周期出现的生产过剩危机，也可以消除资本家对雇佣劳动的剥削。但是，随着劳动者的能力正在从以体力为主转向以脑力为主，劳动力的生产就不再仅仅同生命生产相联系，而是同能力生产相联系。这种变化改变着传统物质生产领域的体力劳动者。“随着劳动能力的智力化，人们越来越倾向于把劳动力看做是一种变量。在以往人们认为生产资料技术水平决定劳动生产率的地方，现在人们发现劳动者的能力决定着生产资料的技术水平。”① 那么，经典社会主义的创始者的设想也受到了挑战，天才的思想家也受困于时代。与实物经济相比，知识经济的最大特点是使物质和能源的流动符号化，人力脑力化。随着经济的知识化、信息化，原有的一些经济发展概念变得靠不住了。一般物质生产过程将由高度自动化的机器设备来完成，人对生产过程的支配和主导仅仅是为它提供软件形式的精神产品。在这种情况下，客观上出现了一种淡化等价交换的趋势，这会从根本上改变社会交换关系的含义。

社会关系实质上是人与人之间的交换关系，对社会关系的利用，归根到底是对人力的利用，人力对人力的利用是人类生存发展的最高形式，交换关系的发展就是社会关系的发展。人类文明社会共经历了三种性质的交换形态：第一，以人的活动为主要形

① 余金成：《劳动论纲》，天津社会科学院出版社 1995 年版，第 97 ～98 页。

式的交换关系，即劳动活动交换；第二，以劳动产品的价值为主要形式的交换关系，即劳动价值交换；第三，以信息形态为主要形式的交换关系，即劳动智能（信息）交换。[1]在知识经济时代，人类已经开始了第三种性质的交换。脑力劳动促进脑力的发展，脑力发展主要表现在大脑储存的信息量的增加上。信息现象一直存在于人类生命活动中。人与自然界的交换是一种物质交换，而人类自身内部的交换究其实质是一种信息交换。人类社会进入文明时代后信息就发挥着关键作用。“信息交换之所以发展至今日才被人们当做一种正式的社会关系形式来认识，原因就在于人类必然要经历一个使一般物质性工具系统发展的过程。以微电子技术为先导的新型产业革命，为人类社会生产迈向一个新目标奠定了基础，它大大开阔了人们的眼界。人们发现了信息的直接经济意义，发现了信息经济的巨大潜力。由于我们不过是处在这场新型产业革命的开端，人们有充分的理由预言智能生产方式将是人类特有的物质生产方式。”[2] 人类的信息交换本质上是智能交换。“劳动智能的交换，说到底就是人类个体之间劳动能力的交换；它与活动交换和价值交换的区别在于，它既不采取某种使用价值交换的方式，也不采取某种商品形态交换的方式，而只是一种精神产品的交换。这种精神产品作为智力，能够支配其他物质力，因而具有推动物质生产发展的作用。”[3] 劳动智能的交换在形式上表现为社会关系的扩大。一个劳动者向社会提供的劳动智能或

---

① 参见余金成：《劳动论纲》，天津社会科学院出版社 1995 年版；《社会主义的东方实践：解读马克思主义基础理论的现代形态》，上海三联书店 2005 年版。这两部著作在论述劳动与分配问题时，对人类文明社会三种性质的交换形态有详细阐述。

② 余金成：《劳动论纲》，天津社会科学院出版社 1995 年版，第 132 页。

③ 余金成：《劳动论纲》，天津社会科学院出版社 1995 年版，第 133 页。

精神产品被人们接受，应用的范围越广，这个劳动者所形成的社会关系就越多。在假定别的劳动者都相应地把自己的劳动智能提供到这个劳动者手中的情况下，这个劳动者所拥有的能力将是所有其他劳动者能力之总和。可以说，一个人的社会关系有多少，他的个人能力就有多大。

劳动智能交换的社会特征，实际上马克思已有所揭示。马克思指出："全面发展的个人——他们的社会关系作为他们自己的共同的关系，也是服从于他们自己的共同的控制的——不是自然的产物，而是历史的产物。要使这种个性成为可能，能力的发展就要达到一定的程度和全面性，这正是以建立在交换价值基础上的生产为前提的，这种生产才在产生出个人同自己和同别人的普遍异化的同时，也产生出个人关系和个人能力的普遍性和全面性。"[①] 按照马克思的意思，关于个人的全面发展有两种不同的情况，可以从两个角度来认识：一是个人处于全面交换的社会关系中，这是个人客观的全面发展。如果一个人他是社会关系中的成员，他的个人劳动成为社会劳动，不论他是否使个人能力与社会能力趋于一致，在客观上他都具有了社会能力，他用生产产品形态来显示个人发展的全面性。二是个人实际能力的全面发展，这是个人主观的全面发展。这种个人全面发展情况表明，一个人他不是通过产品形态这种客体而是通过智力水平这种主体来显示个人的全面发展的。人类将利用社会生产力发展所提供的自由时间来实现个人能力的全面发展，每个人都将有充分的闲暇时间从历史遗留下来的文化中间接受一切有价值的东西。[②] 这两种不同

① 《马克思恩格斯全集》第46卷（上），人民出版社1979年版，第108～109页。

② 参见余金成：《劳动论纲》，天津社会科学院出版社1995年版，第134页。

的个人全面发展的情况表明：第一，个人客观的全面发展是理想社会个人全面发展的最初形态。在马克思看来，个人客观的全面发展是与劳动价值交换关系相一致的，只要把私有制变为公有制、商品经济变为计划经济，资本主义商品生产所造成的全面交换关系就将被理想社会采取的另一种形式的全面交换关系继承下来。理想社会的全面交换关系与资本主义条件下的全面交换关系已有明显区别，即消除了使劳动者感到屈辱的奴役形式。第二，个人主观的全面发展是理想社会个人全面发展的最终形态。在马克思看来，未来理想社会以自由劳动为基础，个人能力获得的全面发展已不再体现在劳动产品之中，而是体现在人本身，人的能力的全面发展不再依靠劳动时间，而是依靠自由时间。马克思指出：“真正的财富就是所有个人的发达的生产力。那时，财富的尺度决不再是劳动时间，而是可以自由支配的时间。”①

尽管马克思和恩格斯最早揭示了劳动智能交换的社会特征，但由于历史条件的限制，他们并没有通过劳动智能交换这种形式来理解人的全面自由发展，认为个人的全面自由的发展需要通过超越社会分工的限制予以实现。马克思指出：“个人就是受分工的支配的，分工使他变成片面的人，使他畸形发展，使他受到限制。”②“工场手工业把工人变成畸形物，它压抑了工人的多种多样的生产志趣和生产才能，人为地培植工人片面的技巧……个体本身也被一一分割开来，成为某种局部劳动的自动的工具。”③也就是说，工场手工业的分工造成了人的片面发展，这种分工破坏了生产过程中生产者的个体独立性、自由性和完整性，使人的

① 《马克思恩格斯全集》第46卷（下），人民出版社1980年版，第222页。
② 《马克思恩格斯全集》第3卷，人民出版社1972年版，第514页。
③ 《马克思恩格斯全集》第23卷，人民出版社1972年版，第399页。

身心各个部分被严重分割。恩格斯指出："由整个社会共同地和有计划地来经营的工业，更加需要才能得到全面发展、能够通晓整个生产系统的人。因此，现在已被机器破坏了的分工，即把一个人变成农民、把另一个人变成鞋匠、把第三个人变成工厂工人、把第四个人变成交易所投机者，将完全消失。教育将使年轻人能够很快熟悉整个生产系统，将使他们能够根据社会需要或者他们自己的爱好，轮流从一个生产部门转到另一个生产部门。"① "总有一天会不再有职业的推小车者和职业的建筑师，曾经在半小时内作为建筑师发号施令的人也要推一段时间的小车，直到再需要他作为建筑师活动时为止。"②

马克思和恩格斯对理想社会的个人的全面自由发展的理解是：第一，个人的全面发展就是劳动者通过教育，通晓了社会生产的各种技能，他们可以胜任所有的劳动岗位。马克思指出："任何人的职责、使命、任务就是全面地发展自己的一切能力。"③ 恩格斯指出："根据共产主义原则组织起来的社会，将使自己的成员能够全面发挥他们得到全面发展的才能。"④ 第二，个人的自由发展就是劳动者具有选择劳动岗位的自由。也就是说，每个人不屈从于外在目的，不屈从于强加给他的任何活动和条件，人的发展能为个人所驾驭，个人可以根据自己的兴趣爱好自由地从事多方面的活动和发展多方面的能力。马克思和恩格斯指出："在共产主义社会里，任何人都没有特殊的活动范围，而是都可以在任何部门内发展，社会调解着整个生产，因而使我有

① 《马克思恩格斯选集》第1卷，人民出版社1995年版，第243页。
② 《马克思恩格斯选集》第3卷，人民出版社1995年版，第545页。
③ 《马克思恩格斯全集》第3卷，人民出版社1960年版，第330页。
④ 《马克思恩格斯选集》第1卷，人民出版社1995年版，第243页。

可能随自己的兴趣今天干这事，明天干那事，上午打猎，下午捕鱼，傍晚从事畜牧，晚饭后从事批判，这样就不会使我老是一个猎人、渔夫、牧人或批判者。”① 当实现了这个社会理想目标，恩格斯说：“人在一定意义上才最终地脱离了动物界，从动物的生存条件进入真正人的生存条件。”②

马克思和恩格斯关于理想社会个人的全面自由发展的设想包含了交换关系：一是劳动岗位的交换受社会发展的计划性支配；二是劳动产品的交换只须考虑劳动时间，不再以价值为尺度。马克思和恩格斯的个人的全面自由发展思想与他们的公有制思想是统一的，“各个人必须占有现有的生产力总和，这不仅是为了实现他们的自主活动，而且就是为了保证自己的生存。这种占有首先受所要占有的对象的制约，即受发展成为一定总和并且只有在普遍交往的范围里才存在的生产力的制约。因此，仅仅由于这一点，占有就必须带有同生产力和交往相适应的普遍性质。对这些力量的占有本身不外是同物质生产工具相适应的个人才能的发挥。仅仅因为这个缘故，对生产工具一定总和的占有，也就是个人本身的才能的一定总和的发挥”③。“在迄今为止的一切占有制下，许多个人始终屈从于某种唯一的生产工具；在无产阶级的占有制下，许多生产工具必定归属于每一个个人，而财产则归属于全体个人。现代的普遍交往，除了归全体个人支配，不可能归各个人支配。”④ 但是，在当时的历史条件下，马克思和恩格斯只能就物质生产领域本身去思考理想社会的人的全面自由发展问

① 《马克思恩格斯选集》第 1 卷，人民出版社 1995 年版，第 85 页。
② 《马克思恩格斯选集》第 3 卷，人民出版社 1995 年版，第 757 页。
③ 《马克思恩格斯选集》第 1 卷，人民出版社 1995 年版，第 129 页。
④ 《马克思恩格斯选集》第 1 卷，人民出版社 1995 年版，第 129 页。

题。在知识经济时代，人们有可能从精神生产的角度去认识物质生产的发展问题。新科技革命使人的全面自由发展具有了新的含义：第一，人的全面发展是人们接受了完整的、系统的教育，每一个人在知识和智力水平上都获得平等的、尽可能全面的发展，人们形成了同等水平的精神生产能力；第二，人的自由发展是人们在从事创造性劳动方面获得了自主权利，人们可以按照客观需要去选择自己的劳动目标，人们通常用新的理论和技术革新工具系统、改善社会关系。①

既然劳动智能交换的社会特征是马克思和恩格斯最早揭示的，所以，马克思主义的理想社会与劳动智能交换具有内在联系。第一，马克思和恩格斯认为，理想社会必须实行生产资料的公有制。生产资料公有制对物质生产具有重要意义，它对精神生产也具有决定性的意义，因为物质生产资料私有制的弊端从逻辑上讲也是精神生产资料私有制的弊端。第二，马克思和恩格斯认为，理想社会将体现劳动产品的公有制。在精神生产条件下，每个人都能以他人的劳动产品作为自己从事精神生产的生产资料；同时，每个人都能把自己的精神产品提供给他人，那么，智能作为劳动产品也将是公共所有的。因此，劳动智能的交换关系是一种每一位劳动者都提供了精神产品而显示出平等性的交换关系。第三，马克思和恩格斯认为，理想社会的按需分配将通过按劳分配的形式来实现。马克思指出，在理想社会，“社会的个人的需要将成为必要劳动时间的尺度”②。在知识经济条件下，人们将通过采用不同的软件而生产出不同的消费品。这种以精神选择为

---

① 参见余金成：《劳动论纲》，天津社会科学院出版社 1995 年版，第 137 ～138 页。

② 《马克思恩格斯全集》第 46 卷（下），人民出版社 1979 年版，第 222 页

形式的分配方式，大大突破了传统的以物质形式分配为主的分配方式，这意味着人们需要什么就去生产什么，按需分配与按劳分配实现了统一。第四，马克思和恩格斯认为，理想社会的劳动将成为人们生活的第一需要。在知识经济时代，劳动正在从以体力劳动为主转变为以脑力劳动为主，劳动随着人们自由时间的增加正历史地从物质生产转向精神生产。那么，生产劳动与生命活动的界限将逐步缩小，劳动自然变成了一项自由创造的活动，变成了马克思所说的人们乐生的需要，劳动在有益于社会发展的同时又满足了个人身心活动的要求和利益的需要。①

劳动活动交换、劳动价值交换和劳动智能交换这三种性质的交换形式，它们具有内在的联系。“人类任何一种经济形态，都表现出个人对社会的依赖关系；这种关系是通过个人与他人之间的劳动交换完成的；在不同的社会生产力条件下，劳动交换所采取的基本形式是不同的，但所有的交换，都贯注了一定意义的社会平等原则。在劳动活动交换中，适应人们生存条件的基本需要，实行了按劳动者分配，体现了劳动在使用价值意义上的平等；在劳动价值交换中，适应人们竞争条件的基本需要，实行了按劳动力分配，体现了劳动在价值意义上的平等；在劳动智能交换中，适应人们自由发展的基本需要，实行了按劳动分配，体现了劳动在创造性意义上的平等。按劳动者分配、按劳动力分配、按劳动分配，都属于以劳动为尺度的社会分配，在一定意义上都可以称之为按劳分配。这就是说，按劳分配是人类一切社会形态客观存在的分配原则。”“当然，不同内涵的按劳分配所体现的

---

① 参见余金成：《劳动论纲》，天津社会科学院出版社 1995 年版，第 138 ～139 页。

平等原则是不一样的；一种平等原则放入另一种社会背景下去认识，体现的不是平等，而是不平等。正是这种情况，妨碍了人们对人类社会关系与按劳分配之间一致联系的判断。”① 因此，社会主义者否定社会主义社会以外的社会存在过真正的按劳分配原则。因为，在按劳分配的实施过程中，有可能自发出现用劳动剥削劳动的现象，这表现出按权分配和按资分配两种情况。按权分配和按资分配都使本来意义的按劳分配走上了自我否定的道路，使人们的经济关系中内含的平等原则被破坏，这就背离了社会主义者所主张的本来意义的按劳分配原则。“按权分配—按资分配—按劳分配，是从另一角度认识的按劳动者分配—按劳动力分配—按劳动分配。人类所经历的每一种生产方式都同时具有这三种形式，但就其主导的分配关系而言，在自然经济时期是按权分配，在商品经济时期是按资分配，在信息经济时期是按劳分配。”“就劳动是人的体力脑力支出而言，按权分配体现了人类一般劳动活动的体力性质，按资分配是脑力与体力的结合，而典型的按劳分配将是以脑力支出为特征的，反映了人类劳动方式逐步由体力劳动向脑力劳动的转化。” “就劳动所表现的社会关系而言，按权分配是以脑力劳动者与体力劳动者在经济与政治两个方面的地位不平等为基础，按资分配则体现了两种劳动者在政治地位上的平等和在经济地位上的不平等，而按劳分配最终将带来劳动者的全面平等，说明了人类发展所展示的社会平等化趋势。”② 进一步说，按劳分配与脑力劳动有着紧密联系。“劳动能力的同等化只能在脑力劳动的基础上形成。脑力劳动的成果就其本质而言

① 余金成：《劳动论纲》，天津社会科学院出版社 1995 年版，第 139 ～ 140 页

② 余金成：《劳动论纲》，天津社会科学院出版社 1995 年版，第 144 ～ 145 页

是创造性的成果，而创造性成果只能从质的意义上认识，不能从量上去把握。换句话说，一切创造性成果都具有同等的价值，而提供这类成果的劳动者也都具有平等的地位。人们按照自己的需要去从事劳动，劳动的成果将满足自己的需要。但与此同时，人们又把自己劳动成果——它首先表现为精神产品——提供给社会，并相应地可以从社会取得他人所创造的精神产品，进而同样用来满足自己的需要。同这种未来劳动方式相联系的分配方式，将是真正的按需分配。这种按需分配是以按需生产方式实现的，按需生产也就是按需劳动，所以按需分配也就是按劳分配。它既不是只强调人的劳动平等的按劳分配，又不是只强调人的平等的按需分配。它把人看做是劳动者，也把劳动者看做是他的劳动；它强调人的义务和权利的高度一致，也强调按劳动分配与按劳动力分配的高度一致。一旦进入上述境界，价值尺度就没有必要存在了。人类这才完全告别商品经济这种发展方式。”①

社会主义市场经济的意义在于：“直到找到了市场经济这种方式，人类才从政治约束的身份限制中解放出来，在全面发展自身能力方面迈出了决定性的一步；而直到找到了公有制市场经济这种方式，人类才进一步从生产资料所有制的限制中解放出来，在自由发展自身能力方面迈出了关键性的一步。”② 市场经济有两种趋势：一是区分劳动者能力的趋势；二是使劳动者能力趋于接近的趋势。两极分化是前一种趋势的产物，而共同富裕则是后一种趋势蕴涵的可能性。市场经济在私有制条件下，区分劳动者能力的趋势及其两极分化的结果占据了支配地位。两极分化是资

---

① 余金成：《劳动论纲》，天津社会科学院出版社 1995 年版，第 241 ～242 页。
② 余金成：《劳动论纲》，天津社会科学院出版社 1995 年版，第 242 页。

本主义社会一种始终存在的现象。在新科技革命推动下，随着资本主义国家物质生产的发展，资本主义社会对劳动者能力的要求也越来越高，因此，资本主义国家的教育水平也在普及与提高。但总体上，资本主义国家普遍提高劳动者的能力水平，并进而试图消除社会的两极分化，这不是一种自觉的选择，具有自发性质。市场经济在公有制条件下，社会主义国家所采取的策略与资本主义国家的策略是不同的。公有制市场经济与私有制市场经济的根本区别主要有两点：一是它可以利用公有制条件消除市场机制中的剥削现象，切实体现按劳动力分配的原则；二是它可以利用公有制条件形成教育的超前发展，更好地解决劳动力的生产问题。因此，公有制市场经济的出现，使人类对市场经济的利用达到了最高水平：一方面，公有制的存在将有效地消除社会剥削现象，将最大限度地避免社会的两极分化；另一方面，优胜劣汰的市场机制所推动的各尽所能将鞭策劳动者逐步提高自己的劳动能力。也就是说，社会主义在利用市场竞争机制所造成的各尽所能局面解决效率问题的同时，能够充分利用公有制条件影响劳动力生产过程以解决社会公平问题。

市场经济体制已被实践证明是一种有效的激励劳动的经济体制，具备超越其他经济体制的效率机制。它能够用最小的投入获得最大的产出，能够推动劳动者的生产积极性。市场经济依靠的是竞争。竞争就是要在劳动者的劳动能力方面分出高低来，为了在竞争中获胜，人们必须尽可能地提高自己的劳动能力，这就在客观上推动了劳动生产率的提高。“从直观上看，效率取决于劳动过程中的科学技术含量。一种生产过程中运用的科学技术水平越高，单位劳动的生产率也越高。而单纯的劳动者积极性只表明劳动者的自觉劳动态度，它可以增加劳动量，并不直接提高劳动生产率。然而，在竞争的环境中，劳动者的积极性将因存在着社会衡量尺度，而必然向劳动智力化方向转移，最终带来提高效率的结果。”① 竞争也给人们造成了很大的压力。人是在社会关系中存在和活动的，每个人都不想在竞争中失败而处于社会的边缘位置，那么，竞争就必然鞭策人们不断进取，从而为社会生产力的发展提供了持续不断的动力来源。市场经济体制广泛、深入地开发和利用了人们的智力因素，充分发挥了人在生产过程中的积极性。第一，市场经济体制强化了人们的生存压力，使智力活动始终处于活跃状态；第二，市场经济体制形成了法制管理，规范了智力活动的空间；第三，市场经济体制完善了市场规则，使劳动成果的衡量有了客观标准。客体化的市场在一般情况下对所有人来说都是平等的，它为经营者衡量自己的劳动成果提供了一个客观尺度，这个客观尺度至少从形式上让人们感到竞争者之间是在一种公平的前提下施展自己的能力，这就在很大程度上让人们专心致力于发展自己的劳动生产率。②

按照马克思和恩格斯的观点，在市场中，社会关系直接变成了交换关系，货币成为最终形式的交换尺度。也就是说，个人的生存价值都通过所获得货币的多少来体现，那么，人们在市场中就要受到竞争法则的支配，必须只进不退、只成不败。人们在市场中不仅需要最大的物质利益，而且要显示自己最大的人生价值。市场所形成的这种动力机制使它成为人类文明所创造出来的最了不起的自我发展模式。“市场的巨大优势在于它给人类的交换关系提供了一个人人都不持异议的客观尺度，而且为这种尺度

---

① 余金成：《劳动论纲》，天津社会科学院出版社 1995 年版，第 182 页。

② 参见余金成：《劳动论纲》，天津社会科学院出版社 1995 年版，第 184 页。

的量化提供了一种人人都可接受的货币形式。这样，它就最大限度地吸引人们进入交换关系，也最大限度地简化了这种交换关系。正是依靠市场，人类的劳动活动被空前地联合起来了，人类的劳动潜力也被空前地发掘出来了。人类社会从来没有像在市场经济条件下这样，能够生产出如此源源不断的物质产品和精神产品。”① 但是，私有制市场经济在张扬劳动能力的同时，又自发地抑制了劳动能力，所以，马克思和恩格斯揭露了私有制市场经济所造成的经济危机和两极分化的弊端，他们否定理想社会可以采用市场经济的方式来发展。资本主义商品生产产生了普遍的雇佣劳动现象之后，平等的竞争局面就不存在了。私有制市场经济在制造竞争，鼓励人们各尽所能的同时，它又制造浪费，迫使一部分人在能力上依附另一部分人，也迫使一些人闲置自身的能力。那么，公有制市场经济必须避免私有制市场经济普遍存在的雇佣劳动现象，这是对公有制市场经济的考验。渗入计划性内核的公有制市场经济能够自觉利用市场机制的自发性，使市场机制的自发性成为体现社会主义目的的一种因素。第一，对市场机制自发性的利用，客观上将趋近而不是远离社会主义的最终目的。在规范的市场条件下，按照平等规则投入竞争的劳动者由于劳动能力强弱不等，他们之间必然出现胜者和败者，而竞争的作用不仅在于划分出这种强弱，还鞭策人们不断提高自身的能力，并逐步造成劳动者在能力方面的水平接近，这种劳动能力同等化趋势一旦在公有制市场经济条件下发生，人们就会向共同富裕的目标趋近。第二，对市场机制自发性的利用，主观上是对劳动者利益的平衡举措。在现有的条件下，劳动者能力的不平等是一种现

---

① 余金成：《劳动论纲》，天津社会科学院出版社 1995 年版，第 185 ～186 页

实，市场机制必然是有利于劳动能力强的人，但社会主义不会停留在仅让一部分人富裕起来的局面上，先富只有在有助于推动共同富裕的意义上才是公有制市场经济的目标选择。

公有制市场经济要避免普遍存在着雇佣劳动的现象，就必须避免普遍存在着劳动力商品化的现象。马克思指出，在资本主义私有制条件下，不占有生产资料的“劳动力所有者没有可能出卖有自己的劳动物化在内的商品”①，只有出卖自己唯一所有的劳动力。按照马克思的论述，劳动力变为商品需具备两项条件：一是劳动力所有者必须有可以自由地出卖自己脑力和体力的权利，也就是说必须有人身自由；二是劳动力所有者除了自己的劳动力以外一无所有，既没有生产资料，也没有生活资料，要生存下去只能不断地出卖自己的劳动力。劳动力商品化是私有制市场经济特有的现象，体现了不平等的经济关系，表明失去了生产资料的雇佣劳动者在出卖劳动力的同时，也出卖了自己做人的权利。马克思指出：“罗马的奴隶是由锁链，雇佣工人则由看不见的线系在自己的所有者手里的。”② 公有制市场经济不但能够消除劳动力商品化给雇佣劳动者带来的被剥削和贫困，还能最终形成全体社会成员平等的经济交换的关系。恩格斯指出：“资本主义的占有方式，即产品起初奴役生产者而后又奴役占有者的占有方式，就让位于那种以现代生产资料的本性为基础的产品占有方式：一方面由社会直接占有，作为维持和扩大生产的资料，另一方面由个人直接占有，作为生活资料和享受资料。”③ 这种局面在公有制市场经济条件下能够出现。公有制市场经济将使个人收入剔除

① 《马克思恩格斯全集》第23卷，人民出版社1972年版，第191页。
② 《马克思恩格斯选集》第2卷，人民出版社1995年版，第232页。
③ 《马克思恩格斯选集》第3卷，人民出版社1995年版，第754页。

生产条件差别的因素，只以生产资料的平均效益作为形成个人收入的基础，从而使同等能力的劳动者获得同等的消费权利，真正消除私有制市场经济条件从经济上规定的“有产者”和“无产者”的身份差别。

马克思认为，人的存在的历史完成是通过三大社会形态实现的。他说：“人的依赖关系（起初完全是自然发生的），是最初的社会形态，在这种形态下，人的生产能力只是在狭窄的范围内和孤立的地点上发展着。在以物的依赖性为基础的人的独立性，是第二大形态，在这种形态下，才形成普遍的社会物质变化，全面的关系、多方面的需求以及全面的能力的体系。建立在个人全面发展和他们共同的社会生产能力成为他们的社会财富这一基础上的自由个性，是第三个阶段。第二个阶段为第三个阶段创造条件。”① 根据马克思以人的发展作为综合指示器的社会“三形态”说，资本主义社会形态仍没有完成从第一个阶段向第二个阶段的彻底转变。因为私有制市场经济劳动力商品化现象表明，丧失了生产资料的无产者还不能独立地从事劳动活动，客观上对有产者在经济领域具有人身依赖关系。那么，资本主义虽然已经跨入了作为人类社会发展第二阶段的商品经济阶段，但它却并没有到达商品经济的最高限界。“商品经济的发展从以私有制为基础转向以公有制为基础，是一种历史的必然性。这种必然性，从形式上看，是以劳动力商品化为特征的。它表明人类已彻底告别了以劳动活动交换为特征的交换方式而完全进入了新的劳动价值交换；后一种交换创造了社会交换关系的一种新的平等模式。而从实质上看，私有制商品经济向公有制商品经济的转变，将历史地推动

① 《马克思恩格斯全集》第46卷（上），人民出版社1979年版，第104页

劳动力的平等化：它将为更新的社会平等模式奠定基础。届时，将出现劳动与劳动之间的完全平等。这种以劳动智能交换为特点的社会关系，将是马克思所期待的自由劳动局面。在这一发展进程中，真正能将商品经济推向极致从而向第三个阶段转变的正是社会主义。”①

邓小平指出：“走社会主义道路，就是要逐步实现共同富裕。共同富裕的构想是这样提出的：一部分地区有条件先发展起来，一部分地区发展慢点，先发展起来的地区带动后发展起来的地区，最终达到共同富裕。如果富的愈来愈富，穷的愈来愈穷，两极分化就会产生，而社会主义制度就应该而且能够避免两极分化。解决的办法之一，就是先富起来的地区多交点利税，支持贫困地区发展。当然，太早这样办也不行，现在不能削弱发达地区的活力，也不能鼓励吃‘大锅饭’。什么时候突出地提出和解决这个问题，在什么基础上提出和解决这个问题，要研究。可以设想，在本世纪末达到小康水平的时候，就要突出地提出和解决这个问题。到那个时候，发达地区要继续发展，并通过多交利税和技术转让等方式大力支持不发达地区。不发达地区又大都是拥有丰富资源的地区，发展潜力是很大的。总之，就全国范围来说，我们一定能够逐步顺利解决沿海同内地贫富差距的问题。”② 现实的社会主义把共同富裕目标与市场经济联系了起来。社会主义国家将利用自身的制度条件，把市场经济的“优胜劣汰”转变成“奖优扶劣”，并为“促劣变优”提供尽可能多的条件。社会主义由于采取了市场经济模式而重新焕发活力，她将朝着既定的

① 余金成：《劳动论纲》，天津社会科学院出版社1995年版，第194～195页

② 《邓小平文选》第3卷，人民出版社1993年版，第374页。

目标迅速前进；同时，市场经济由于获得了社会主义公有制的条件，会出现扬长避短的历史契机，达到自身发展的更高阶段。那么，社会主义事业虽然是以血与火的阶级斗争开始的，但现在试图通过市场经济实现自己的目标。它重新启动竞争机制，利用竞争机制使人类劳动力得到普遍发展，并在此基础上最终实现人类平等。它如果能够避免剥削再生，就将表明成功地走上了一条希望的道路。社会主义政治权力一定能够避免剥削再生，因为社会主义政治权力的精神支柱是马克思主义，组织基础是中国共产党，它是千千万万普通劳动者付出流血牺牲才建立起来的。我们的基本结论是："人类历史就是人类能力发展史。人类依靠能力的增长不断发展与自然界的物质交换关系。不仅人类同自然界的物质交换具有自然必然性，而且人类能力发展过程同样具有自然必然性。人类中的强者最初是少数，他们的发展是以牺牲大多数人的利益为代价的。直到找到市场经济这种方式，人类才从政治约束的身份限制中解放出来，在全面发展自身能力方面迈出了决定性的一步；而直到找到了公有制市场经济这种方式，人类才进一步从生产资料所有制的限制中解放出来，在自由发展自身能力方面迈出了关键性的一步。人际关系的真正平等必然是以能力的平等为基础的。因为人际关系归根结底要服从人类与自然界的关系。人类只有在普遍提高每一个体能力的前提下，才能以最强有力的阵容面对自然界。这是一个自然历史的过程。受人类自然性的推动，人类以不可阻挡的步伐迈向这一目标。"①

---

①　余金成：《劳动论纲》，天津社会科学院出版社 1995 年版，第 242 页。

四、教育与人类劳动能力的普遍发展

公有制市场经济优于私有制市场经济之处就在于：前者运用竞争方式在劳动者中间划分出优劣高下之后，不像后者那样任凭弱者在市场中苦苦挣扎，而是运用公有制条件帮助弱者提高自身的劳动能力，通过教育使他们以新的姿态再度返回劳动岗位。所以，公有制市场经济条件下的劳动能力生产必然延伸至教育环节。劳动能力不仅涉及使用生产资料的能力，还强调革新、改造生产资料的能力。教育在人类劳动能力普遍发展的过程中起着重要的作用，社会主义实践者要充分认识教育在社会主义战略目标中的地位。马克思指出："要改变一般人的本性，使它获得一定劳动部门的技能和技巧，成为发达的和专门的劳动力，就要有一定的教育或训练。"① 恩格斯指出："教育将使年轻人能够很快熟悉整个生产系统，将使他们能够根据社会需要或者他们自己的爱好，轮流从一个生产部门转到另一个生产部门。因此，教育将使他们摆脱现在这种分工给每个人造成的片面性。"② 教育是提升劳动者的劳动能力的唯一途径。教育平等是避免私有制市场经济弊端、体现公有制市场经济优势的关键点。社会成员通过接受平等的教育使劳动能力达到同等的水平，这个结果是实现理想社会目标的前提条件。换句话说，只有教育平等所推动的劳动能力的普遍发展才有可能创造出理想社会人本身平等的局面。

在计划经济体制中，人们都视教育为非生产性劳动。在今天

---

① 《马克思恩格斯选集》第 2 卷，人民出版社 1995 年版，第 174 页。

② 《马克思恩格斯选集》第 1 卷，人民出版社 1995 年版，第 243 页。

的公有制市场经济体制中，人们对教育仍然重视不够。如果在认识劳动能力生产方面再出现失误，这将会导致我们这个民族因劳动者能力素质太差而长期处于落后状态。历史不允许社会主义实践者再出现第二次战略失误了。事实上，现实的社会主义面临的发展机遇就恰恰根植于对教育战略地位的再认识之中。在私有制条件下，资本主义社会的劳动力生产是伴随物质生产的直接需要而自发进行着的生产。马克思指出："工人支出在教育上的东西是微不足道的；凡是工人有这种支出的时候，这种支出都是生产的，因为教育会生产劳动能力。"① 在公有制条件下，社会主义社会的劳动能力生产能够取得加速发展，从而使社会主义的劳动生产率赶超资本主义的劳动生产率。公有制市场经济不同于私有制市场经济的地方主要表现在两个方面："一是在分配方面能够把生产资料的效益平等地分配给全体劳动者，从而有效地防止了社会两极分化；二是在生产方面能够为全体劳动者的劳动力生产提供尽可能的平等条件，从而有力地推动了共同富裕。"②

教育作为一种产业，具有投入与产出之间周期长的特点，那么，需要国家、企业和个人三方面一起重视和投入，单靠某一个方面是难以推动教育的全面发展。第一，虽然中国的小学和中学的入学率不低于世界的平均水平，大学已经从精英式教育转变为大众化教育，但是，教育经费占国内生产总值的比例却低于同等经济发展程度国家的平均水平，国家的教育投入明显不足，所以，首先应该在国家教育投入方面赶超世界平均水平。第二，企业是公有制市场经济的主角，企业应该改变以往形成的重视生产

① 《马克思恩格斯全集》第26卷，人民出版社1972年版，第210页。
② 余金成：《劳动论纲》，天津社会科学院出版社1995年版，第237～238页

中物的要素而轻视人的要素的倾向，在重视生产中物质条件的同时也重视人员素质条件，加大对员工的教育投入力度，使劳动能力生产与劳动能力使用直接结合。第三，“在消费品总量一定的情况下，个人能够用于生命生产和能力生产的大体比例是确定的；即只能在满足生命生产的前提下，才能考虑能力生产。一旦人们的生活水平跨越温饱线，对消费品余额的支配，就具有很大自由度”①。因此，在人们已经基本解决温饱的条件下，社会舆论需要引导社会成员加大对提高自身能力的投入，使社会成员养成终身学习的习惯，社会变成一个学习型社会。“一旦中国通过动员各种力量为教育的规模奠定了基础，由劳动者能力增长所带来的经济推动就将逐步发挥作用；一旦这种经济推动使社会控制的财富达到一定数量，社会就能够为全体成员提供充足的、平等的受教育条件；而一旦每一个人都能平等地接受教育，他们的劳动能力水平就会趋于同等化；至此，实现人与人之间社会平等的基础就具备了。”② 也就是说，社会主义如果通过公有制条件抓住了教育这个经济发展的关键，那么，就不但能推动人类社会经济的快速发展，而且能使市场经济朝着有利于实现社会主义共同富裕的目标快速前行。当然，如此庞大的劳动者队伍需要经历许许多多次洗炼才能在劳动能力方面得到普遍提高，这将是一个需经历若干代人的努力奋斗才能达到的目标。

---

① 余金成：《劳动论纲》，天津社会科学院出版社 1995 年版，第 239 页。

② 余金成：《社会主义的东方实践》，上海三联书店 2005 年版，第 272 ～ 273 页。

五、无产阶级的解放

无产阶级的解放是无产阶级自己解放自己的历史过程。无产阶级的解放并不只是通过暴力革命夺取政权，把自己从被统治阶级变为统治阶级就告完成；也不只是用生产资料公有制代替私有制，把自己从无产者变为有产者就告完成。这两方面的转变虽然意义重大，但毕竟是外部条件的改变。无产阶级的彻底解放，其内部条件的改变是使无产阶级的自身能力获得增长，无产阶级本身不再属于只能从事体力劳动的阶级，而成为可以胜任任何劳动岗位的社会成员。普遍提高劳动者的智力水平是实现人类平等的前提条件。那么，无产阶级就要增强自身的劳动能力，而增强劳动能力的最好办法就是竞争。无产阶级只能在以竞争为特征的市场经济中，通过激烈的市场竞争增强自身的能力，争取自己的平等。“无产阶级不仅是一个与资本主义生产方式相联系的特定阶级，它还是一个一般意义的弱势集团。它的以体力支出为主的劳动方式，与其在温饱线上波动的生活条件在总体上是一致的。它的存在，表明人类还没有能力从整体上解决自身的发展问题。无产阶级必须自己解放自己。但显然，这种解放的途径并非能够通过政治解放实现，或者说，并非主要通过政治解放途径实现。无产阶级必须在经济发展的实践中解放自己。”① 也就是说，无产阶级要完成自己解放自己的历史任务，只能进入另一个战场即经济战场，只能面对另一种挑战即市场经济的挑战，只能接受另一

① 余金成：《社会主义的东方实践》，上海三联书店 2005 年版，第 226 ～ 227 页

种考验即市场经济竞争本性引发的优胜劣汰，但必须选择既定的目标即共同富裕。

在无产阶级自己解放自己的历史进程中，必须有一个不可或缺的条件，即以捍卫广大普通劳动者权益为己任的政治权力的存在。这样的政治权力本质上属于无产阶级专政，应当保护无产阶级的根本利益。社会主义事业归根到底是无产阶级的解放事业，马克思主义、毛泽东思想和中国特色社会主义理论体系归根到底是无产阶级的理论，共产党归根到底是无产阶级的先锋队。依靠这个本质上属于无产阶级专政的政治权力，社会主义社会落实劳动者的按资分配，制约私有者的按资分配，使社会体现出生产资料公有制带给劳动者的平等经济权利，不允许生产资料私有制剥夺雇佣劳动者参与分配剩余价值的权利。

尽管建立在生产资料公有制基础之上的社会主义社会，实际上已不存在本来意义的无产阶级，无产阶级作为一个阶级在社会主义国家已经不复存在。但是，“造成无产阶级再生产的经济条件仍然存在：第一，劳动者在能力上存在着很大差别，脑力劳动与体力劳动存在着明显分野；第二，人们通过公有制只获得了名义上的平等权利，实际上有人能使用较多生产资料，有人能使用较少生产资料，有人则不能使用生产资料；第三，上述两项差别使社会主义社会不能完全消除剥削现象，虽然它在原则上是杜绝剥削的”①。另外，社会主义国家在经济上落后于资本主义国家，不可避免地面临着试图颠覆社会主义制度的国内外敌对势力的政治挑战。因此，社会主义国家现在虽然不存在无产阶级，却必须避免自己的劳动者重新沦为过去的无产阶级，避免独立的社会主

---

① 余金成：《劳动论纲》，天津社会科学院出版社 1995 年版，第 216 页。

义民族再次沦为国际垄断资本的附庸。也就是说，无产阶级在当今特定的国际关系条件下还要以斗争继续完成自身的政治解放。所以，社会主义国家目前的历史地位，要求社会主义实践者关于无产阶级的概念要有广义的理解。不只是把无产阶级当做一个静态概念来把握，而且要把它当做一个动态概念来把握；不只是把无产阶级当做一个民族范围内的概念来把握，而且要把它当做一个人类范围内的概念来把握。无产阶级作为社会上最后一个受剥削而处境悲惨的阶级，它的存在标志着社会不平等现象的存在，它的存在本身“就是这个世界制度的实际解体”①，而社会不平等现象的存在也标志着它的存在。因此，依照马克思主义的观点，无产阶级的历史使命并不是要特殊地改变某一阶级或某种社会集团的社会地位，而是要完全根除导致阶级差别的经济条件，实现全社会的平等。

社会主义实践者在现有的历史条件下，要做到兼顾脑力劳动者和体力劳动者两方面的利益。第一，我们要承认只有脑力劳动才能体现人类劳动的本质，脑力劳动者属于社会成员中劳动能力的强者，必须认真体现按劳动能力分配的原则。第二，我们要捍卫一切劳动者的合法利益，尤其注意保护广大普通劳动者的利益，特别是体力劳动者的利益。如果说人类文明史以来，政治权力一向是自然而然由强者组成，一向是保护强者的利益，那么，社会主义的政治权力是第一次也同时保护弱者的利益。但是，这决不意味着，为了维护体力劳动者的利益，就可以否定脑力劳动在人类历史进步中的主导作用，就可以压制脑力劳动的正常发展，甚至牺牲脑力劳动者的合理利益。这种违背历史事实的做法

---

① 《马克思恩格斯选集》第1卷，人民出版社1995年版，第15页。

只能给社会主义事业的发展带来挫折，归根到底也就伤害了广大体力劳动者的利益。①

六、平等是社会主义和谐社会的本质特征

社会和谐就是指社会内部人与人处于一种相互依存、相互协调、相互促进的状态，它作为社会存在的一种状态，是人类永恒的价值追求。纵观人类历史，中外传统社会也曾在某个阶段某些方面能够达到一定程度的和谐。但传统和谐社会的缺陷也十分明显：建立在农业经济基础之上的传统社会，实行人治和少数人对大多数人的专制统治，政治权利不平等，个人人身和思想缺乏自由和独立，个体利益往往被牺牲。近代以来的资本主义文明超过了以往一切社会，但是，资本主义社会与以往一切传统社会一样，仍然是畸形发展的社会，仍然是在种种不协调的矛盾中运行的，并且这些矛盾是资本主义社会自身无法克服的。空想社会主义学说在批判资本主义社会的基础上，从人性和理性出发设想了一个个理想社会。空想社会主义者的社会理想不仅是社会主义理想，还是系统的和谐社会理想。空想社会主义者设计了和谐社会制度，他们中的有些人还进行了和谐社会的实践，但由于他们的理想社会建立在空洞的人性、道德基础之上，所以他们设计的和谐社会蓝图自然不可能实现，空想社会主义也没有找到实现社会和谐的途径。马克思主义的创立揭示了人类社会发展的基本规律，指明了资本主义社会为社会主义社会所取代的历史必然性。马克思和恩格斯不仅提出了和谐社会的崇高理想，还指出了实现

---

① 参见余金成：《劳动论纲》，天津社会科学院出版社 1995 年版，第 217 页。

社会和谐的基本条件：社会生产力的高度发展，物质财富极大丰富，生产资料社会占有，有计划按比例组织社会生产，消费品分配实行“各尽所能，按需分配”原则，消灭了阶级，国家消亡了，人与社会、人与人之间的矛盾真正得到了解决，人们的精神境界有了很大的提高等。马克思和恩格斯认为随着这些条件的协调发展，人类就可以进入一个和谐的“自由人联合体”。在这个自由人联合体里，必须同传统的所有制和传统观念进行最彻底的决裂，消除阶级和阶级对立，消灭人对人的剥削，改变被迫奴役般地服从分工的现象，为每个人自由全面的发展创造充分的条件。那么，社会主义和谐社会的本质特征就是社会平等。

中国共产党自成立时起就把实现共产主义和谐社会作为自己的最高纲领和理想目标，实现社会和谐是中国共产党不懈追求的一个社会理想。为了实现这个最终目标，在长期的革命、建设和改革实践中，中国共产党把马克思主义基本原理与中国具体实际相结合，在不同历史时期领导人民大众为着不同的具体目标而艰苦奋斗，为促进和实现社会和谐进行了艰辛探索和不懈努力。在新民主主义革命时期，中国共产党团结带领全国各族人民，经过长期的艰苦奋斗，推翻了帝国主义、封建主义和官僚资本主义的统治，实现了民族独立和人民解放，取得了新民主主义革命的胜利，建立了中华人民共和国。在社会主义革命和建设时期，中国共产党建立了确保人民当家作主的社会主义经济制度和政治制度，从根本上消灭了导致社会不和谐的根源。社会主义制度确立后，中国共产党探索经济文化落后国家建设社会主义的道路。毛泽东的《论十大关系》和《关于正确处理人民内部矛盾的问题》对正确处理我国社会的一些重大关系作了深刻论述，明确提出社会主义基本矛盾理论，创立了关于两类不同性质矛盾的学说，要求用民主的方法解决人民内部矛盾。这些思想为中国共产党探索中国特色社会主义道路、促进新社会和谐作出了重要贡献。中共十一届三中全会后，中国共产党把党和国家的工作重点转移到社会主义现代化建设上来，实行改革开放，开辟了中国特色社会主义的新道路。邓小平阐述了建设有中国特色的社会主义的一系列重大理论观点。中国共产党建设有中国特色社会主义的目的就是追求建立一个和谐社会。毛泽东指出，共产党要“经过人民共和国到达社会主义和共产主义，到达阶级的消灭和世界的大同。康有为写了《大同书》，他没有也不可能找到一条到达大同的路。资产阶级的共和国，外国有过的，中国不能有，因为中国是受帝国主义压迫的国家。唯一的路是经过工人阶级领导的人民共和国”①。

经过半个多世纪的探索，中国共产党逐步深化了对社会主义发展规律的认识，正式提出了构建社会主义和谐社会的根本目标和战略任务。邓小平在中国共产党十二大明确提出“建设有中国特色社会主义”的命题，之后，中国共产党的基本理论和基本实践主要是探索中国特色社会主义。建设中国特色社会主义是很长的历史过程，中国共产党十三大正式提出的社会主义初级阶段只是这个长过程中的初始阶段，在这个阶段上，建设中国特色社会主义的根本目标和根本任务就是实现社会主义现代化。中国共产党十三届四中全会以后，根据国内外形势的发展变化，根据中国经济社会发展的新要求，以江泽民为核心的党的第三代中央领导集体进一步丰富和发展了中国共产党关于社会主义社会建设的理论。江泽民指出，发展是党执政兴国的第一要务；社会主义社会是全面发展、全面进步的社会；要始终代表中国最广大人民的根

---

① 《毛泽东选集》第4卷，人民出版社1991年版，第1471页。

本利益，实现好、维护好、发展好最广大人民的根本利益。

中国共产党十六大报告明确提出，在社会主义初级阶段上的一个具体阶段（2000—2020年），全面建设惠及十几亿人口的更高水平的小康社会，并提出要做到六个“更加”，其中包括“社会更加和谐”，这个阶段是中国社会主义现代化建设过程中的一个关键时期。中共十六大报告把社会更加和谐作为全面建设小康社会的一个重要目标。中国共产党十六届三中全会提出科学发展观，强调五个“统筹”：统筹城乡发展、统筹区域发展、统筹经济社会发展、统筹人与自然和谐发展、统筹国内发展与对外开放，五个统筹的核心思想就是要努力实现整个社会各方面的和谐，促进经济社会与人的全面协调发展。科学发展观是构建社会主义和谐社会的一种理念，以人为本是科学发展观的本质，全面、协调、可持续发展是科学发展观的基本内涵，是实现以人为本目标的主要保障。构建社会主义和谐社会必然要树立和落实科学发展观，而社会是否和谐，又是检验是否认真落实科学发展观的客观标准。中国共产党十六届四中全会《决定》进一步指出：“要适应我国社会的深刻变化，把和谐社会建设摆在重要位置，注重激发社会活力，促进社会公平和正义，增强全社会的法律意识和诚信意识，维护社会安定团结。”至此，构建“社会主义和谐社会”的提法正式形成。这次全会第一次把构建社会主义和谐社会作为中国共产党的执政目标，并将和谐社会建设放到同经济建设、政治建设、文化建设并列的突出位置。这表明，随着中国经济社会的不断发展，中国特色社会主义事业的总体布局更加明确地由社会主义经济建设、政治建设、文化建设三位一体发展为社会主义经济建设、政治建设、文化建设、社会建设四位一体。中国共产党十六届五中全会把“构建和谐社会取得新进步”作为中国“十一五”时期经济社会发展的主要目标之一，并纳入经济社会发展的总体部署。中国共产党十六届六中全会《决定》明确提出：“社会和谐是我们党不懈奋斗的目标。”社会和谐是中国特色社会主义的本质属性，是国家富强、民族振兴、人民幸福的重要保证，中国社会主义建设的总目标是“建设富强民主文明和谐的社会主义现代化国家”。明确要求推进和谐社会建设要“以解决人民最关心、最直接、最现实的利益问题为重点”，同时从加强社会事业建设、加强制度建设、建设和谐文化、完善社会管理、激发社会活力、加强党的领导六个方面提出了一系列政策措施，对社会主义和谐社会建设作出了全面部署。

中国共产党十七大进一步强调了构建社会主义和谐社会的重要意义，提出社会和谐是中国特色社会主义的本质属性，是中共的重大理论创新。构建社会主义和谐社会是贯穿中国特色社会主义事业全过程的长期历史任务和全面建设小康社会的重大现实课题。胡锦涛在省部级主要领导干部提高构建社会主义和谐社会能力专题研讨班上概括了社会主义和谐社会的基本特征：“民主法制、公平正义、诚信友爱、充满活力、安定有序、人与自然和谐相处”。构建和谐社会包括社会关系的和谐及人与自然的和谐两个方面，但主要是指社会关系的和谐，因为促进社会公平和正义是构建和谐社会的重要理念基础。社会主义和谐社会必然是社会结构和利益格局比较合理，能够保证社会基本公平和正义，绝大多数人能够分享改革和发展的收益，具有较完善的社会保障体系的社会。社会主义和谐社会按照社会主义本质的要求，必然以富裕、公正、自由、平等、互助等为价值目标，其中最主要的是社会平等。

中国共产党在提出全面建设小康社会之后，又着重提出构建社会主义和谐社会，这不仅反映了实现社会平等是社会主义的本质这个理念越来越得到人们的共识，而且是适应中国经济社会急剧转型的现实需要。中国正处在经济社会转型的关键时期。在从计划经济体制向市场经济体制转轨、从传统社会向现代社会转型，中国社会出现经济成分、就业方式、利益分配和分配形式的多样化，人们思想活动的独立性、选择性、多变性也越来越明显。这是推动中国经济社会体制转型的动力，又使中国社会发展面临着各种困难和风险。随着经济发展和改革深化，不同利益主体之间的矛盾也大量出现，贫富差距的扩大从某种意义上讲是难以避免的，但缩小贫富差距是党和政府不断努力的目标。2010年中国国内生产总值为397983亿人民币（折合58798亿美元），中国已成为世界第二大经济体。在这种情况下，如果政策把握得当，正确统筹和处理好各方面的关系，实现经济社会全面协调发展，中国就会进入黄金发展时期。反之，如果经济社会发展脱节，社会差距扩大，社会矛盾加剧，就会导致中国经济社会发展停滞和滑坡。因此，着力构建和谐社会，任务十分紧迫。党和政府对于中国人民的郑重承诺是共同富裕，中国共产党十六大报告也明确宣布，全面建设小康社会的基本内容之一是“惠及十几亿人口”，政府一再申明要使中国人民共享改革发展的成果。

恩格斯指出：理想社会应当“结束牺牲一些人的利益来满足另一些人的需要的情况”，使“所有人共同享受大家创造出来的福利”，“使社会全体成员的才能得到全面发展”。① 江泽民说：“从人民群众中汲取前进的不竭力量，始终保持同人民群众的血肉联系，是我们党战胜各种困难和风险、不断取得事业成功的根本保证。”②“在任何时候任何情况下，与人民群众同呼吸共命运

① 《马克思恩格斯选集》第1卷，人民出版社1995年版，第243页。

② 江泽民：《论“三个代表”》，中央文献出版社2001年版，第105页。

的立场不能变，全心全意为人民服务的宗旨不能变，坚信群众是真正的英雄的历史唯心主义观点不能丢。必须始终把体现人民群众的意志和利益作为我们一切工作的出发点和归宿，始终把依靠人民群众的智慧和力量作为我们推进事业的根本工作路线。”①

根据马克思主义的基本理论，构建社会主义和谐社会需要把握如下几个基本策略。首先，由于公有制是构建社会主义和谐社会的制度基础，所以，这个基本制度不能够改变。社会主义与市场经济的结合点在于社会主义的价值取向是公正、平等、共同富裕，而市场经济的运行规则是主体独立、自由竞争、等价交换。社会主义与市场经济各自不同的价值取向，决定了社会主义国家在采用市场经济方式来发展时，必须毫不动摇地贯彻社会主义的基本原则。“社会主义的发展方向是共同富裕，它将借助于政治权力的作用，依靠生产资料公有制条件，逐步达到这一目的，并完成对资本主义社会平等模式的超越。”“社会主义政治权力如果失去了公有制基础，就会失去运用经济手段调控社会分配关系的能力，只能任由社会逐步两极分化。”② 也就是说，公有制是社会主义赖以自觉调整经济关系的基础，是保障劳动能力尚处于较低水平的工人、农民基本权益的根据。在社会主义初级阶段，由于生产力状况的制约，现在只能实行公有制为主体、多种所有制共同发展的基本经济制度。在这一制度下，公有制的主体地位决不能动摇，否则，就会动摇社会主义公正的基础。

其次，由于集体主义价值观是构建社会主义和谐社会的意识

---

① 江泽民：《在庆祝中国共产党成立八十周年大会上的讲话》，人民出版社2001年版，第11页。

② 余金成：《社会主义的东方实践：解读马克思主义基础理论的现代形态》，上海三联书店2005年版，第252页。

形态保证，所以，这个价值观不能够丢掉。市场自发机制对个人利益的肯定，应该能够同社会主义对集体主义的张扬统一起来。因为人本来就兼有自然性与文化性，本来就存在着这两种需要。事实证明，生存在温饱线以下，自然性需要对大多数人起着支配作用，而一旦跨越了这条线，其需要的可塑性就大大增强了。社会主义完全可以通过强化以德治国的作用，使贫富差距不超过两极分化这个度，最终使市场经济达到共同富裕的目标。社会主义注重个人与社会的统一，个体与集体的和谐，强调个人利益与集体利益的统一。那么，社会主义和谐社会既应该尊重个人利益，又要倡导奉献精神，坚持弘扬集体主义的价值观。

最后，由于平等教育是构建社会主义和谐社会的重要途径，所以，这个治国方略不能够动摇。教育不仅构成了对国民经济强劲的拉动力量，而且是从根本上提高全体劳动者素质能力的主要途径。恩格斯指出："教育将使他们摆脱现在这种分工给每个人造成的片面性。"① 在某种意义上讲，社会主义社会所追求的较资本主义社会更高的劳动生产率，必然集中体现在先进的科学技术方面；而社会主义社会所追求的平等局面，必将通过受教育机会的平等来体现。只有教育平等所推动的人类劳动能力的普遍发展才有可能创造出人本身平等的局面，而人类劳动能力得到普遍发展也与马克思和恩格斯所预言的人的自由全面发展是一致的。当人类劳动能力实现了普遍发展的时候，社会主义社会才能最终建成平等的和谐社会。因此，构建社会主义和谐社会首先需要培育得到自由全面发展的社会成员。

① 《马克思恩格斯选集》第1卷，人民出版社1995年版，第243页。

参考文献

1. 马克思恩格斯全集（第1—50卷）（中文第2版）[M]. 中共中央马克思恩格斯列宁斯大林著作编译局译. 北京：人民出版社.

2. 马克思恩格斯选集（第1—4卷）[M]. 中共中央马克思恩格斯列宁斯大林著作编译局译. 北京：人民出版社，1995.

3. 列宁全集（第1—60卷）（中文第2版）[M]. 中共中央马克思恩格斯列宁斯大林著作编译局译. 北京：人民出版社.

4. 列宁选集（第1—4卷）[M]. 中共中央马克思恩格斯列宁斯大林著作编译局译. 北京：人民出版社，1995.

5. 斯大林选集（上、下卷）[M]. 中共中央马克思恩格斯列宁斯大林著作编译局译. 北京：人民出版社，1979.

6. 斯大林文选（上、下册）[M]. 中共中央马克思恩格斯列宁斯大林著作编译局译. 北京：人民出版社，1962.

7. 毛泽东选集（第1—4卷）[M]. 北京：人民出版社，1991.

8. 毛泽东文集（第1—8卷）[M]. 北京：人民出版社，1993，1996，1999.

9. 建国以来毛泽东文稿（第1—13册）[M]. 北京：中央文献出版社，1987—1998.

10. 邓小平文选（第1—3卷）[M]. 北京：人民出版社，

1993，1994.

11. 邓小平思想年谱（1975—1997）[M]. 北京：中央文献出版社，1998.

12. 江泽民文选（第1—3卷）[M]. 北京：人民出版社，2006.

13. 江泽民. 论“三个代表”[M]. 北京：中央文献出版社，2001.

14. 胡乔木文集（第2卷）[M]. 北京：人民出版社，1994.

15. 中共党史研究室. 中国共产党历史（第1卷）（1921—1949）（上、下册）[M]. 北京：中共党史出版社，2011.

16. 中共党史研究室. 中国共产党历史（第2卷）（1949—1978）（上、下册）[M]. 北京：中共党史出版社，2011.

17. 胡绳. 中国共产党的七十年[M]. 北京：中共党史出版社，1991.

18. 金冲及. 毛泽东传（1893—1949）（上、下册）[M]. 北京：中央文献出版社，1996.

19. 逄先知. 毛泽东传（1949—1976）（上、下册）[M]. 北京：中央文献出版社，2003.

20. 《毛泽东思想和中国特色社会主义理论体系概论》编写组. 毛泽东思想和中国特色社会主义理论体系概论（2010年修订版）[M]. 北京：高等教育出版社，2010.

21. 高放. 科学社会主义的理论与实践（第4版）[M]. 北京：中国人民大学出版社，2005.

22. 余金成. 劳动论纲[M]. 天津：天津社会科学院出版社，1995.

23. 余金成. 社会主义的东方实践：解读马克思主义基础理

论的现代形态［M］. 上海：上海三联书店，2005.

24. 李冬俐. 社会主义本质理论的人本解读［M］. 北京：北京出版社，2010.

25. 金观涛. 观念史研究：中国现代重要政治术语的形成［M］. 北京：法律出版社，2009.

26. 宋士昌. 科学社会主义通论（第1—4卷）［M］. 北京：人民出版社，2004.

27. 郭文亮. 当代国外社会主义意识形态发展导论［M］. 北京：人民出版社，2010.

28. 江宜桦. 自由民主的理路［M］. 北京：新星出版社，2006.

29. 汪行福. 社会公正论［M］. 重庆：重庆出版社，2008.

30. 赵智奎. 改革开放30年思想史（上、下卷）［M］. 北京：人民出版社，2008.

31. 吴江. 社会主义资本主义沟通论［M］. 北京：中国社会科学出版社，2003.

32. 肖枫. 两个主义一百年：社会主义、资本主义［M］. 北京：当代世界出版社，2000.

33. 靳辉明. 社会主义历史、理论与现实［M］. 合肥：安徽人民出版社，2000.

34. 王占阳. 新民主主义与新社会主义：一种新社会主义的理论研究和历史研究（修订版）［M］. 北京：中国社会科学出版社，2006.

35. 陆南泉. 苏联兴亡史论（修订版）［M］. 北京：人民出版社，2002.

36. 俞可平. 全球化时代的社会主义［M］. 北京：中央编

译出版社，1998.

37. 庄福龄. 简明马克思主义史［M］. 北京：人民出版社，2004.

38. 刘新宜. 社会主义国家演化简史［M］. 北京：社会科学文献出版社，2010.

39. 王怀超. 科学社会主义基本理论［M］. 北京：中共中央党校出版社，2003.

40. 张维迎. 市场的逻辑［M］. 上海：上海人民出版社，2010.

41. 李凤鸣. 社会主义本质研究［M］. 哈尔滨：黑龙江人民出版社，2003.

42. 许征帆. 社会主义本质论［M］. 济南：山东人民出版社，1999.

43. 陈卫平. 人的全面发展是建设新社会的本质要求［M］. 上海：上海社会科学院出版社，2002.

44. 魏小萍. 追寻马克思：时代境遇下马克思人类解放理论逻辑的分析和探讨［M］. 北京：人民出版社，2005.

45. 张一兵. 文本的深度耕犁：西方马克思主义经典文本解读［M］. 北京：中国人民大学出版社，2004.

46. 张一兵. 马克思历史辩证法的主体向度［M］. 南京：南京大学出版社，2002.

47. 张一兵. 西方马克思主义哲学的历史逻辑［M］. 南京：南京大学出版社，2003.

48. 汪晖. 去政治化的政治：20 世纪的终结与 90 年代［M］. 北京：生活·读书·新知三联书店，2008.

49. 赵天成. 马克思的幽灵与现实：运用当代阐释学对科学

社会主义的新解读［M］. 北京：社会科学文献出版社，2004.

50. 韦定广. “世界历史”语境中的人类解放主题［M］. 北京：人民出版社，2004.

51. 郭圣福. 中国共产党社会主义认识史［M］. 北京：中国社会科学出版社，2004.

52. 顾海良. 建设中国特色社会主义基本经验论［M］. 武汉：湖北人民出版社，2004.

53. 李秀潭. 社会主义建设规律新探索［M］. 杭州：浙江人民出版社，2003.

54. 江流. 中国共产党的社会主义建设理论与实践［M］. 青岛：青岛出版社，2001.

55. 刘美珣. 中国特色社会主义［M］. 北京：清华大学出版社，2004.

56. 张丽君. 科学社会主义新视野［M］. 北京：中国社会科学出版社，2007.

57. 贾建芳. 社会主义发展理论研究［M］. 北京：中国长安出版社，2003.

58. 唐士其. 西方政治思想史（修订版）［M］. 北京：北京大学出版社，2008.

59. 徐大同. 现代西方政治思想［M］. 北京：人民出版社，2003.

60. 徐大同. 当代西方政治思潮［M］. 天津：天津人民出版社，2001.

61. 吴根友. 中国现代价值观的初生历程［M］. 武汉：武汉大学出版社，2004.

62. 侯外庐. 中国思想史纲［M］. 上海：上海书店出版

社，2008.

63．彭明．近代中国的思想历程［M］．北京：中国人民大学出版社，1999.

64．冯友兰．中国哲学史新编（上、中、下卷）［M］．北京：人民出版社，1998，1999.

65．刘健清．中国近现代政治思想史［M］．天津：南开大学出版社，1993.

66．吴忠民．社会公正论［M］．济南：山东人民出版社，2004.

67．姚洋．转轨中国：审视社会公正和平等［M］．北京：中国人民大学出版社，2004.

68．陈志尚．人的自由全面发展论［M］．北京：中国人民大学出版社，2004.

69．陈小鸿．论人的自由全面发展［M］．北京：人民出版社，2004.

70．宋惠昌．人的发现与人的解放：近代中国价值观的嬗变［M］．成都：四川人民出版社，2008.

71．郭廷以．近代中国史纲［M］．上海：格致出版社，上海人民出版社，2009.

72．李贽文集（第7卷）［M］．北京：社会科学文献出版社，2000.

73．王阳明全集（第32卷）［M］．上海：上海古籍出版社，1992.

74．郑板桥全集（家书·与舍弟书十六通）［M］．济南：齐鲁书社，1985.

75．（美）罗纳德·德沃金．至上的美德：平等的理论与实

践 [M]. 冯克利，译. 南京：江苏人民出版社，2008.

76. (美) 罗伯特·A. 达尔. 论政治平等 [M]. 谢岳，译. 上海：上海人民出版社，2010.

77. (德) 黑格尔. 法哲学原理 [M]. 范扬，张企泰，译. 北京：商务印书馆，1961.

78. (德) 黑格尔. 哲学全书·第一部分·逻辑学 [M]. 梁志学，译. 北京：人民出版社，2002.

79. (德) 黑格尔. 哲学史讲演录（第1卷） [M]. 贺麟，译. 北京：商务印书馆，1965.

80. (德) 黑格尔. 哲学史讲演录（第2卷） [M]. 王太庆，译. 北京：商务印书馆，1959.

81. (德) 黑格尔. 历史哲学 [M]. 北京：商务印书馆，1982.

82. (德) 路德维希·安德里亚·费尔巴哈. 费尔巴哈哲学著作选集（上卷） [M]. 荣震华，李金山，等，译. 北京：商务印书馆，1984.

83. (英) 斯图亚特·汤普森. 社会民主主义的困境：思想意识、治理与全球化 [M]. 贺和风，朱艳圣，译. 重庆：重庆出版社，2008.

84. (英) 托马斯·莫尔. 乌托邦 [M]. 戴镏龄，译. 北京：商务印书馆，1982.

85. (英) 托马斯·霍布斯. 利维坦 [M]. 黎思复，黎廷弼，译. 北京：商务印书馆，1985.

86. (英) 洛克. 政府论 [M]. 瞿菊农，叶启芳，译. 北京：商务印书馆，1964.

87. (法) 让-雅克·卢梭. 爱弥儿 [M]. 李平沤，译. 北京：商务印书馆，1978.

88. （法）卢梭. 社会契约论［M］. 何兆武，译. 北京：商务印书馆，1990.

89. （美）弗罗姆. 在幻想锁链的彼岸［M］. 张燕，译. 长沙：湖南人民出版社，1986.

90. （美）弗罗姆. 马克思关于人的概念［M］. 上海：复旦大学出版社，1983.

91. （德）马尔库塞. 工业社会和新左派［M］. 任立，编译. 北京：商务印书馆，1982.

92. （英）F. C. S. 席勒. 人本主义研究［M］. 麻乔志，译. 上海：上海人民出版社，1986.

93. （美）科利斯·拉蒙特. 人道主义哲学［M］. 贾高建，等，译. 北京：华夏出版社，1990.

94. （德）叔本华. 作为意志和表象的世界［M］. 石冲白，译. 北京：商务印书馆，1983.

95. （德）海德格尔. 存在与时间［M］. 陈嘉映，王庆节，译. 北京：三联书店，1987.

96. （美）艾德勒. 六大观念［M］. 郗庆华，薛笙，译. 北京：三联书店，1998.

97. （美）R. 麦克法夸尔，费正清. 剑桥中华人民共和国史（上卷）（革命的中国的兴起 1949—1965 年）［M］. 王建朗，等，译. 北京：中国社会科学出版社，1990.

98. （美）R. 麦克法夸尔，费正清. 剑桥中华人民共和国史（下卷）（中国革命内部的革命 1966—1982 年）［M］. 俞金尧，等，译. 北京：中国社会科学出版社，1992.

99. （英）罗素. 西方哲学史（上、下卷）［M］. 何兆武，李约瑟，译. 北京：商务印书馆，1963.

100. （法）托克维尔. 论美国的民主（上、下卷）［M］. 董果良，译. 北京：商务印书馆，1988.

101. （英）J·R·波尔. 美国平等的历程［M］. 张聚国，译. 北京：商务印书馆，2007.

102. （美）约翰·麦克里兰. 西方政治思想史［M］. 彭淮栋，译. 海口：海南出版社，2003.

103. （美）亚历克斯·卡利尼克斯. 平等［M］. 徐朝友，译. 南京：江苏人民出版社，2003.

104. （美）约翰·罗尔斯. 正义论［M］. 何怀宏，等，译. 北京：中国社会科学出版社，1988.

105. （美）约翰·罗尔斯. 作为公平的正义：正义新论［M］. 姚大志，译. 上海：上海三联出版社，2002.

106. （美）罗伯特·诺齐克. 无政府、国家与乌托邦［M］. 何怀宏，等，译. 北京：中国社会科学出版社，1991.

107. （英）弗里得里希·冯·哈耶克. 自由秩序原理［M］. 邓正来，译. 北京：三联书店，1997.

108. （英）詹姆斯·E. 米德. 效率·公平与产权［M］. 施仁，译. 北京：北京经济学院出版社，1992.

109. （印度）阿玛塔亚·森. 论经济不平等：不平等之再考察［M］. 王利文，于占杰，译. 北京：社会科学文献出版社，2006.

110. （古希腊）苏格拉底. 历史上最伟大的演说辞［M］. 王松，云丽春，选编. 天津：天津社会科学院出版社，2001.

111. （古希腊）柏拉图. 理想国［M］. 郭斌和，张竹明，译. 北京：商务印书馆，1986.

112. （古希腊）亚里士多德. 尼各马可伦理学［M］. 廖申

白，译. 北京：商务印书馆，2003.

113. （古希腊）亚里士多德. 政治学［M］. 吴寿彭，译. 北京：商务印书馆，1965.

114. 圣西门选集（第2卷）［M］. 董果良，译. 北京：商务印书馆，1982.

115. 傅立叶选集（第1卷）［M］. 汪耀三，译. 北京：商务印书馆，1982.

116. 傅立叶选集（第2卷）［M］. 赵俊欣，等，译. 北京：商务印书馆，1982.

117. 欧文选集（第1卷）［M］. 柯象峰，等，译. 北京：商务印书馆，1984.

118. 欧文选集（第2卷）［M］. 柯象峰，等，译. 北京：商务印书馆，1984.

后　　记

本书的写作经历了一个较为漫长的过程。关于社会主义平等问题，我从攻读博士学位开始就进行了研究，取得博士学位后继续研究这个问题，期间出版了一部有关的学术专著，发表了几篇有关的学术论文，在此基础上又撰写了本书，可以说，本书就是这项研究工作的又一个阶段性成果。

这里首先要感谢我的导师余金成先生。我在天津师范大学攻读博士学位的时候，余先生引领我走上了学术道路，给我确定了科学社会主义与国际共产主义运动专业的研究方向，而且，关于社会主义平等问题的研究，基本的思路就是在余先生研究成果的基础上确立的。

其次要感谢中山大学出版社为本书的顺利出版所做出的努力，特别感谢本书责任编辑徐诗荣先生为此书出版所倾注的心力。

李冬俐

2012 年 2 月 20 日于广州天河区天成大厦